Wolfgang Miethge

Heilsame Gefühle

THERAPEUTISCHES ARBEITEN MIT EMOTIONEN

CIP-Medien

CIP-Medien, München
ISBN 3-932096-25-8

2. Auflage 2005
1. Auflage 2002

Bezugsquelle:
CIP-Medien
Nymphenburger Str. 185
80634 München
Fax 089-132133
Tel. 089-13079321
e-mail: cipmedien@aol.com
www.cip-medien.com

DANKSAGUNG

Ich möchte an dieser Stelle allen danken, die mich unterstützt haben in meiner Arbeit sowie beim Schreiben und Vollenden dieses Buches:
Besonders bedanken möchte ich mich bei Herrn Dr. med. Dr. phil. Serge K. D. Sulz, der mich eingeladen und ermutigt hat, dieses Buch zu schreiben, und mir in der Entstehungsphase unterstützend und freundschaftlich mit Rat und Tat zur Seite stand.
Als „Lektoren" im inneren Zirkel möchte ich meiner Frau Renate, die mich auch als Co-Therapeutin unterstützt hat, die aber auch bei der Gestaltung dieses Buches immer die passende Literatur zur Hand hatte, meiner Tochter Christiane als Umschlaggestalterin (zusammen mit Julian Loos), Anke Rammé als fachfremder Leserin, meiner langjährigen Co-Therapeutin Rita Lamanna, meinen Kolleginnen Lisa Glatter, Marianne Horn und Barbara Müller herzlichsten Dank sagen. Ohne sie wäre das Buch in dieser Form nicht zustande gekommen

VORWORT

Psychotherapeutisches Arbeiten ist sehr vielfältig und Psychotherapeuten brauchen auch entsprechend viele Arten des Zugangs zum Patienten. Die wissenschaftlich anerkannten Verfahren haben sich lange Zeit schwer getan, mit Gefühlen explizit und aktiv therapeutisch zu arbeiten. Ja, sie haben erst gar nicht die Notwendigkeit einer aktiven emotionalen Arbeit herausgestellt. Dies hat sich geändert. Heute befassen sich z. B. Verhaltenstherapeuten neben dem Interaktionsverhalten und dessen kognitiver Steuerung mit dem Erleben und Gestalten von Beziehungen und stoßen dadurch auf die Gefühle, die die klarsten Indikatoren und wirkungsvollsten Impulsgeber für Beziehungsverhalten sind.

Was das praktische Arbeiten mit Gefühlen betrifft, so benötigen Therapeuten, die keine humanistische Sozialisation hinter sich haben, immer wieder Hilfestellung und praktische Hinweise. Diese sind aber nur sehr selten zu finden. Deshalb bin ich sehr froh, dass Wolfgang Miethge diese Brücke zur Therapiepraxis mit dem vorliegenden Buch gebaut hat. Er hat eine sehr große Anzahl von Möglichkeiten des Arbeitens mit Gefühlen gesammelt und so beschrieben, dass ein Therapeut sich nicht scheuen muss, es ihm einfach nachzutun und die Erfahrung zu machen, dass seine bisherige Scheu, diesbezüglich zur Tat zu schreiten, nicht begründet war. Natürlich wird er nicht ein Rezeptanwender werden, denn er macht selbst sehr spannende und eindrucksvolle neue Erfahrungen, wenn er diese Möglichkeiten mit seinem Patienten erprobt. Für manche wird dadurch eine neue Dimension therapeutischer Tätigkeit eröffnet, durch die sich ihre therapeutische Identität auf eine Weise wandelt, dass Psychotherapie (wieder) sehr befriedigend und erfüllend wird.

Ich wünsche den Lesern eine fruchtbare Begegnung mit der emotionalen Therapiearbeit und spannende und wirksame Therapiestunden.

Serge K. D. Sulz

Vorwort des Autors

Mit diesem Buch möchte ich Hilfestellung geben in einem Beruf, der in nahezu allen Bereichen starker Wandlung unterworfen ist.

Die Tage der reinen Verhaltenstherapie, genauso wie der althergebrachten Psychoanalyse scheinen mir gezählt. Mehr und mehr tauchen Bemühungen um eine Integration verschiedenster Richtungen aus dem fundamentalistischen Dunkel einzelner Schulen auf. Ob Klaus Grawe von einer allgemeinen Psychologie spricht oder Serge Sulz an seinem Institut Integration praktiziert, es geht bei allen Unterschieden letztlich in die gleiche Richtung:

1. Anerkennen, dass der Mensch vielfältiger und komplexer ist als alle theoretischen Konzepte zusammen.
2. Anerkennen, dass jede Schulrichtung an einer wesentlichen Grundidee angesetzt und in diesem speziellen Punkt Wichtiges zum Gesamtbild beigetragen hat, und damit auch für Menschen mit bestimmten Problemen erleichternde, heilende Strategien dem Repertoire hinzugefügt worden sind.

Mit dieser Schrift möchte ich des Weiteren dazu beitragen, die Kluft zwischen Verhaltenstherapie und den tiefenpsychologisch orientierten Therapieformen inklusive der humanistischen Psychotherapie um einen weiteren Schritt zu verkürzen, hin zu einer substanziellen Integration. Dabei ist mir wichtig, die Wurzeln nicht zu vergessen und anzuerkennen.

Dieses Buch gibt auch meinen eigenen beruflichen Spannungsbogen wieder: Als derzeit praktizierender Verhaltenstherapeut wurde die körperorientierte Therapie sozusagen mein Hobby. Im Rahmen der Nachqualifikation zum Psychotherapiegesetz wurde mir nochmals deutlich bewusst, wie begrenzt das Inventar der Verhaltenstherapie in Bezug auf die Auslösung und Steuerung von intensiven Gefühlen ist. Gerade intensive Gefühle dürften aber nach neueren Studien und dem Empfinden von vielen Praktikern wesentlichen Anteil an Veränderungsprozessen haben.

Ich möchte hier nicht neue Gräben ziehen, indem ich Schwächen einzelner Richtungen aufzeige, sondern den „Teig des neuen Kuchens" – integrative Psychotherapie – anreichern mit Gedanken, Überlegungen, Erfahrungen und Übungen aus meiner bisherigen Praxis.

Kaufbeuren, im Januar 2002

Inhaltsangabe

Einleitung

Liebe Kolleginnen und Kollegen (und natürlich auch alle anderen Interessierten),

mit diesem Buch möchte ich Ihnen helfen, die ersten Schritte in den neuen Beruf noch etwas sicherer zu tun. Idealerweise könnte es ein Begleiter im beruflichen Alltag werden, indem man auch schnell mal nachlesen kann, wenn etwas nicht mehr so klar ist. Als „Rezeptbüchlein" für KollegInnen, die nicht speziell den körpertherapeutischen Weg gewählt haben, könnte es dienen: zum einen als Anregung, zum anderen als Fundus, um die eigene Gruppen- und Einzeltherapie reichhaltiger zu gestalten. In den Supervisionssitzungen mit jungen TherapeutInnen wurde mir immer wieder klar, dass Gelingen und Scheitern von Interventionen oft sehr nahe beieinander liegen. Die Entscheidung zum Erfolg ist in zwar veränderbaren, aber oftmals unreflektierten, weil nicht bemerkten oder für unwesentlich gehaltenen Rahmenbedingungen oder scheinbar kleinen Verhaltensweisen, Worten oder Gesten zu finden. Hier genau möchte ich mit meinem Buch einsetzen: den Blick schärfen dafür, wie das theoretisch Gelernte in der Praxis aussieht bzw. sich anfühlt.

Trotz dieser zum Teil detaillierten Anleitung ist es sinnvoll und notwendig diese Übungen, auch wenn sie sich „leicht" anhören, erst einmal zu erfahren und die eigene Reaktion darauf kennenzulernen. Man sollte von einem erfahrenen Therapeuten angeleitet worden sein, ehe man selber dieses „Kochbuch" übernehmen kann. Hierauf möchte ich besonders hinweisen, da ich mit diesem Buch in einem Zwiespalt stecke: auf der einen Seite möchte ich gewachsenes Wissen weitergeben, das einen fundierten Rahmen braucht, um einen verantwortungsvollen Umgang mit den Übungen zu gewährleisten, auf der anderen Seite möchte ich Anregungen geben zum eigenen Experimentieren. Ich bitte hier jeden Kollegen, jede Kollegin, verantwortungsvoll mit diesem Wissen umzugehen. Gleiches gilt für nicht speziell psychologisch vorgebildete, aber im weitesten Sinn psychotherapeutisch arbeitende Fachkräfte anderer Disziplinen. Es liegt mir fern, „Zauberlehrlinge" heranzuziehen, auch wenn die Thematik und der Stil des Buches möglicherweise dazu verleiten, Neues zu erproben.

An dieser Stelle möchte ich kurz ein paar Worte zu meinem Erfahrungshintergrund sagen: 1974 habe ich Examen in Psychologie gemacht, in den klinischen Fächern in Verhaltenstherapie. Zu dieser Zeit sah ich mich allerdings längst nicht mehr nur als Verhaltenstherapeut, der Virus der humanistischen Psychologie mit seiner ihm innewohnenden Begeisterung (speziell in den 70er Jahren) hatte mich längst erfasst. Zu dieser Zeit hatte ich bereits 600 Std. Weiterbildung in Gestalttherapie, Bioenergetik und Encounter-Workshops hinter mir. Weitere 1500 Std. in Primärtherapie, diversen Körpertherapien wie Rolfing und Postural Integration sowie Hypnotherapie und NLP folgten. Seit 1978 führe ich jährlich 5- bis 6-mal körperorientierte Therapiegruppen mit einer durchschnittlichen Dauer von 20 bis 30 Std. durch. Die durchschnittliche Teilnehmerzahl beträgt 15. Seit 1981 bin ich als selbstständiger Psychotherapeut niedergelassen und habe seit 1998 die kassenärztlichen Weihen. Aus dieser Erfahrung heraus beschreibe ich die Übungen und Interventionen.

Vor dem Start möchte ich noch ein paar Worte zur Form sagen, als erstes speziell zur Anrede in diesem Buch:

1. Fast in allen Anreden sind Frauen und Männer gleichermaßen gemeint. Die Form für beide zu schreiben, z. B. er/sie ist oft umständlich und gestelzt. Nach Abwägung aller Argumente (Frage vor allem: Wie ist es am einfachsten zu schreiben?) habe ich mich entschlossen in der männlichen Form zu schreiben und hoffe, dass dies nicht als Diskriminierung aufgefasst wird, auch wenn 60 bis 65 % meiner KlientInnen Frauen sind – das gilt speziell für die Gruppen.

Ich möchte hier auch meinen Dank und meine Bewunderung für die vielen Frauen gerade in den Gruppen auszusprechen, die mich mit ihrem Mut, ihrer Direktheit und Stärke beeindruckt haben und von denen ich lernen durfte.

2. Es ist oft schwer zu einzuschätzen, wie genau zum Beispiel eine Übungsanleitung sein müsste. Es kann sein, dass das Angesprochene jedem klar, sozusagen „Kindergarten" ist. Ich weiß jedoch, dass oft „Kleinigkeiten" über Gelingen oder Nicht-Gelingen entscheiden. Und oft werden hier die Weichen gestellt, ob Ihnen Übungen Probleme bereiten oder ob eine Übung zielführend wird. Dies hat mich zu der Haltung gebracht, lieber einmal mehr etwas im Detail zu beschreiben als Lücken zu lassen. Wenn Sie also das Gefühl haben, dass etwas für Sie wirklich Grundstufe ist, dann lesen Sie bitte einfach weiter und verzeihen Sie mir meine Redundanz.

Kapitel 1

Zur Form dieses Buches und seinen inhaltlichen Bereichen

Ich bin der Meinung, Form und Inhalt eines Buches haben viel miteinander zu tun. Welche Auswirkungen dies hat, möchte ich im Folgenden darstellen.

1.1 Aus der Praxis – für die Praxis

Dieses Buch ist in wesentlichen Teilen eine Darstellung, eine Aufarbeitung meiner Erfahrungen aus jetzt fast 20 Jahren praktischer Arbeit, die stark beeinflusst war von sehr verschiedenen Weiterbildungen und Supervisionen, von Lehrern der unterschiedlichsten Schulen.

Doch es ist nicht nur ein Praxisbuch, es ist auch gleichzeitig ein persönlicher Bericht über meine Arbeit, die oftmals aus der Situation heraus entstanden ist und sicher nicht immer bis ins letzte Detail rational bzw. wissenschaftlich begründbar ist. – Eine Arbeit, in der man im Rückblick einiges hätte anders machen können. – Eine Arbeit, die mich auch angreifbar macht. – Eine Arbeit, die ein Stück Leben, mein Leben und das meiner Klientinnen und Klienten ist. – Ein Stück Leben, das ich nicht missen möchte ...!

Aus dieser praktischen Erfahrung möchte ich „Werkzeuge" anbieten, um das Arbeiten sowohl im Einzel- wie auch im Gruppenbereich abwechslungsreicher und vielfältiger, aber auch treffsicherer und präziser werden zu lassen. Denn je mehr Möglichkeiten mir zur Verfügung stehen, umso differenzierter, genauer, aber auch umso kreativer kann ich mit auftretenden Problemen umgehen.

Alles in allem: ein Buch aus der – aus meiner – Praxis für die – für Ihre – Praxis. Daher sind die theoretischen Abhandlungen auch knapp gehalten, quasi nur als Erinnerungen und als Hinweise, wenn der eine oder andere theoretisch etwas vertiefen möchte. Hier bin ich auch nicht umhingekommen, der Wissenschaft ihren Tribut zu zollen auf Kosten einer leichten

Lesbarkeit. Wen es aber gar zu sehr drängt, gleich in die Praxis einzusteigen, der kann auch die Teile der theoretischen Einführung erst im Nachhinein lesen.

Dieses Buch soll ein echtes Arbeitsbuch sein, eine Begleitung für die alltägliche Arbeit, zum Notizenmachen, zum Festhalten von „Geistesblitzen", zum Dokumentieren von inneren Entwicklungen. Dazu dienen der etwas breitere Rand und die leeren Seiten am Ende. Ich hoffe, dass es ein Buch geworden ist, das man auch im Alltag – mal zwischendurch – gerne zur Hand nimmt. Auch den Schreibstil habe ich deshalb locker und unkompliziert gewählt – mit Ausnahme der Theorie –, damit kein bewusster oder auch unbewusster Widerstand auftritt.

1.2 Die zwei grundlegenden Bereiche der angewandten Psychotherapie

Im praktischen Arbeiten scheint mir die Unterscheidung in Einzel- und in Gruppentherapie sinnvoll und wichtig, da es sich um zwei gut zu unterscheidende, deutlich voneinander getrennte Bereiche handelt. Zwar gibt es, was z. B. die konkreten Übungen anlangt, eine relativ große Schnittmenge bezüglich der Anwendbarkeit in Einzel- wie auch in Gruppentherapie, das therapeutische Verhalten, das subjektive Gefühl dabei und die wesentlichen Regeln unterscheiden sich jedoch eindeutig.

1.2.1 Gruppentherapie

„Gruppentherapie ist ein eigenständiges psychotherapeutisches Setting, das über eigene Wirkfaktoren verfügt" (Tschuschke V. 2001). Gruppentherapie ist mehr als die Summe der erfolgten „Einzelarbeiten" in der Gruppe. Dies ist ein Faktum, das die gruppentherapeutisch arbeitende Verhaltenstherapie erst etwas mühsam zu lernen hatte. Bis zu diesem Zeitpunkt war Verhaltenstherapie in der Gruppe Einzelarbeit „zu mehreren" (Lazarus 1980). Den Kontrapunkt hierzu setzte die gruppendynamische Bewegung mit J. L. Moreno und K. Lewin: Hier wurden Interventionen aus der ablaufenden Gruppendynamik heraus entwickelt, was häufig zur Vernachlässigung von Therapieplänen und gezielter Einzelarbeit führte. Heute hat hier in meinen Augen eine wechselseitige Befruchtung, ein guter Ausgleich stattgefunden. Arbeiten mit starken Emotionen ist sowohl in der Einzel-

arbeit wie in der Gruppe möglich. Dass ich bei der Beschreibung der Übungen und Interventionen durchweg von einem gruppentherapeutischen Setting ausgehe, bedarf daher der Erklärung. Zum einen hat dies zu tun mit meiner relativ großen Erfahrung im Bereich der Gruppentherapie, zum anderen gibt es einige gute Gründe, die für das Gruppenkonzept sprechen:
- Psychische Störungen haben oder hatten in der Entstehung in der Regel fast hundertprozentig mit Beziehungen zu tun. Für Therapie sollte dies im gleichen Maß gelten: Therapie ist, wenn lebensnah gestaltet, ebenfalls gekennzeichnet durch die Vielfältigkeit der Beziehungen – es wird im Idealfall ein Modell sein, für eine neue Art mit der Welt und den Menschen in Beziehung zu treten. Die Geschichte des Patienten ist in der Regel mit verschiedenen Menschen verknüpft, die häufig in Gruppen aufgetreten sind (z. B. die Primärgruppe der Familie). In der Therapiegruppe ergibt sich nun ein Setting, das der früheren Realität unter Umständen sehr nahe kommt, näher unter Umständen als die duale Situation der Einzeltherapie.
- Der Realitätsbezug wird dadurch häufig größer, die Anregungen, die aus der Gruppe hervorgehen, sind oft um ein Vielfaches größer als in der Einzelsituation. Allein dadurch vervielfachen sich die therapeutischen Möglichkeiten. So sind auch mehr Übungen möglich.
- Oft ist es dann nicht mehr nötig, über Gefühle zu reden, sie werden aktualisiert in den Gruppenbeziehungen. So wird die emotionale Beteiligung der Gruppenmitglieder in der Regel hoch sein, weil die unmittelbar spürbare Relevanz des Geschehens für die eigene Situation hoch ist. Es hat sich in einigen Studien gezeigt, dass das Therapieergebnis dadurch positiv beeinflusst wurde (Orlinsky, Grawe & Parks 1994).
- Des Weiteren habe ich deutlich mehr Möglichkeiten der Intervention, weil mehr Personen als „Projektionsflächen" aufeinander treffen. Situationen können auch in einem psychodramatischen Rahmen nachgestellt werden. Eine Prozessorientierung, wie sie als wesentlicher Wirkfaktor in der Psychotherapie von vielen Autoren (z. B. K. Grawe, Donati & Bernauer 1994) gesehen wird, ergibt sich dadurch fast von alleine.
- Die wechselseitige Beeinflussung der Gruppenteilnehmer ist ein weiterer wichtiger Faktor, allerdings auch ein nur teilweise kalkulierbarer Faktor, was Gruppenarbeit oft so spannend macht.
- Die Gruppentherapie ist für eine Reihe von Klienten die spannendere, sprich motivierendere Therapieform, da die gegenseitige Anregung, aber

auch „Störung" größer ist. Der Intimbereich wird erweitert und die „Realität" der anderen Teilnehmer bildet einen natürlichen Korrekturfaktor im Erleben des Einzelnen.

- Aus den bisher aufgeführten Faktoren ergibt sich zwanglos, was eine Reihe von Untersuchungen nachgewiesen hat: Gruppentherapie ist effizienter und kosteneffektiver (Heinzel et al. 1998, Tschuschke V. 2001)

1.2.1.1 Was bedeutet Gruppendynamik für den Therapeuten oder
Wie etabliere ich meine Leitung in der Gruppe?

Ich halte es für sehr lohnend, sich gruppendynamische Grundlagen noch einmal in Bezug auf die Therapeutensituation klarzulegen:

Jede neu beginnende Therapiegruppe ist zunächst einmal eine formelle Gruppe und der Therapeut ihr formeller Führer. Ziel muss es sein, eine Gruppe zu bilden, die auch informell „funktioniert" und deren informeller Führer der Therapeut ist. In dieser ersten Phase werden ganz wesentlich die Weichen für den weiteren Verlauf der Gruppe gestellt: wie viel Autorität der Therapeut hat, wie viel Vertrauen er von den Gruppenmitgliedern bekommt, wie hoch oder niedrig das Angstniveau in der Gruppe ist und wie kreativ die Gruppe mit Konflikten umgeht. Vom NLP kennen wir die Intervention des „anchoring", des Ankerauswerfens: Gemeint ist damit auch das Setzen von Werten und Verhaltensweisen, die fortan mehr und mehr Gültigkeit bekommen. Dies sollte in der ersten Phase geschehen. Die Arbeit wird für mich als Therapeuten sehr viel leichter, wenn es mir gelungen ist, meine wichtigsten Bedingungen als solche Anker zu setzen: Meine Interventionen werden dadurch berechenbarer und kommen in ihrer Wirkung auch klarer an. Dieses Setzen von Werten geschieht auch und gerade dadurch, wie ich mich als Therapeut verhalte und was ich von mir preisgebe. Dabei muss ich mich auch entscheiden, wie nah bzw. wie distanziert ich zur Gruppe sein will. Hier möchte ich ein Beispiel aus einer Gruppe geben.

Ein Teilnehmer mit Angstsymptomatik fragte mich, ob ich denn der Meinung sei, dass ich ihn überhaupt verstehen könne, denn wer so etwas nicht habe, könne ihn eigentlich gar nicht verstehen. Wenn ich auf diese Frage nur rational mit Ja und kurzer Begründung antworte, wird es zwar keine weiteren Diskussionen geben, aber ich habe mir unter Umständen das Vertrauen verscherzt. – Meine Antwort war eine kurze Geschichte von einer eigenen Angstproblematik, nachdem ich mit einem Gleitschirm abgestürzt war. Ich erzählte auch, wie ich zur Lösung der Angst vorgegangen war. Bei anderen therapeutischen Schulen könnte dies als ein kardinaler Fehler moniert werden: Meine Erfahrung ist, so wie in diesem Fall, dass der Klient sich auf einer „tieferen" (auch nonverbalen bzw. unbewussten) Ebene verstanden und angenommen fühlt. So war es zumindest in diesem Fall: Er kam in einer bald folgenden Pause zu mir und bedankte sich für meine „Öffnung" (er nannte es so): Er fühle sich seitdem nicht mehr so „abartig verkorkst" und habe den Mut bekommen, überhaupt in Richtung Heilung zu denken. Damit habe ich zudem gleich mehrere „Anker", sprich unausgesprochene Gruppenregeln gesetzt:

1. „Erzähl oder frag, was dich wirklich betrifft!"
2. „Erwarte eine Antwort, die dich befriedigt! Wenn's nicht so ist, fordere sie ein!"
3. „Der Therapeut ist zwar auch nur ein Mensch, aber er bemüht sich um Offenheit!"
4. „Wenn der Therapeut sich schon so weit öffnet, solltest du als Teilnehmer es auch tun!"

Eine solche Öffnung, verbunden mit dem Eingestehen eventueller eigener Schwächen, sollte man nicht vornehmen, wenn man sich nicht sicher ist, dass man die informelle Führerschaft beim überwiegenden Teil der Gruppe hat (speziell bei den Alpha-Figuren). Es könnte einem sonst als Schwäche ausgelegt und in einem Machtkampf benutzt werden. Hier wird auch deutlich, dass damit die Person des Therapeuten zur Diskussion steht, und damit ist es auch wichtig, dass ich ein feines Empfinden für die Fremdbeurteilung meiner eigenen Person durch verschiedene Gruppenteilnehmer habe.

Die Frage, wie viel Nähe bzw. Distanz der Therapeut zur Gruppe haben sollte, wird von verschiedenen Schulen, je nachdem aus welchem Setting heraus gefragt wird, kontrovers diskutiert. Ich glaube, dass man hieraus kein Dogma machen sollte und jeder Therapeut sich fragen muss, was für ihn stimmig ist, damit er kongruent mit sich selbst bleiben kann. Denn die Selbstkongruenz des Therapeuten, die vom Patienten als Ehrlichkeit und Stimmigkeit erlebt wird, ist kein Wert, der von Seiten irgendeiner therapeutischen Schule zur Diskussion steht: sie muss in möglichst großem Umfang gegeben sein (Blanck, Rosenthal & Vannicelli 1986, Grawe 1998). Allerdings wird mein Verhalten (meine Nähe oder Distanz), mein

Stil auf Dauer bestimmte Menschen anziehen und andere abstoßen – ein spannendes Diagnostikum für jeden Therapeuten nach dem Motto: „Sage mir welche Klienten du hast, und ich sage dir, wer (wie) du bist."

Wichtig scheint mir auch, dass ich mir gleich zu Anfang klar werde, ob mein gewohnter Stil (also z. B. per Du sein, mich mit eigenen Erlebnissen einbringen u. Ä.) zu dieser speziellen Gruppe passt. Ein späterer Stilwechsel, z. B. weil ich merke, dass es nicht passt, wird in der Regel deutlich bemerkt und von den Teilnehmern nicht immer als positiv erlebt: von den Schwächeren in der Gruppe als Verunsicherung, von den Alpha-Figuren als Schwäche des Therapeuten, was durchaus Aggressionen auslösen kann. Wenn ich mir darüber unklar bin, ist es sicher sinnvoll, erstmal mehr Distanz zu wahren.

Je mehr jedem einzelnen Teilnehmer der Gruppe klar wird, wie ich die Gruppe führen will, was in diesem Konzept förderlich ist und was nicht (z. B. abstrakt in der „man"-Form sprechen, Gefühle verbergen), desto besser. Tun Sie also alles was Ihnen hilft, Ihre Regeln zu etablieren! Besser, als sie zu sagen oder aufzuschreiben ist sich so zu verhalten, dass es allen klar wird. Ein Beispiel hierfür: Eine Teilnehmerin beginnt in der Vorstellungsrunde zu stocken: Irgendetwas wühlt sie sehr auf, sie hat Mühe ihre Tränen zu unterdrücken. Sie könnte zwar noch ihre Form wahren und diese Gefühle zurückdrängen, aber ich fordere sie auf, erstmal nicht weiterzureden, sondern ihre Gefühle zuzulassen, indem ich sie tief atmen und ihre Empfindungen ausdrücken lasse. Einige in der Gruppe sind zwar sichtbar irritiert, als sie in ein tiefes Schluchzen gerät, aber der Anker heißt hier: „Gefühle sind in Ordnung, du darfst, du kannst sie ausdrücken."

Wichtig zum konkreten Gruppengeschehen scheinen mir hier noch einige Randbedingungen, die zwar grundsätzlich wichtig sind, hier aber in besonderem Maße:

1. Um die Vorteile einer Gruppe voll nutzen zu können, sollte man immer mit einem gegengeschlechtlichen Co-Therapeuten, einer Co-Therapeutin arbeiten. Die Abbildung der Primärgruppe, der Familie, ist so gegeben, und es kommen sehr viel mehr Projektionsmöglichkeiten ins Spiel. Speziell beim Thema Sexualität kann es sein, dass z. B. die gleichgeschlechtliche Therapeutin für viele Teilnehmerinnen ein vertrauensvolles Arbeiten überhaupt erst ermöglicht. Speziell beim Thema Missbrauch wird ein gleichgeschlechtlicher Therapeut unabdingbar. Auch bei ungerader Teilnehmerzahl kann jeweils einer der Leiter die Übung mitma-

chen. Hier muss aber im Vorfeld eine prinzipielle Entscheidung getroffen werden, wie nahe man der Gruppe sein will (siehe Kap. 3.2.3) Im Idealfall haben beide Therapeuten in etwa gleiches Gewicht in der Gruppe. Es erleichtert die Arbeit enorm, wenn beide einen „guten Draht zueinander" haben und die Fähigkeit besitzen, sich schnell und gut auch ohne viel Worte abzustimmen. Jede Therapiepause nutze ich zum gegenseitigen Austausch, zur Intervision und zur Abstimmung auf das Kommende. Meine derzeitigen Co-Therapeutinnen kenne ich alle schon sehr lange (über 10 Jahre) und habe auch privaten Kontakt, was ich als hilfreich erlebe, da ich mehr Facetten der Partnerin kenne.

2. Im Idealfall haben die Therapie-Gruppen geschlechtliche Parität, so dass es bei Paarübungen „aufgeht". Wenn ich Gruppen leite, in denen gleiche Zahl und Geschlechterparität wichtig ist, lade ich gerne Hospitanten bzw. Praktikanten mit den entsprechenden Hinweisen ein.

1.2.2 Einzeltherapie

Nach diesem Credo für die Gruppentherapie bedarf es nun einer Klärung, inwieweit dieses Buch auch für Einzeltherapie sinnvolle Anregung gibt.

Da nicht jeder Klient und nicht jede Lebenssituation für Gruppentherapie geeignet sind bzw. nicht jeder Klient sie will, ist Einzeltherapie ein unverzichtbarer Bestandteil therapeutischen Tuns. Geschichtlich gesehen hat die Psychotherapie in der Einzelsituation begonnen und war auch längere Zeit die einzige Form der Therapie. Gerade KlientInnen, die z. B. im Kapitel 3.4 als nicht oder nur schwerlich gruppengeeignet beschrieben werden, müssen in der Einzelsituation betreut werden.

Wie schon oben angedeutet, gibt es bei den beschriebenen Übungen in diesem Buch eine relativ große Schnittmenge von einzel- und gruppentherapiegeeigneten Interventionen. Viele Übungen sind direkt in die Einzeltherapie zu übertragen; sie sind in der tabellarischen Aufstellung mit E 1 gekennzeichnet. Eine weitere Gruppe von Übungen lässt sich in modifizierter Form in die Einzelsituation übertragen; sie ist mit E 2 markiert. Die Modifikation ist in der Regel für einen ausgebildeten Psychotherapeuten kein Problem und auch situationsabhängig. Daher habe ich dies nicht beschrieben. Oder diese Übung ist in der Einzelsituation nicht durchführbar, da zwischen Klient und Therapeut auf diese Weise zu große Nähe entstehen würde. Ein weiteres Problem das bei einigen Übungen besteht, ist die Dauer einiger Übungen: Der Zeitrahmen von 50 Minuten wird manchmal überschritten. Dieses Problem lässt sich dadurch umgehen, dass ich die Übung als „Hausaufgabe" vorbereiten lasse. So kommt der Klient gut vorbereitet in die Stunde, und zwischen Alltag und Therapie wird eine intensive Verbindung geschaffen.

Da die gruppentherapeutische Situation für den Therapeuten die komplexere Aufgabe darstellt, habe ich zumeist durchweg diese Situation beschrieben.

Zum Verhältnis der Übungen zueinander ist zu sagen, dass alle Übungen (61) als Gruppenübungen geeignet sind, 23 von ihnen können ohne Probleme in die Einzeltherapie-Situation übernommen werden, sieben Übungen müssen etwas oder deutlich modifiziert werden.

Trotz dieser Einschränkungen möchte ich auch jene TherapeutInnen, die sich ausschließlich der Einzeltherapie verschrieben haben, einladen, auch in ihrem Setting mit den entsprechend gekennzeichneten Übungen zu experimentieren und Neues zu erproben.

Kapitel 2

Was wirkt ...?

In diesem Kapitel möchte ich einige Gedanken und Forschungsergebnisse zu Themen, die mit der Wirksamkeit therapeutischen Handelns sowohl in der Gruppen- wie auch in der Einzelsituation zu tun haben, in einem knappen Überblick darstellen. Dies geschieht aus dem Blickwinkel des Themas dieses Buches, nämlich dem Arbeiten mit starkem Emotionsausdruck. Aber auch andere Grundsätze und Ideen, die ich als wertvoll, weil wirkungsvoll sehe und die ich so explizit bei anderen Autoren noch nicht gefunden habe, will ich hier aufführen.

2.1 Physiologische und hormonelle Grundlagen von Emotionen

Emotionen sind komplexe mentale Zustände, die auf vier verschiedenen Ebenen ablaufen:

I   physiologische Ebene (nervöse und hormonelle Aspekte)
II motorisch-verhaltensmäßige Ebene (Expression)
III Subjektiv-psychologische Ebene (Erlebnisaspekt)
IV Kognitive Ebene (Bewertung)

Dass dieser Bereich der Neuropsychologie nicht leicht zu fassen und zu definieren ist, zeigt z. B. die Umgangssprache: speziell im Englischen sind 137 allgemein gebräuchliche Ausdrücke für Emotionen zu finden (Davitz JR. 1969). Deshalb habe ich die obige Definition als Ausgangsbasis vorangestellt. Ich werde im Folgenden „Gefühl" und „Emotion" synonym verwenden.

Primäre Emotionen wie Freude, Trauer, Ärger/Wut, Angst/Furcht und Ekel/Abscheu laufen in allen Kulturen gleich ab und dürfen deshalb als angeborene Reaktionsmuster gesehen werden (Ekman 1988). Gefühle sind bedeutungsvoll im sozialen System und werden in der Regel von allen verstanden, wenn sie gezeigt werden. Es gibt zwar modifizierend wirkende soziale Regeln, die die Grundformen des Ausdrucks aber nur unwesentlich modulieren. Primäre Gefühle sind in der Regel unwillkürlich. Der Gesichtsausdruck ist dabei symmetrisch auf beiden Seiten des Gesichts (Ekman 1984), im Gegensatz zu willkürlich erzeugten Gefühlen, die stärker linksseitig konzentriert sind, was das Gefühl der Unechtheit hervorruft.

Sehr häufig spielen kognitive Bewertungsprozesse eine wesentliche Rolle, ohne die die Emotion oft richtungslos – z. B. nur erregend – bleibt (Schachter & Singer 1962).

Die physiologischen Grundlagen der primären Gefühle können basal beschrieben werden. Betrachtet man aber die neueren Entwicklungen und Ergebnisse, so wird sehr schnell deutlich, dass hier vieles im Fluss ist und wir von einer abgeschlossenen Darstellung möglicherweise weiter entfernt sind denn je (Hülshoff 1999). Gerade die Entwicklung von neuen Forschungsverfahren, wie etwa der Positronen-Emissions-Tomographie (PET), der funktionellen Magnet-Resonanz-Tomographie (fMRT) oder der Single-Photon-Emission-Computer-Tomography (SPECT), führten zur funktionellen Bildgebung des Gehirns (Neuroimaging). Mit diesen Methoden kann besser als bisher, ohne invasive Eingriffe, eine relativ genaue Aktivitätsmessung in verschiedenen, eng abgegrenzten, auch tief liegenden Hirnarealen vorgenommen werden.

Ältere Hypothesen konnten so neu untersucht werden. Beispielhaft sei hier die so genannte Valenzhypothese (Silberman et al. 1986) genannt: Diese Hypothese besagt, dass positive Emotionen linkshemisphärisch, negative Emotionen hingegen rechtshemisphärisch dominant verarbeitet werden. Nahezu keine der neueren funktionell bildgebenden Studien mit PET und fMRT kann diese Zusammenhänge bestätigen (Zusammenfassung in Erk &Walter 2000). Andere Ergebnisse früherer Studien konnten bestätigt werden, so zum Beispiel die analytische Dominanz der linken Hirnhälfte gegenüber der rechten im Bereich der semantischen Verarbeitung (Springer et al. 1998).

So kann beispielsweise der Ort von Aktivität im Gehirn beim Auftreten von einigen Gefühlen relativ exakt zugeordnet werden:

Bei der mit Furcht assoziierten Verhaltenshemmung sind die beteiligten Hirnareale Hippocampus, Subiculum, entorhinaler Cortex, sowie laterales und mediales Septum, also das septo-hippocampale System.

Zur Pharmakologie der Verhaltenshemmung lässt sich sagen, dass Benzodiazepine (siehe auch Kap. 2.1.2) hierbei eine wesentliche Rolle spielen.

Eine ähnliche Beschreibung lässt sich für Disstress und damit verbundene Empfindungen von Hilflosigkeit und Angst geben:
Im Hypothalamus-Hypophysen-Nebennierenrindensystem wird der Corticotropin-releasing-factor (CRF) vermehrt ausgeschüttet und stimuliert seinerseits das ACTH (adrenocorticotropes Hormon) aus dem Hypophysenvorderlappen. Dieses wiederum regt die Glucocorticoid-Ausschüttung in der Nebennierenrinde an. Die Glucocorticoide hemmen ihrerseits die CRF- und ACTH-Ausschüttung. Testosteron- und Insulin-Ausschüttungen werden ebenfalls gehemmt. Diese hormonellen Veränderungen sind auch bei Angsterlebnissen in ähnlicher Form zu finden. Bei starkem, lang dauerndem Stress kommt es dann noch zusätzlich zur lang andauernden Ausschüttung von Corticosteroiden, was in der Folge zu Organschäden führen kann (Antelman & Chiodo 1984). Je nach Dauer der Einwirkung werden weitere Regelkreise aktiv, so z. B. bei lang anhaltender (lebensbedrohlicher) Hilflosigkeit kommt es zu einer Noradrenalin-Serotonin-Dopamin-Interaktion: Die zentralen Noradrenalin-Speicher in den Synapsen der dorsalen Noradrenalinfasern werden entleert. Damit wird der serotonerge Einfluss des dorsalen Raphe-Systems auf die Substantia nigra erhöht, es kommt zu einer Erhöhung der Dopamin-Synthese-Geschwindigkeit, und auch im Striatum wird vermehrt Dopamin ausgeschüttet.
Auch wenn man die ACTH-Synthese genauer betrachtet, findet man weitere interessante hormonale Veränderungen unter starkem Stress: ACTH wird aus dem Vorläufermolekül Proopiomelanocortin (POMC) abgespalten. Dieses ist aber auch der Vorläufer für die endogenen Opiate (Alpha-Endorphin, Beta-Endorphin usw.). Diese wiederum sind für die häufig zu findende Schmerzunempfindlichkeit bei Hilflosigkeit bzw. psychischem Schock verantwortlich.
Bei Freude und Lust sind die Versuche von Olds & Milner (1954) mit der intrakraniellen Selbststimulation der großartige Beginn der neuropsychologischen Forschung in diesem Bereich gewesen. Auch wenn sich bei den ursprünglichen Versuchen experimentelle Fehler (z. T. falsche Implantation der Elektroden) eingeschlichen haben, sind doch wesentliche Erkenntnisse gewonnen worden. Und nach Korrektur der Fehler kann man heute Genaueres zu physiologischen Zentren und hormonellen Abläufen sagen. Als „Lustzentren" sind das deszendierende mediale Vorderhornbündel, der laterale Hypothalamus sowie der mediale Frontalcortex zu sehen. Aber auch nigrostriale und mesolimbische Regionen sowie Bereiche des Sep-

tums werden in der Literatur genannt (Birbaumer & Schmidt 1991). Neurochemisch spielt hier das Dopamin eine wesentliche Rolle (dopaminerge Faserzüge, mit denen intracranielle Selbststimulation auslösbar ist, verlaufen zum Großteil aszendierend zum frontalen Cortex). Doch auch Endorphin-Systeme werden in der Literatur als wichtige Einflussgrößen für die positive, lustvolle Stimmung diskutiert.

Ein Problem, das speziell durch die neueren Verfahren deutlicher wurde, ist, dass verschiedene Emotionen in den gleichen oder unmittelbar benachbarten Hirnrealen Aktivität auslösen. Daher lässt sich in der Mehrzahl der Emotionen zwar der Aktivitätsbereich des Gehirns relativ exakt zuordnen. In den meisten Fällen ist es jedoch (noch) nicht möglich, von spezifischen Hirnaktivitäten auf definierte Emotionen zurückzuschließen.

Für weitere Emotionen lassen sich in vielen Fällen die Grundlagen und Verläufe ähnlich genau beschreiben. Wer sich hier mehr hineinvertiefen möchte, sollte die entsprechende Literatur studieren. Als guten Überblick empfehle ich Birbaumer & Schmidt (1991), Hülshoff T. (1999) und Otto et al. (2000), Walter H., (1999) und Erk & Walter, (2000).

2.1.1 Subcorticale Zentren und ihre Rolle bei der Arbeit mit Emotionen

Wie im vorhergehenden Kapitel 2.1 deutlich wurde, sind Gefühle im Wesentlichen durch subcortikale Zentren hervorgerufen und gesteuert. Der Neocortex spielt eine eher untergeordnete Rolle mit Ausnahme der Bewertungsaspekte, die umso unwesentlicher wird, je stärker die Emotionen in den Vordergrund treten. Zwar wissen wir, dass die rationale Bewertung und Einschätzung bei einer Reihe von Emotionen für den Ausdruck von Bedeutung ist, nicht aber unbedingt für die Stärke des inneren Erlebens. Das bedeutet aber, dass die Bearbeitung und damit die Veränderung von Emotionen nur über die Ansprache subcorticaler Zentren möglich ist. Sie sind sozusagen der Dreh- und Angelpunkt im Umgang mit Emotionen. Hier ist auch das „Konkordanzkonzept" von Gerber et. al. (1989) zu erwähnen: Diese Autorengruppe konnte in ihren Studien zeigen, dass bei Patienten mit psychosomatischen Störungen immer eine Diskordanz zwischen Denken, Fühlen, Handeln und physiologischen Reaktionen vorliegt. Das bedeutet, dass neocortical gesteuerte Prozesse sich nicht in Übereinstimmung mit subcorticalen Abläufen befinden. Diese Patienten sind auch zumeist nicht in der Lage, diese Diskrepanzen wahrzunehmen und zu benennen. Diese Verbindung und ihr Bewusstsein darüber scheinen aber, allen neueren Studien zufolge, wesentlich für körperliches wie psychisches Wohlbefinden. Therapie nach diesem Konkordanzgedanken legt demzufolge großen Wert auf adäquate Körperwahrnehmung. Alle psychischen Erkrankungen, die mit der Störung von emotionalem Erleben zu tun haben, müssen daher nach derzeitigem Kenntnisstand auch über den Weg subcortikaler Beeinflussung und Veränderung bzw. der Bewusstmachung körperlicher Begleitreaktionen von psychischen Abläufen behandelt werden. Ziel der Konkordanztherapie ist dabei, die verschiedenen Ebenen bewusst zu machen und den Patienten Steuerungsmechanismen an die Hand zu geben. Bei einer Reihe von Untersuchungen (Birbaumer 1977, Gray 1982) an bestimmten Störungen zeigt sich außerdem deutlich, dass psychologische Beeinflussung, wenn sie körperorientierte Faktoren berücksichtigt, zu dauerhafteren Ergebnissen führt als medikamentöse Behandlung. So kann z. B Angst durch die Gabe von Benzodiazepinen reduziert bzw. zum Verschwinden gebracht werden. Nach Absetzen des Medikaments tritt die Angst jedoch wieder auf.

Wie aus der Definition hervorgeht, sind Kognitionen wesentlicher Bestandteil der „Gesamt-Emotion". Emotionen sind eng mit Kognitionen verflochten und bilden mit ihnen emotionale Schemata (Greenberg & Pavio 1997), in denen aber die Emotionen häufig steuernden Einfluss haben, speziell dann, wenn der Mensch in Grenzbereiche seines Erlebens gerät und Angst (auch unterschwellig) mit im Spiel ist. Diese emotionalen Schemata sind komplexe Gebilde, die durch Erfahrungen im Laufe des Lebens gebildet werden. Sie führen zu einem emotionalen Erleben höherer Ordnung, das uns zu dem „Eingepasstsein" in unserer Gesellschaft befähigt. Greenberg und andere gehen davon aus, dass diese emotionalen Schemata durch Schlüsselreize ausgelöst werden und diese dann unmittelbar Signale an die Nuclei amygdalae und den vorderen Gyrus cinguli senden, die dann ihrerseits körperliche Veränderungen auslösen (Muskelspannungen, Organveränderungen usw.). Greenberg beschreibt ein solches Beispiel: Wenn man unvermittelt einem früheren Partner, von dem man sich getrennt hat, gegenübersteht, erlebt man vielleicht einen Stich in der Magengrube. Der Auslöser ist eindeutig erworben, der Vorgang als solcher läuft automatisch ab. Egal, ob man das Erleben nachträglich vollständig artikulieren kann oder nicht, wird es sofort unterschwellig generiert. Wichtig erscheint dabei, dass diese emotionalen Schemata Einschätzungen leiten und die

Vorgaben für die physiologische Erregung und das Handeln bereitstellen (Greenberg 2000).

Im Laufe des Lebens bilden sich bei vielen Menschen auch kognitive Schemata höherer Ordnung heraus, die aber immer auch sprachlich und damit auch gedanklich nicht ausformulierte Annahmen beinhalten. Diese Annahmen beruhen auf vorbegrifflichen, erlebnisorientierten Elementen aus den emotionalen Schemata. Damit erlangen die emotionalen Schemata auch unter diesem Gesichtspunkt zentrale Bedeutung im persönlichen Erleben.

Kommen wir nun zum Verständnis, das wir von psychischen Störungen haben, so wird sehr schnell klar, dass es eigentlich keine therapeutische Richtung gibt, in der Emotionen nicht zentral in der Entstehung und Aufrechterhaltung der Störung gesehen werden. So wurden zum Beispiel in der kognitiven Verhaltenstherapie Emotionen, speziell negative Emotionen als Symptome und damit als die eigentliche Störung gesehen. Samoilow & Goldfried (2000) betonen die Wichtigkeit von Emotionen in der kognitiven Verhaltenstherapie. Auch in anderen Therapieformen lässt sich die Annahme der Verknüpfung von Emotionen mit der psychischen Störung eindeutig aufzeigen.

Aus dem bisher Gesagten wird deutlich, dass eine kognitive Beeinflussung von emotionalen Schemata zwar richtig und notwendig ist, aber bei vielen primär emotionalen Störungen nicht ausreichend ist. Dies zeigt auch eine Vielzahl von entsprechenden Studien: Greenberg & Safran 1984, Greenberg & Pavio 1997, Teasdale & Barnard 1993. Auch Linehan (1993) sieht die Regulierung von Emotionen als entscheidend an. Damit stellt sich die zentrale Frage, mit welchen Methoden an den Emotionen gearbeitet werden kann und wie ein unmittelbarer Einfluss auf subcorticale Zentren sichergestellt werden kann. Diese Frage zu beantworten sehe ich als die wichtigste Aufgabe dieses Buches, und ich werde mich ihr speziell und konkret in Kapitel 3 widmen.

Um die Komplexität der neurobiologischen Situation bei der Arbeit an Gefühlen darzustellen, möchte ich noch einen Ausflug in die Nachbardisziplin der Neurogastroenterologie machen und hier neuere Forschungsergebnisse im Überblick darstellen.

2.1.2 Die Gefühle aus dem Bauch: das enterische Nervensystem

Wenn wir von subcorticalen Zentren sprechen, so meinen wir in der Regel jene Zentren, die sich noch im Schädel bzw. im verlängerten Rückenmark befinden. Ich meine, dass es an der Zeit ist, das Verständnis vom Begriff „subcortical" zu erweitern: auf Grund der neuen Erkenntnisse der Neurogastroenterologie ergibt sich ein stark verändertes Bild vom Zusammenwirken der unterschiedlichen Nervensysteme sowie der Gewichtung und der Funktion in den unterschiedlichen Regelkreisen. Deshalb hier ein kleiner Überblick über Geschichte und aktuellen Stand dieses Forschungsbereiches:

Schon sehr früh in der Psychotherapie wurde der Bauch mit Gefühlen in Verbindung gebracht, speziell in der humanistischen Psychologie und hier wieder in der Körperpsychotherapie war immer von den Gefühlen, die im Bauch sitzen, die Rede: „Atme in deinen Bauch und nimm deine Gefühle wahr!" Das waren bzw. sind typische Hinweise von Körpertherapeuten. Solche Interventionen wurden bis in die Gegenwart von wissenschaftlich orientierten Verhaltenstherapeuten nicht sehr ernst genommen, und es gab auch bis vor kurzem wenig belegte Hinweise, dass diesen etwas Essenzielles zu Grunde lag. – Die neurobiologische Erforschung des enterischen Nervensystems begann früh, kam aber lange Zeit nicht voran: zu unwahrscheinlich schienen die vereinzelten Ergebnisse.

Schon um 1850 entdeckte der Nervenarzt Leopold Auerbach, dass die Gedärme von einer Vielzahl von Neuronen umgeben sind. Diese erste Entdeckung führte aber nicht wesentlich weiter; erst 1917 führte der deutsche Pharmakologe Paul Trendelenburg das Wissen um diese Nervengeflechte ein Stück weiter: Isolierte Gedärme reagierten komplex auf Reizung. Doch auch diese Erkenntnisse brachten noch keinen Durchbruch. Und auch die Veröffentlichung intensiver Forschungsergebnisse 1965 brachten Michael Gershon (siehe Internet gershon michael, columbia university) erst mal Ablehnung: er hatte herausgefunden, dass 95 % des im Körper hergestellten Serotonins im Darmbereich des Nervensystems synthetisiert werden. Erst 1981 wurde er bei einem Kongress in Cincinatti rehabilitiert. Seit dieser Zeit hat sich das Wissen um das „Bauchgehirn" explosionsartig vermehrt:
- das Nervengeflecht des Bauches ist mit über 100 000 Neuronen umfangreicher als das des gesamten Rückenmarkes. Es ist die größte Nervenzellansammlung außerhalb des Kopfes.

- Zelltypen, Rezeptoren und produzierte Wirkstoffe stimmen mit denen des Kopfgehirns exakt überein.
- Dieses Nervengeflecht steuert nicht nur die Verdauungsvorgänge, sondern es steht auch in permanenter Interaktion mit dem „Kopfgehirn", sprich Mittelhirn, Zwischenhirn, vegetativem Nervensystem und der Formatio reticularis.
- Das „Bauchgehirn" synthetisiert ein Fülle psychoaktiver Substanzen: Serotonin, Dopamin sowie körpereigene Opiate (Endorphine), um nur einige zu nennen. Auch beruhigende Benzodiazepine werden hier produziert. Insgesamt konnte man bisher über 40 solcher Neurotransmitter als im Bauchnervensystem produziert feststellen.
- Das Rückenmark und der Vagusnerv bilden die ständigen Verbindungsleitungen zwischen Bauch- und Kopfgehirn.
- Beim Erleben intensiver Gefühle von Leid, Freude und Liebe spielt das „Bauchgehirn" nach neuesten Forschungen (Harper Perennial 1999) eine große Rolle.
- das „Bauchgehirn" gibt mehr Informationen an das „Kopfgehirn" ab als umgekehrt. 90 % der Leitungen laufen von unten nach oben.
- Das „Bauchgehirn" empfängt unabhängig von anderen Nervensystemen Reize, verarbeitet sie, reagiert auf sie, besitzt ein Gedächtnis und reagiert im Sinne der Situation intelligent (Damasio 1998).
- Im „Bauchgehirn" finden sich die gleichen Substanzen und Moleküle, die im Zentralnervensystem für Gedächtnisprozesse benutzt werden.
- Es ist funktionell organisiert und arbeitet in Kreisläufen. Es ist damit in gleicher Weise organisiert wie das Zentralnervensystem.
- Krankheiten wie Alzheimer, Parkinson und auch BSE zeigen im „Bauchgehirn" identische Schäden wie im Cortex.
- Entsprechende Medikamente wirken in beiden Systemen gleich gerichtet. Z. B. bewirken viele Antidepressiva Verdauungsstörungen, oder Migränemittel beruhigen überreizte Gedärme.
- Es besteht ein unmittelbarer Datenaustausch zwischen dem „Bauchgehirn" und dem limbischen System.
- Dauerstress wirkt sich im Zentralnervensystem und im enterischen Nervensystem gleich aus.
- Lebensgeschichtlich früher Dauerstress führt häufig zu Reizdarm bzw. „nervösem" Verdauungssystem. Sollgrößen im enterischen System werden dadurch dauerhaft verändert.

- Viele Störungen der Verdauung gehen mit psychischen Irritationen einher, sodass zum Teil typische psychische Korrelate feststellbar sind.

Auf Grund dieser aufgeführten Fakten können wir davon ausgehen, dass eine Vielzahl von Stimmungen, Grundgefühlen und Emotionen vom enterischen Nervensystem, dem „Bauchgehirn", generiert oder doch zumindest wesentlich mitgeformt werden.

Damit bekommt die alte Hypothese der Körpertherapeuten von den Gefühlen im Bauch einen realen Hintergrund, und viele Interventionen erscheinen in einem neuen Licht.

Besonders interessant sind vor diesem Hintergrund auch die Ausführungen der bekannten Körperpsychotherapeutin G. Boyesen, die speziell den Bauch in Diagnostik und Therapie mit einbezogen hat. Ihre Technik beruht darauf, dass sie während ihrer therapeutischen Arbeit die Bauchgeräusche mit einem Stethoskop abhört und je nach Ort, Stärke, Intensität und Schnelligkeit der Geräusche ihre weiteren Interventionen ausführt. Nach ihren Beschreibungen lassen sich Gefühle und Stimmungen bestimmten Geräuschmustern relativ exakt zuordnen (G. Boyesen & M. Boyesen 1987). Sie konnte mit ihrer Methode auch aufzeigen, dass bestimmte körperliche Interventionen (z. B. Massage bestimmter Regionen), aber auch psychische Einflussnahme über die Sprache zu Veränderungen der Peristaltik und damit der Spannung und der neuronalen Aktivität im Bauch bzw. im enterischen Nervensystem führt.

Das bedeutet aber auch, dass viele Stimmungen und Gemütszustände, noch mehr als bisher geglaubt, sich einem bewussten Zugriff entziehen und therapeutische Interventionen unter dem Gesichtspunkt ihrer Wirksamkeit auch im enterischen Nervensystem beurteilt werden sollten. Zu dieser Frage sind mir aber keine Studien bekannt.

2.2 Lernen, mit Gefühlen umzugehen

Aus dem bisher Gesagten wird deutlich, dass Therapie somit immer ein Training der Emotionsregulation bedeutet. Gemeint ist mit Emotionsregulation die Fähigkeit, seine Gefühle so zu handhaben, zu steuern, dass es zu einem guten Kompromiss zwischen den individuellen Bedürfnissen (z. B. seinem Ärger Luft machen) und den sozialen Anforderungen kommt.

Häufig ist diese vom Individuum geforderte Balance nach einer Seite hin verschoben. Der Neurotiker, der an seinen inneren Hemmungen, „eingefleischten" Verboten leidet und auf seinen Gefühlen „sitzen bleibt", muss lernen, die eigenen Bedürfnisse mehr und adäquat zu leben. Entgegengesetzt sieht die Situation für den typischen Histrioniker aus: Hier ist meist ein Zuviel an Gefühlsausdruck, aber auch ein situationsinadäquates Handeln auf Grund von unechten Gefühlen das Problem. Auch Mischformen gibt es, bei denen bestimmte psychische Bereiche dysfunktional gehemmt sind und andere Bereiche sozial unverträglich „ausgelebt" werden.

Wenn wir daher im Umgang mit Gefühlen fragen, was effiziente therapeutische Interventionen sind und worauf diese Effizienz beruht, so scheint es mir wichtig, diese verschiedenen Variablen des therapeutischen Prozesses genauer zu betrachten.

2.2.1 Zur therapeutischen Wirksamkeit von intensivem Gefühlsausdruck

Auf Grund der beschriebenen Abhängigkeit von Veränderungen bei Gefühlszuständen von subcorticalen Zentren, einschließlich des enterischen Nervensystems, müssen therapeutische Interventionen auch in Bereichen wirken, die nicht mehr wesentlich kognitiv gesteuert sind. Hier hat seit Beginn der neunziger Jahre auch in der klassischen Verhaltenstherapie ein Umdenken eingesetzt. Zum Beispiel haben unter anderen Greenberg und Safran (1987) durch die Darstellung von sechs therapierelevanten Prozessen eine „emotionale" Wende in der verhaltenstherapeutischen Psychotherapie eingeläutet:

1. Anerkennen von Emotionen als wesentlichem Erklärungsfaktor von Verhalten
2. Entwicklung der Bedeutung von Gefühlen, um zu einer emotionalen Umstrukturierung zu gelangen
3. Auslösen von Affekten, um so zu Gefühlsveränderungen zu gelangen
4. Übernahme von Verantwortung für Gefühle und Handlungen
5. Veränderung unangepasster emotionaler Reaktionen
6. Emotionaler Ausdruck in der therapeutischen Beziehung, um den Umgang mit Gefühlen zu erlernen

Für Therapeuten anderer Schulrichtungen sind dies keine revolutionär neuen Aussagen. Für den, der einen integrativen Ansatz schaffen will, wird mit diesen Aussagen einiges leichter. So nimmt dadurch zum Beispiel die

Nähe der einzelnen Schulen zueinander zu und eine Integration scheint eher möglich.

Gerade im Rahmen der Effizienzfrage von Psychotherapie gibt es eine Vielzahl von Fallstudien, die eindeutige Hinweise geben, dass nachweisbare erfolgreiche Veränderungen von psychischen Störungen in vielen Fällen mit starken Gefühlserlebnissen und einem häufig ebenso starken Gefühlsausdruck einhergehen. In diesen Zusammenhang gehört für mich auch die lerntheoretische Hypothese, dass bestimmte Inhalte am besten in dem emotionalen Zustand erinnert werden, in dem sie gelernt wurden: Dieses zustandsabhängige Lernen wurde auch auf die Frage hin untersucht, inwieweit physiologische und emotionale Muster als Teileelemente mitgespeichert werden (Birbaumer & Schmidt 1991). Hier lässt sich klar vermerken, dass Erinnerungen immer mit den Emotionen verknüpft sind, mit denen sie erstmalig auftraten. Auch so gesehen wird nochmal deutlich, dass es sich in der therapeutischen Situation immer um emotionale Schemata handelt, die verändert werden müssen, um therapeutischen Erfolg zu haben.

Eine Schlussfolgerung aus dem bisher Dargestellten wäre nun, dass Emotionen umso besser verändert werden können, je näher der jetzige, in der therapeutischen Situation hergestellte emotionale Zustand dem der ursprünglichen Lernsituation entspricht. Dieser Gedanke stützt die Idee einiger emotionsorientierter Therapieschulen (Primärtherapie, Bioenergetik, Gestalttherapie), dass die „Ursituation" bei frühen traumatisch relevanten Einflüssen gefunden und „wiedererlebt" werden muss.

Für die Praxis bedeutet dies, mit dem Klienten einen Weg zu finden, der für ihn stimmig ist. Hier muss in meinen Augen sehr individuell gearbeitet werden, um zum Erfolg zu kommen. Der Therapeut sollte hier Settings anbieten können, die es dem Klienten ermöglichen, mit seinen Emotionen die bisher gelernten, vorgeprägten Wege verlassen zu können und zu dürfen. Der Klient muss den Freiraum und die Sicherheit bekommen, mit seinen Emotionen und dem dahinter stehenden Ausdruck Neues auszuprobieren, auch bis hinein in Bereiche, die der Klient für sich bisher tabuisiert hat. Hier bin ich der Meinung, dass es für viele Klienten hilfreich ist, auch bisher nichtgelebte, in der Herkunftsfamilie unterdrückte Aspekte von Emotionen zu erfahren. Erst wenn ein Klient das gesamte Spektrum seines Gefühlsausdrucks kennen gelernt hat, ist es ihm möglich, sich in diesem Bereich jene Facetten anzueignen, die ihm von seinen Gegebenheiten und seiner Situation her entsprechen.

Wie weit starke Gefühle bzw. ein starker Gefühlsausdruck synonym mit Katharsis gesehen werden, geht aus der Literatur oft nicht hervor. Sehr häufig wird der Begriff der Katharsis (griech: Reinigung) unscharf für verschiedenste Phänomene gebraucht, so z. B. in der Gewaltdiskussion in Zusammenhang mit dem Einfluss von Medien. Das identifikatorische Miterleben von Aggression wird hier oft mit dem Begriff der Katharsis belegt. Von einer solch unscharfen Verwendung des Begriffs möchte ich mich klar abgrenzen: Katharsis bedeutet für mich den durch gesellschaftliche Regeln nicht limitierten, körperlich orientierten Ausdruck von Gefühlen, die bereits vorhanden sind. Diese Gefühle sind in der Regel gespeist durch Erinnerungen an frühere Erlebnisse mit stark beeindruckendem oder traumatischem Charakter.

Ich bin der Meinung, dass die beiden Begriffe „starker Gefühlsausdruck" und „Katharsis" nicht zwangsläufig synonym sind: Katharsis ist in meinen Augen eine bestimmte Form starker Gefühlsregungen, sozusagen ein Unterbegriff. Es gibt jedoch auch starke Gefühlsausbrüche, die nicht kathartisch, also reinigend wirken. Katharsis ist aber der am häufigsten gebrauchte Begriff in Verbindung mit starken Gefühlsausdrücken. Deshalb möchte ich im Folgenden das Verhältnis verschiedener therapeutischer Richtungen zu kathartischen Prozessen erwähnen:

- Schon Freud und Breuer haben am Fall von Anna O. die therapeutischen Fortschritte durch die kathartische Abreaktion aufgezeigt (Freud & Breuer, Ausgabe 1970).
- Die Primärtherapie nach A. Janov (1975) machte den kathartischen Prozess zum zentralen Kernstück der Therapie.
- Die Gestalttherapie geht von psychischen Blockaden aus, die gelöst werden müssen, bevor die dadurch abgespaltenen psychischen Bereiche wieder integriert werden können. In diesem Prozess werden intensive Gefühle bis hin zu kathartischen Abreaktionen als möglich und sinnvoll gesehen.
- Die verschiedenen Körpertherapien sehen ebenfalls „Blockaden" als Ursache für emotionale Probleme, die sie aber sowohl psychischer wie körperlicher Natur sehen (z. B. der Muskelpanzer bei W. Reich 1933 oder A. Lowen 1975). Diese Blockaden gilt es zu lösen, bis die Energien von Körper und Psyche wieder so fließen können, wie es diesem Organismus entspricht. Kathartische Prozesse werden hier bei einer Reihe von Problemen als erwünscht und notwendig gesehen.

- Auch die neuere Hypnotherapie sieht kathartische Abreaktionen als hilfreich und sinnvoll im therapeutischen Prozess (Revenstorf 2000).
- Neuere psychodynamische Therapien, wie z. B. die „intensive psychodynamische Kurzzeittherapie" von Davanloo (1995) sind ähnlich wie die Primärtherapie ganz stark am Konzept der Katharsis orientiert.
- Selbst in der kognitiven Verhaltenstherapie, die intensive Emotionen lange Zeit als eher unwichtiges „Beiwerk" ansah, setzt sich, angestoßen durch neuere Untersuchungen (Hayes & Strauss 1998), die Überzeugung durch, dass das Auftreten von intensiven Emotionen wesentlich für den Erfolg der Therapie ist.

Wir dürfen also davon ausgehen, dass es derzeit keine relevante Therapierichtung gibt, die starke Gefühle und deren kathartischen Ausdruck im Rahmen des therapeutischen Settings grundsätzlich als nicht sinnvoll sieht. Dass es bei bestimmten Problemen, Störungen und Persönlichkeitsbildern Ausnahmen gibt, ist ebenfalls mehrfach beschrieben; ich werde darauf in Kapitel 2.3 genauer eingehen.

2.2.2 Zur Problematik der Katharsis als therapeutischer Intervention

Trotz der im vorigen Kapitel aufgeführten positiven Sicht der Katharsis verschiedener therapeutischer Richtungen löst dieser Begriff immer wieder auch kontroverse Diskussionen aus. Daher möchte ich auch diese gegensätzlichen Argumente hier aufführen und beleuchten. Nochmals klar abgrenzen möchte ich mich von der Verwendung des Begriffs der Katharsis in der Gewalt-Medien-Diskussion. Wie nahezu alle ernst zu nehmenden Studien zu diesem Bereich zeigen, „löst" die Wahrnehmung von Gewalt in den Medien keine Gefühle, sondern verstärkt aggressive Impulse.

Zum einen können wir davon ausgehen, dass es keine tief gehendere Problemaktualisierung gibt als durch die Katharsis, zum anderen weiß man z. B. aus der Traumatherapie, dass hier auch Re-Traumatisierungen stattfinden können (Vortrag Lindauer Therapiewochen 2000: L. Reddemann, U. Sachsse), die alles andere als hilfreich sind. Auch die vielen Patienten, die zum x-ten Mal „ihre Katharsis" durchleben, ohne zu Veränderungen in ihrem Leben zu kommen, sind Hinweise, dass Katharsis kein Allheilmittel sein kann. Demgegenüber stehen jedoch die Erfahrungen von ungezählten KlientInnen, für die eine solche Katharsis der Wendepunkt in der Therapie und im Leben war.

Vor dem Hintergrund solch unterschiedlicher Erfahrungen ist ein jeweils genaues Analysieren angezeigt:

Katharsis hat immer etwas Überwältigendes, etwas, bei dem der Patient nicht mehr „Herr seiner selbst ist". In diesem „Überwältigtsein" scheint mir der Punkt zu liegen, an dem wir genauer hinschauen müssen: Welche Kräfte wirken hier und warum bringt dieser Zustand einmal Heilung und ein andermal kaum Veränderungen oder gar mehr Störung als vorher?

Wenn eine Person ihre Empfindungen, ihre Reaktionen in gewohnter Weise kontrollieren kann, fühlt sie sich sicher und hat dieses „Herr ihrer selbst"-Gefühl. Physiologisch gesehen bedeutet dies, dass neocorticale Strukturen starken Einfluss in der Gesamtsteuerung des Organismus die Oberhand haben. Rationale, bewertende Funktionen lassen Reaktionen berechenbar, realitätsangepasst erscheinen. Ein Gefühl von Sicherheit ist vorhanden. Die physiologische Gesamterregung (arousal) liegt im Soll-Bereich. Die innerlich vorhandenen Biorhythmen haben wesentlichen Anteil an der Steuerung des Gesamtorganismus.

Wie wir wissen, können starke Stressreize den Organismus so aus seinen Soll-Werten auslenken, dass sich das Bild völlig verändert: Die Alarmreaktion hypothalamischer Areale kann innerhalb von wenigen Minuten mehrere hundert Einzel-Änderungen auf nervösen, hormonellen, motorischen, emotionalen und kognitiven Ebenen bewirken. Kaum noch ein physiologischer Wert liegt dann im Bereich der Norm-Werte. Die Biorhythmen werden von der Alarmreaktion weitgehend überdeckt.

Vergleichen wir nun die angesprochenen Zustände mit der kathartischen Reaktion, so lässt sich eindeutig feststellen, dass die Katharsis der Alarmreaktion in vielen Punkten sehr nahe steht, ja eine Art Alarmreaktion ist.

Aus psychologischer Sicht ist die Katharsis eine Form der Erinnerung an Situationen, die mit mehr oder minder starken Emotionen und auch Alarmreaktionen verbunden waren. Die Form dieser Erinnerung scheint jedoch von dem sonst üblichen Maß an Erinnerung abzuweichen: Es ist nicht nur ein gewohntes Auftauchen von Gedanken und Bildern, es ist eine Art Wiedererleben mit einer Differenziertheit von Reaktionen und Empfindungen, die überrascht. So können auch Gerüche, besondere Blickwinkel, Geräusche und Ähnliches absolut real sinnlich erfahrbar werden. Auch körperliche Rektionen (Schmerzen, Krämpfe) der damaligen Zeit können total real erfahren werden.

Eine mögliche psychologische Erklärung für diese Phänomene wäre folgende:

Erfahrungen, die mit starken Emotionen, mit bedrohlichen Situationen einhergehen, werden offensichtlich auf verschiedensten Ebenen und damit auch in verschiedener Form gespeichert. In der Katharsis bekommt der Organismus die „Erlaubnis", die üblichen Kontrollen fallen zu lassen und die Gesamtheit der Erinnerungen zusammenzufügen und auftauchen zu lassen. Dieser Prozess scheint dann aber ab einem bestimmten Punkt im Verlauf nur noch begrenzt unter Kontrolle zu stehen. Wie viel Kontrolle noch möglich ist, hängt von einer Vielzahl von Faktoren ab.

Es scheint Personen zu geben, denen (zumindest bei bestimmten Erfahrungen) sozusagen genau das richtige Maß an (geringer) Bewusstheit möglich ist. In diesem Fall führt das katharistische Erleben zum Erfolg: Das intensive Wiedererleben löst die alten Ängste und Erfahrungen aus ihrer Gebundenheit. Man könnte sagen, das Tabu der ganzheitlichen Erinnerung ist gebrochen, und gleichzeitig wird sich der erinnernde Mensch bewusst, dass dieses Erlebnis vorbei ist und sich so nie wieder ereignen wird. Die Vergangenheit kehrt nicht wieder zurück. Das Jetzt ist immer neu. Das bedeutet aber, dass das katharistische Erleben zwar überwältigend ist, aber dabei immer ein Funke von Bewusstheit der jetzt existierenden Person gleichzeitig bestehen bleibt. Bei aller Überwältigung bleibt also das Wissen um das, was jetzt real ist, bestehen.

Ich möchte den katharistischen Weg mit einem schmalen Grat vergleichen: Ein Zuviel an Kontrolle unterbindet das katharistische Erleben, ein Zuwenig an Bewusstheit lässt den Menschen in seinen Erinnerungen „versinken", ohne eine Möglichkeit zur lösenden Erfahrung. Die Katharsis wird im letzteren Fall zum Albtraum, aus dem es kein Entrinnen gibt, weil kein „Anker zum rettenden Ufer der Realität" existiert.

Wieso es Menschen gibt, denen der „rettende Anker" fehlt, ist eine wesentliche Frage für alle, die mit Katharsis arbeiten wollen. Des Weiteren auch die Fragen:

- Gibt es verschiedene Arten von mangelnder Anbindung an die Realität auch bei katharistischer „Überwältigung"?
- Kann der Therapeut helfen, diesen Mangel auszugleichen? Und wie?

Dazu möchte ich kurz in bestehende Theoriengebäude hineinschauen:

M. Linehan (1996) nimmt beispielsweise eine emotionale Dysregulation bei Borderline-Persönlichkeiten an. Diese Dysregulation sieht sie entstanden aus einer emotionalen Vulnerabilität sowie durch inadäquate Strategien im Umgang mit Emotionen. Diese Dysregulation führt dazu, dass schon normale Situationen und Erlebnisse bezüglich der Verarbeitung zur grenzwertigen Belastung werden. Das kathartische Erleben kann dann die psychischen Steuerungsmechanismen überfluten und so zu dysfunktionalen Reaktionen führen.

Ein anderes Konzept, das in der Erklärung hilfreich sein kann, kommt aus der Psychoanalyse, nämlich das der Ich-Stärke. Damit ist unter anderem die Fähigkeit zur Integration von gegensätzlichen Wünschen und Haltungen aus unterschiedlichen psychischen Instanzen, aber auch, und das ist in diesem Zusammenhang interessant, die Fähigkeit, in schwierigen und verwirrenden Situationen die regulativen psychischen Funktionen aufrechtzuerhalten, gemeint. Nach diesem Konzept bleibt also bei Menschen mit normaler bzw. gut ausgeprägter Ich-Stärke auch in starken Stressmomenten die überwiegend rationale „Steuerungseinheit", nämlich das Ich, in Kontakt mit der Realität und geht nicht im „Albtraum" aus der anderen Welt (der Erinnerung) unter. Der Psychotherapeut Ch. Gottwald spricht hier vom „Wagenlenker" und bringt damit ein einprägsames Bild für diese Thematik.

Bei Betrachtung der Fähigkeit, mit kathartischen Prozessen umzugehen, kommen wir unter diesem Blickwinkel zu ähnlichen Ergebnissen, wie es bei Linehan zu finden ist, auch wenn in beiden Systemen deutlich unterschiedliche Konzepte zu Grunde liegen.

Menschen, die gelernt haben, sich in Problemsituationen aufzugeben, also psychisch „bewusstlos" zu werden im Sinne eines Totstell-Reflexes (Levine 1998), werden meist auch in der Katharsis „bewusstlos": Sie agieren die Gefühle lediglich aus, um danach aus dieser anderen Welt wieder aufzutauchen. Zwischen Wachbewusstsein und „kathartischem Bewusstsein" scheint in diesen Fällen keine Verbindung zu bestehen. Eine Integration der beiden Erlebniswelten ist dann nicht möglich, die Psyche dieser Menschen hat nicht die Kraft bzw. kennt nicht die Wege, aus diesen Erlebnissen zu überdauernden Verhaltensänderungen zu gelangen.

Auch wenn andere Mechanismen wie bei Borderline-Störungen zu Grunde liegen, vom Ergebnis her ähnlich verhält es sich bei schwer traumatisierten Menschen: Sie sind durch die Traumatisierung in einen „neuronalen Funktionsmodus" der Dissoziation geraten und können das vergangene, jetzt aber wieder aufgerufene emotionale Ereignis und das normale, auf die aktuelle Situation bezogene Wachbewusstsein offenbar nicht gleichzeitig aktiviert halten.

Eine etwas andere Situation sehe ich beim ausgeprägten Histrioniker: Wirklich echte, das heißt auch nicht mehr ohne weiteres kontrollierbare Gefühle sind so bedrohlich, dass sie ersetzt werden durch gesteuerte, „gemachte" Gefühle. Das Problem der mangelnden Glaubhaftigkeit löst der Histrioniker durch „Überzeichnung" und hat dies schon so gut trainiert, dass ihm Letztere in der Regel nicht mehr bewusst wird. Seiner Katharsis fehlt das letztendliche Überwältigtwerden, und er kommt selten mit den echten, ursprünglichen Gefühlen in Kontakt.

In allen diesen Fällen ist es sinnvoll, andere Wege der Problemaktualisierung zu beschreiten: Es darf nicht zur „Überwältigung" kommen, das neuronale Muster des rationalen Wachbewusstseins muss neben dem emotionalen Erleben erhalten bleiben. Hier spielt nach meiner Erfahrung die Sprache eine wesentliche Rolle: Der Therapeut muss in diesen Fällen den verbalen Kontakt zum Klienten halten und ihn auch laufend auffordern zu verbalisieren, was gerade in ihm geschieht. Aber auch der Blickkontakt kann hier als weiteres Element wichtig werden. Wenn der sprachliche Kontakt allein nicht mehr ausreicht, fordere ich den Klienten auf, die Augen zu öffnen und mit mir Blickkontakt zu halten. Sollten diese Kontakte abreißen bzw. nicht genügend Halt geben, muss der Klient aus der kathartischen Situation herausgenommen werden. Diese verbalen und optischen Zwischenschritte scheinen hier nötig, um die steuernden Funktionen der Großhirnrinde aktiv zu halten (Rosenthal & Benowitz 1986) und damit deren Kontrollfunktion zu gewährleisten.

In jenen anderen Fällen, in denen die Katharsis zu positiven Effekten führt, können wir davon ausgehen, dass im kathartischen Prozess nicht nur neocorticale Hirnareale veränderte Informationen speichern konnten, sondern tiefer liegende Hirnareale, wie z. B. das limbische System, der Hypothalamus und eventuell noch tiefer liegende neuronale Systeme (hier denke ich auch an das enterische Nervensystem), in denen die Grundlagen für primäre Emotionen verankert sind, mit veränderter Information „versorgt" wurden (Tucker 1986). Diese umfassenderen neuronalen Veränderungen haben im Vergleich zu rein kognitiven Erkenntnissen eine deutlich stärkere Tendenz, sich im Leben des Klienten zu realisieren. Dies ist auch wieder im Sinne der Konkordanztheorie und -therapie stimmig (Gerber et al. 1989). Als Psychotherapeut muss ich in besonderem Maße ein Gespür dafür ent-

wickeln, wie ausgeformt die psychisch-integrativen Fähigkeiten der Klient-
Innen sind und wo die Grenzen ihrer kathartischen Verarbeitungsmög-
lichkeiten liegen. Ich möchte an dieser Stelle den Begriff der „gesteuerten
Katharsis" einführen als Überbegriff für verschiedene Formen intensiver
emotionaler Arbeit mit dem Ziel, die positiven Effekte der Katharsis auf
breiterer Basis nutzbar zu machen. Dieser Begriff scheint im ersten Augenblick ein Widerspruch in sich zu sein, doch ich bin auf Grund eigener
Erfahrungen der Meinung, dass es auch im kathartischen Prozess eine
Reihe von Steuerungsmöglichkeiten für den Therapeuten gibt. Diese sollte
er möglichst sensibel und präzise im Sinne des Prozesses handhaben. In den
folgenden Kapiteln zur konkreten Evozierung und Bearbeitung von starken Emotionen werde ich auf dieses Thema der gesteuerten Katharsis noch
mehrfach zu sprechen kommen. Aus den in diesem Kapitel diskutierten
Problembereichen taucht für mich nochmals ganz deutlich die Frage nach
der Auswahl der Klienten auf. Hierzu verweise ich auf Kapitel 2.6.

2.3 Nutzen von Grenzerfahrungen für das therapeu-
tische Arbeiten mit intensiven Gefühlen

Hier sind einige in der etablierten Psychotherapie unübliche Methodenbereiche und Settings zu nennen. Nicht alle sind für die normale therapeutische Situation zu gebrauchen. Einige wurden bzw. werden in umstrittenen
Seminaren (Est-Training, Block-Seminare u. Ä.) angewandt (B. Schwertfeger 1998), oftmals allerdings mit zwiespältigem Erfolg: Diese Seminare
haben meist großen Zulauf, auf der anderen Seite gab es oft auch massive
Kritik, dass hier „Gehirnwäsche" betrieben wird. Trotz oder gerade wegen
dieser problematischen Aspekte möchte ich die Methoden hier ansprechen.
Das Problem in solchen kommerziellen Gruppen ist oft, dass diese Methoden prinzipiell und undifferenziert für alle eingesetzt werden. Das aber
kann falsch sein und mehr schaden als nützen. Wir sollten uns als verant-
wortungsbewusste Therapeuten damit auseinander setzen. Wie weit jeder
Therapeut sie in seine eigene Arbeit einbeziehen will und kann, muss er
selbst entscheiden. Manchmal unterziehen sich Klienten von sich aus solchen Ritualen. In diesen Fällen sollte man wissen, was solche Übungen
auslösen können. Dies gilt speziell dann, wenn mehrere Methoden zusammenkommen und sich überlagern. Nur bei fundiertem Wissen darüber

werde ich trotz aller Sensibilität rechtzeitig und sinnvoll darauf reagieren können.

Bei der Abhandlung dieser Methodenbereiche möchte ich mich auch mit der Relevanz für den „normal"-therapeutischen Bereich auseinander setzen:

2.3.1 Hyperventilation

Hyperventilation ist eine ohne Bedarf stark gesteigerte Atmung. Die Steigerung der Atmung kann sowohl durch die Zunahme der Frequenz als auch durch eine Erhöhung des Volumens pro Zeiteinheit erfolgen oder auch beides. Dieser Vorgang geschieht unter Stress automatisch und kann bei Disstress und entsprechender Disposition zur Hyperventilationstetanie führen. Diese Funktionsstörung ist in der Regel gesundheitlich unproblematisch, löst jedoch fast immer starke Angstzustände bis hin zur Todesangst aus. Im notärztlichen Bereich ist sie eine relativ häufige Erscheinung (2,1 % aller Einsätze: Notarztbereich Bayern; persönliche Mitteilung Prof. Dr. med. Sefrin, Würzburg). Das Beängstigende für viele Patienten ist das Gefühl der Hilflosigkeit, des Ausgeliefertseins und der völlig veränderten Wahrnehmung (z. B. Tunnelblick). Hierbei ereignet sich die Hyperventilation unbewusst, subcortical gesteuert und völlig überraschend für den Betroffenen.

Die Bemerkung, dass die Hyperventilationstetanie in der Regel gesundheitlich unproblematisch ist, hat wie jede Regel auch ihre Ausnahmen. So ist bekannt, dass Epileptiker durch Hyperventilation einen Anfall auslösen können. Auch diagnostisch wird Hyperventilation bei der EEG-Ableitung eingesetzt. Das bedeutet, dass Epileptiker von forcierten Übungen mit Hyperventilation ausgeschlossen bleiben sollten. Hier sollte jeder Therapeut gezielt nachfragen. Aber selbst dann bleibt ein gewisses Restrisiko, an einen Klienten zu geraten, der eine bisher nicht entdeckte Prädisposition zur Epilepsie hat, die dann durch solche Übungen erstmals provoziert werden könnte. Der könnte theoretisch noch in einen Status epilepticus geraten, was dann lebensbedrohlich werden könnte. Diese Risiken schätze ich persönlich allerdings nicht sehr hoch ein: In meinen gut 24 Jahren Buferfahrung mit Hyperventilation hatte ich bisher keinen einzigen Fall, bei dem eine bislang unbekannte Epilepsie ausgelöst wurde.

Der Einsatz von Hyperventilation ist als therapeutische Methode, wenn sie zur Aktivierung von Gefühlen bewusst und gezielt verwendet wird, auch in ihren Auswirkungen anders einzuschätzen:

1. Vorweg informiere ich meine Klienten über die möglichen Auswirkungen und die in der Regel gesundheitliche Ungefährlichkeit der Symptome.
2. Die Klienten sind nicht im unbewussten Disstress und haben die Möglichkeit, sich ganz auf die Wahrnehmung der Veränderungen in ihrem Körper und ihrem Befinden einzulassen.
3. Die Bewertung dieser Situation und des daraus entstehenden Zustandes wird durch die therapeutische Begleitung verändert und in der Regel eher positiv.

Trotzdem kann es bei dieser Art der geführten Hyperventilation zu tetanischen Erscheinungen (z. B. Pfötchenstellung) kommen. Diese können jedoch in der Regel therapeutisch nutzbringend bearbeitet werden (siehe hierzu auch Kap. 3).

Wie es zur Tetanie durch Hyperventilation kommt, ist physiologisch im Wesentlichen bekannt. Unter körpertherapeutischen Bedingungen erlebe ich jedoch immer wieder, dass die Krampfzustände schlagartig verschwinden können, obwohl weiter hyperventiliert wird, wenn es zum starken Ausdruck des passenden Gefühls kommt. Für dieses Phänomen habe ich bisher noch keine befriedigende physiologische Erklärung gefunden.

Psychologisch sehe ich in den Krämpfen – ganz im Sinne der bioenergetischen Hypothese von der muskulären Blockade von Gefühlen – eine „Notbremse" des Organismus vor einem gefährlich erscheinenden Überflutetwerden mit tabuisierten Gefühlen. Man könnte es so sehen: Kann der Klient die psychischen Kontrollinstanzen überzeugen, dass diese Notbremse nicht nötig ist, so besteht die Chance, dass sie gelöst wird und die blockierten Gefühle zugelassen werden.

Ähnlich verhält es sich mit dem Ort des Auftretens von Krämpfen. Auch dafür kenne ich keine zufriedenstellende physiologische Erklärung, warum die Krämpfe an verschiedenen Körperteilen auftreten. In der Regel sind die Hände prädestiniert dafür (typische Pfötchenstellung), ebenso Brust (Intercostalmuskulatur), Bauchbereich, der Mund, seltener können aber auch andere muskuläre Bereiche betroffen sein. Ich arbeite dann auch ganz gezielt damit, die Funktion des betroffenen Körperteils einzusetzen. Zum Beispiel fordere ich auf, Schreie oder Töne herauszubringen, wenn Lippen,

Zunge und Hals betroffen sind. Wenn der Klient sich die Erlaubnis gibt zu schreien, löst sich der Krampf in den betroffenen Bereichen häufig auf. Konnte eine Tetanie in dieser Weise positiv durchlebt werden, stellt sich beim Klienten so gut wie immer ein warmes, ruhiges, oft sehr „inniges" Gefühl ein, in welchem viele neue Empfindungen und bildhafte Erinnerungen unmittelbar auftauchen. Auch das Phänomen des Nicht-mehr-denken-Müssens, also der Gedankenleere, wie sie als Ziel von Meditation angestrebt wird, stellt sich häufig ein. Die Klienten sprechen von Trance, von traumartigen Zuständen und meditativen Erlebnissen, die in der Folge zur Klärung der inneren Erlebnisse führen können. Physiologisch wissen wir, dass es unter Hyperventilation zur vermehrten Ausschüttung von Dopamin und verschiedenen Endorphinen kommt (J. Zehentbauer 1997). In Hinblick auf das Wissen um die Wirkungsweise der subcorticalen Zentren können wir davon ausgehen, dass durch längere Hyperventilation in diesen Bereichen wesentliche Impulse gesetzt werden, die zu therapeutisch relevanten Veränderungen führen können bzw. häufig auch führen. In anderen Kulturen wurde dieses Wissen schon seit Jahrhunderten bzw. Jahrtausenden bei magischen Ritualen, die sehr häufig mit Hyperventilation verbunden waren, genutzt (Campbell 1984, Halifax 1984, Harner 1982, Zehentbauer 1997).

2.3.2 Körperliche Leistungsforderung bis in Grenzbereiche

Es ist aus der Trainingsforschung schon seit ca. 25 Jahren bekannt, dass während längeren Ausdauerbelastungen starke psychische Veränderungen auftreten können. Für die psychischen Veränderungen sind weniger die objektiven Belastungen relevant als vielmehr die subjektiven. Für einen erfahrenen, gut trainierten Marathonläufer ist ein Marathonlauf psychisch nicht so bewegend wie für einen Untrainierten ein 5-km-Lauf. So können zwei bis drei Stunden intensiv geübte Bioenergetik-Haltungen einen wenig trainierten Menschen in seine Grenzbereiche bringen und allein schon damit starke Emotionen auslösen. Ähnliches gilt für intensive Bewegungsmeditationen (z. B. 10 min auf der Stelle springen).
Physiologisch wissen wir, dass Ausdauertraining antidepressiv wirkt, und zwar speziell auf Grund der Ausschüttung von Endorphinen (Alpha- und Beta-Endorphin, Enkephalin und Dynorphin; seit der Entdeckung der ersten Endorphine sind bisher etwa 20 weitere Neuropeptide als Endorphine identifiziert worden). Die Wirkung von körpereigenen und körper-

fremden Opiaten sind in vielen Bereichen ähnlich oder identisch, wie z. B.:
- schmerzhemmend
- angstlösend, beruhigend
- antidepressiv
- blutdrucksenkend
- psychedelische Wirkung
- wohlig-glückliche Stimmung auslösend
- schlaffördernd
- vermehrtes Schwitzen
- erhöhte Körpertemperatur

Bei längeren Ausdauerbelastungen werden außerdem noch Noradrenalin, Acetylcholin und Testosteron ausgeschüttet. Diese, je nach Intensität der Belastung, deutlichen körperlichen Reaktionen verändern Stimmung, Wahrnehmung, Fühlen und Denken. Ich möchte nun einige, vielleicht auch typische psychische Abläufe beispielhaft an Hand eines Laufes darstellen. Meistens sind Menschen in diesen Situationen stark mit Leistungsgedanken beschäftigt. Je nachdem, welche bisherigen Erfahrungen damit gemacht wurden und welche Haltung derjenige dazu hat, wird auch dies die Emotionen mitbestimmen: Selbstzweifel, vielleicht Versagensängste, das Zurechtlegen von psychischen Strategien im Falle des „Versagens" sind mögliche Gedanken. Vielleicht aber befindet sich die Person psychisch ganz in der Gegenwart und ist mit dem Mobilisieren der nötigen Energie oder dem Überwinden von unangenehmen Empfindungen beschäftigt. Dabei wird sie ihren Körper mit seinen Reaktionen intensiv wahrnehmen (Herzschlag, evtl. Atemnot, Muskelspannungen usw.). Meist finden dann auch, je nach Gewöhnung, unterschiedliche kognitive Auseinandersetzungen statt: „Halte ich das aus? Zerspringt gleich mein Herz? Was macht das alles für einen Sinn?" Dies sind oft die Fragen, die zu den Bewertungen führen. Das ist dann meist der Moment, wo auch alte, noch nicht verarbeitete Gefühle aufsteigen und ins Zentrum der inneren Wahrnehmung rücken. Wenn diese alten Gefühle sehr stark sind, kann das zum Abbruch der Leistungssituation und in der Regel zu intensivem Wiedererleben der Erinnerungen führen. Da können Verzweiflung, Wut oder Trauer ins Bewusstsein treten, die dann häufig in kathartischer Form (da die rationale Steuerung fehlt oder geschwächt ist) durchlebt werden. Selbst wenn die körperliche Forderung eine öffentliche Veranstaltung (z. B. Stadtlauf) ist, sollte für dieses Durchleben der Gefühle Zeit und Raum sein, da unter diesem Aspekt Leistung sekundär ist. Anderenfalls verfällt diese Person eher in ein kontraproduktives Ausagieren alter Strategien („Ich muss leisten, um anerkannt zu sein!"). Hier muss jeder Therapeut bei entsprechenden „Hausaufgaben" wach sein und zu stark leistungsorientierte Klienten dann in nichtöffentlichen Situationen in diese Bereiche bringen.

Nach dem Durchleben der alten Gefühle sollte die Person erneut für sich entscheiden, ob sie sich weiter fordern will oder das eigentliche Ziel schon erreicht ist.

Will sie weitermachen, tut sie dies dann häufig in ganz anderer Form: oft gelassener, lockerer, häufig auch mit mehr Energie. Auch wenn körperliche Ungemach erlebt wird, so bringt meist die Wirkung der Endorphine stärkere Linderung als vorher – wenn schon genügend ausgeschüttet wurde (runners-high). Später entstehen dann oft Phasen von Indifferenz: „Egal wie's ist, du läufst einfach weiter." In der Zielphase kommt selbst bei Erschöpfung oft Euphorie auf: „Du hast es geschafft!" Bilder von Ruhe und tiefster Entspannung werden innerlich deutlich. Zu den anderen, die mitgekämpft und -gelitten haben, entsteht häufig das Gefühl großer psychischer Nähe. Auch das kann für manche Menschen ein sehr wichtiges Erlebnis sein und ist nicht selten von intensiven Gefühlen begleitet. Häufig steht die Freude über das Erreichte (sowohl die Leistung als solche als auch die Verarbeitung dysfunktionaler Erinnerungen) im Vordergrund, und die Person sollte genug Zeit haben, dies zu verarbeiten.

Sehr gute Erfahrungen habe ich mit Gruppen (Management-Seminare, aber auch jugendliche Gruppen) auf Bergtouren gemacht: Hier kommt neben der körperlichen Forderung noch die intensive und oft überwältigende Naturwahrnehmung dazu.

Eine häufiger Eindruck, den ich im Laufe der Zeit mit solchen Methoden gewonnen habe, ist, dass viele Klienten nach solchen Erfahrungen selbstbewusster und selbstverantwortlicher mit sich umgehen.

2.3.3 Grenzerfahrungen bezüglich des Sicherheitsgefühls

Auch hier geht es wieder um reale Erfahrungen, die helfen können, alte Erinnerungen zu durchleben und zu korrigieren. Eine Vielzahl von Aktivitäten kann hier genannt werden: Survivaltraining (Wildnistouren in Gebieten mit potenziell gefährlichen Tieren), Klettern (auch in sog. Seilgärten), Sprünge aus größerer Höhe (ins Wasser oder in ein Sprungtuch oder mit dem Fallschirm), Wildwasserrafting, Segeltörn (mit und ohne beabsichtigte Störungen) und Feuerlauf.

Wie schon im vorigen Kapitel erläutert, laufen hier physiologisch ähnliche Dinge ab, zumal viele dieser Aktivitäten auch mit zum Teil starker körperlicher Aktivität verbunden sind. Der Unterschied liegt in der stärkeren Betonung des eigenen Mutes bzw. der Auseinandersetzung mit der vorhandenen Angst. Dies kann in einem noch stärkeren Maße zur Aktivierung alter Gefühle und der Erinnerung oftmals traumatischer Situationen führen.

Und auch hier geht es nicht darum, seinen Mut zu beweisen, sondern die gestellte Situation als „Lernsituation" zu begreifen. Die Lektion, die meist zu lernen ist, heißt erkennen, dass die Vergangenheit vorbei ist und heute eine völlig neue Situation mit neuen Möglichkeiten vorhanden ist. Dazu ist es aber nötig, sich mit den alten Erinnerungen nochmals intensiv auseinander zu setzen, bevor sie wirklich ad acta gelegt werden können. Wenn die gestellten Aufgaben nicht zu beängstigend sind, sodass noch genügend Vertrauen in die Situation besteht, geschieht dies auch oft in kathartischer Form.

2.3.4 Grenzerfahrungen im Bereich des sozialen Umfeldes

Die Zahl der therapeutisch nutzbaren Situationen in diesem Bereich ist groß und kann nahezu jeden sozialen Aspekt betreffen. Sie kann von sehr „harmlosen" Geboten bis hin zu massiver Einflussnahme reichen:
- Gruppen mit Schweigegebot
- Gruppen, die bestimmte Tabus unterlaufen (z. B. Nacktheit, Ignorieren des Intimbereichs)
- Verhinderung jeglicher Rückzugsmöglichkeit
- Starke Anpassungs- oder Unterwerfungsforderungen

Diese Bereiche sind teilweise schwierig zu handhaben, und viele Gruppen, die sich hier versucht haben, sind oft von der Gesellschaft gebrandmarkt worden, ob zu Recht oder nicht, sei dahingestellt.

Die in solchen Gruppen gesetzten Verhaltensmaßstäbe verändern die Realität in starkem Maße, und die „Möglichkeit zur Probe" gibt es dann kaum mehr. Diese aber ist ein wesentliches Kennzeichen des therapeutischen Angebotes. In meinen Augen müssen daher solche Regelveränderungen von allen erarbeitet und getragen werden. Außerdem müssen regelmäßige Reflexionsmöglichkeiten geboten werden, die in bestimmten Bereichen wieder die Möglichkeit bieten, Abstand zu gewinnen. Andernfalls kann die Situation leicht „sektiererisch" werden, und die Chancen können nicht genutzt werden.

Beispielhaft für solche Interventionen möchte ich hier den therapeutisch angesetzten Segeltörn nennen: Je nach Route und Revier ist die Gruppe mehrere Tage ununterbrochen intensiv zusammen, und der Einzelne hat praktisch keine Rückzugsmöglichkeit. Außerdem muss sich der Einzelne dem Skipper zumindest in bestimmten Situationen absolut unterordnen. Für eine Reihe von Teilnehmern werden auf Grund der Enge und anderer Faktoren auch Tabubereiche tangiert.

Meine Erfahrungen damit sind sehr unterschiedlich: In jedem Fall sind häufig Zeiten der Reflexion, des gemeinsamen Austauschs über die Lage nötig, um die Situation therapeutisch nutzbringend zu gestalten. Dann aber kann es zu sehr intensiven, auch kathartischen Formen der Verhaltensveränderung kommen.

Um die angesprochene Problematik (dass die Distanz zu den Regeln verloren geht) besser steuern zu können, ist es manchmal sinnvoller, nur einzelne Übungen einzusetzen, die für einen gewissen Zeitraum bestimmte soziale Regeln außer Kraft setzen. Beispielhaft sei hier eine Übung aus diesem Bereich genannt, die ich gerne einsetze, nämlich das „Herrscher-Diener-Spiel" (siehe Kap. 3). Auch sie erfordert intensive Nacharbeit, die aber zumeist sehr lohnend ist.

2.3.5 Isolation – Reizentzug

Wohl wenige Begriffe lösen unterschiedlichere Reaktionen bei einem breiten Publikum aus wie der der Isolation. Damit wird unter anderem deutlich, wie wenig die meisten Menschen darüber wissen und wie unterschiedlich die Einstellungen dazu sind. Der Begriff der Isolation ist in seiner Unschärfe und geringen Genauigkeit prädestiniert für wenig rationale Auseinandersetzung damit. Auch dass er in den unterschiedlichsten Zusammenhängen auftaucht (Folter, Meditation, wissenschaftliche Versuche, schamanische Rituale usw.) macht ein realistisches Zugehen nicht leichter. Jeder glaubt zu wissen, um was es sich handelt, bis man eine Definition verlangt. Ab welchem Zeitlimit beginnt dann Isolation? Wir sprechen auch von Isolation, wenn Menschen keinen Freundeskreis haben und jeden Abend vor dem Fernseher sitzen. Hat Isolation zu tun mit der Zahl von eingehenden Sinnesreizen pro Zeiteinheit? Meine eigenen Erfahrungen mit Isolation als Versuchsperson in einem abgeschirmten

Labor haben mich sehr stark zu der Anschauung gebracht, dass Isolation ein länger dauernder Zustand reduzierten Kontaktes mit der Umwelt ist, dessen Bewertung überwiegend subjektiver Natur ist. Die Art und Weise von Isolationserfahrungen differieren sehr stark und so erleben Menschen variierende Phänomene der Isolation sehr unterschiedlich.

Offensichtlich benötigen wir als biologische, psychologische und soziale Organismen ein bestimmtes Maß an Stimulation von außen, um in unseren diversen Regelkreisen in den Sollbereichen zu bleiben und uns wohl zu fühlen. Was und wie viel uns zuträglich ist, differiert sehr stark und dürfte sowohl genetisch wie auch stark lerngeschichtlich bedingt sein. Hier spielen auch gesellschaftliche Einflüsse eine wichtige Rolle: Kaum eine Gesellschaft vor uns hatte mehr Informations-Input und mehr sozialen Zwang, diesen auch aufzunehmen, wie unsere. Vielleicht hängt das Erschrecken vieler Menschen beim Begriff der Isolation auch damit zusammen, dass wir durch unseren Alltag trainiert wurden, möglichst viel aus unserer Umwelt und weniger aus unserer Innenwelt aufzunehmen. Isolation wird dann gleichgesetzt mit Leere, mit einem Nichts.

Wenn wir die Berichte von Menschen mit Isolationserfahrung betrachten, so fällt deutlich auf, dass in den meisten Fällen der geringere Input relativ schnell durch eine vermehrte Innenwahrnehmung ausgeglichen wird. Und hier sind wir mitten im therapeutischen Geschehen: Die Innenwelt kann deutlich und gut wahrnehmbar, fühlbar werden. Sonst verborgene und schwer zugängliche Bilder und Informationen treten ins Bewusstsein. Das kann auch erschrecken, in jedem Fall aber konfrontiert uns dieser Prozess mit den in uns gespeicherten Erinnerungen, Strategien und Sichtweisen.

Durch die Abschirmung nach außen bestehen auch wenig Möglichkeiten, auszuweichen, sich abzulenken oder zu verdrängen. Die Konfrontation ist vorhanden und bleibt bestehen. Physiologische Untersuchungen konnten zeigen, dass in diesen Zuständen vermehrt Endorphine, Dopamin und auch zum Teil Noradrenalin ausgeschüttet werden (Zehentbauer 1997). Emotionale Zustände können dabei sehr deutlich, wie durch ein Vergrößerungsglas wahrgenommen werden und werden dadurch häufig sehr intensiv, manchmal sogar überwältigend, womit wir wieder bei kathartischen Prozessen angelangt wären.

In der therapeutischen Situation haben wir meist nicht die Möglichkeit, rein zeitlich mit Isolation zu arbeiten, wohl aber mit begrenztem Reizentzug, der sensorischen Deprivation. Da die Wirkung solcher Methoden stark von der Zeitdauer abhängt, sind unsere Chancen, allein damit gute Erfolge zu erzielen, begrenzt. Wohl aber ist es möglich, solche länger dauernden Situationen als „Hausaufgaben" zu stellen. Was den begrenzten Reizentzug anlangt, so sind in Kap. 3 beim Thema Meditation einige Vorschläge zu finden.

2.3.6 Schlafentzug

Bereits im Mittelalter war diese Methode unter dem Begriff „asketisches Wachen" bekannt, um zu inneren Erfahrungen zu gelangen. Auch andere Religionen und Naturvölker (z. B. nordamerikanische Stämme) nutzten in ihren Ritualen diese Methode. Physiologisch gesehen greift dieses Vorgehen stark in den Serotonin/Melatonin-Stoffwechsel ein. Auch Noradrenalin wird dabei vermehrt ausgeschüttet. Psychologisch verwischen sich die Grenzen zwischen Wach- und Traumbewusstsein und körpereigene Psychodelika, wie z. B. endogene Liganden, die dem Phenylcyclidin (PCP) ähneln, werden wirksam. Nach längerem Schlafentzug kommt es zu Zuständen deutlich verminderter rationaler Kontrolle. Dass Schlafentzug stark in die Stimmungssteuerung subcorticaler, wahrscheinlich auch enterischer Zentren eingreift, lässt sich aus der Tatsache folgern, dass

1. 95 % des Serotonins im enterischen Nervensystem produziert werden und bei Schlafentzug vermehrt Serotonin ausgeschüttet wird;
2. starke Depressionen durch gezielten und kontrollierten Schlafentzug gebessert werden können.

Um die circadianen Rhythmen, die innere Uhr zu überwinden, ist viel Anstrengung, viel bewusste Enervierung nötig. Dabei treten auch Phasen von Missmutigkeit und Erschöpfung auf, die zur Überwindung starke Motivation benötigen.

Normalerweise ist diese Methode in der regulären Psychotherapie nicht einsetzbar, da dafür keine Zeit zur Verfügung steht. Außerdem sollte niemand unter Schlafentzug ohne Pause in ein normales Leben mit Autofahren und Ähnlichem zurückkehren. Nur in langen Gruppen mit entsprechender Motivation kann man daran denken, solche Methoden einzusetzen. Außerdem ist bei dieser Methode auf bestehende psychische und neurologische (Epilepsie) Probleme zu achten.

Wenn die Randbedingungen stimmig sind, hat man allerdings ein starkes Instrumentarium zur Hand, um subcorticale Lernprozesse zu initiieren.

2.3.7 Fasten

Die Betrachtung des Fastens unter psychologischen und psychotherapeutischen Gesichtspunkten mag zunächst ungewöhnlich erscheinen, doch sind für mich die psychischen Auswirkungen mindestens genauso bemerkenswert wie die körperlichen. Mit längerem Fasten bringen wir den Organismus in eine Stress-Situation, die eine Reihe von körperlichen, aber auch psychischen Veränderungen hervorruft. Die körperlichen Bewältigungsmaßnahmen des Körpers auf den Nahrungsentzug sind in der einschlägigen Literatur hinreichend beschrieben. Darauf möchte ich nur insoweit eingehen, als es für das Verständnis der psychischen Prozesse notwendig ist.

Nach einer üppigen Mahlzeit wird sehr viel Blut im Bauchraum zusammengezogen, das Vegetativum hat auf Vagotonie umgeschaltet, die kognitiven und sonstigen psychischen Prozesse laufen deutlich langsamer ab. Durch erhöhte Glucosekonzentrationen (80 – 100 mg pro 100 ml Blut) werden bestimmte Endorphine ausgeschüttet, die für einen zufriedenen, ruhigen Gemütszustand sorgen. Das enterische Nervensystem meldet ruhige Aktivität an das Großhirn, das daraufhin seine Aktivität noch weiter reduziert.

Deutlich anders sieht die Situation während des Fastens aus: Bis sich der Körper auf eine geregelte, gleichmäßige Fettverdauung eingestellt hat, rutscht er immer wieder in hypoglykämische Zustände ab, die mit typischen Zeichen nervöser Störungen einhergehen: motorische Unruhe, Heißhungergefühle, aber auch Zittern, Schweißausbrüche und Tachykardie können vorkommen. Dies beruhigt sich erst wieder mit der Glucagonausschüttung. Auf die hypoglykämischen Zustände reagiert der Körper außerdem mit der Ausschüttung von Stresshormonen: ACTH, Adrenalin, Noradrenalin, aber auch Dopamin und bestimmte Endorphine (Alpha- und Beta-Endorphine) kommen zum Zug. Damit entsteht im Organismus ein wacher, aufmerksamer, in seltenen Fällen auch aggressiv getönter Gemütszustand. Die Abläufe im Körper, zusammen mit dem Vorsatz, keine Nahrung zu suchen, zwingen die Psyche, sich stark mit diesen inneren Abläufen auseinander zu setzen. So entwickelt sich in der Wahrnehmung eine starke Konzentration auf innere Stimuli. Damit haben wir eine ähnliche Situation wie beim Reizentzug: hohe Aufmerksamkeit, verbunden mit der Ausrichtung auf innere Reize.

Hier dürfte auch die Rolle des enterischen Nervensystems mit Sicherheit noch nicht vollständig entschlüsselt sein.

Als Psychotherapeut konnte ich in vielen Fällen bei fastenden Teilnehmern an Gruppen eine gesteigerte Sensibilität, erhöhte Aufmerksamkeit und mehr Bereitschaft, sich auf den therapeutischen Prozess einzulassen, feststellen. Sind magersüchtige oder bulimische KlientInnen in der Gruppe, verlange ich von allen Teilnehmern normales Essverhalten.

Abschließend möchte ich nochmals die Wirksamkeit dieser Methoden auf subcorticale Zentren, unter anderem durch die dort ausgeschütteten Substanzen, betonen. Diese Wirkungen sind durch eine Vielzahl von Studien belegt. Allerdings stammen die meisten aus der Grundlagenforschung und sind von ihren Fragestellungen zu wenig auf die praktische Anwendung zugeschnitten, als dass daraus genaue Anweisungen für den therapeutischen Einsatz abzuleiten wären. Die Erfahrung und die Intuition des Therapeuten bleiben daher in diesen Bereichen eine wesentliche Orientierungsgröße. Noch viel mehr kommt dieser subjektive Faktor beim Thema des nächsten Abschnittes zum Tragen.

2.4 Therapeutische Grundhaltungen, die bei intensiver Gefühlsarbeit hilfreich sein können

Hier sind zwei Bereiche genauer zu betrachten:
1. Die therapeutische Grundhaltung
2. Das therapeutische Setting
Vielleicht ist diese Trennung künstlich. Ich glaube, dass, wenn nicht beide Bereiche ineinander greifen, ein Erfolg im Sinne der Zielsetzung ausbleiben wird. Mir scheint das Thema aber so wichtig, dass ich die getrennte Betrachtung darstellen möchte.

2.4.1 Die therapeutische Grundhaltung

Wie wirkt sich der subjektive Faktor, jenes komplexe System, genannt „Therapeut", im therapeutischen Geschehen aus? Welche Faktoren wirken in der Interaktion Therapeut – Klient? Und wie tun sie das? Hierzu ist von den verschiedenen therapeutischen Schulen einiges geschrieben worden (Kanfer et al. 1991, Grawe 1992, H. Dirlich-Wilhelm & T. Maurer 1998, Rudolf 1996, König 1991, Heigl-Evers et al. 1993). Ich möchte hier nicht die „basics" wiederkäuen (Authentizität, Kongruenz, Echtheit, Stimmigkeit, mitfühlendes Annehmen usw.), sondern nur auf die Variablen eingehen, die im Umgang mit starken emotionalen Ausdrucksformen wichtig sind.

Zwei Faktoren scheinen mir zentral:

1. Die relative Angstfreiheit des Therapeuten in Bezug auf intensive Gefühle und deren Ausdruck. Dies betrifft sowohl die Gefühle des Klienten als auch die eigenen Gefühle. Die Angstfreiheit bezüglich der eigenen intensiven Gefühle ist wichtig, um als Therapeut frei agieren zu können, ohne Angst vor „Resonanzgefühlen". Starker Gefühlsausdruck, wenn er echt ist, berührt innerlich immer und jeden, auch den Therapeuten. Daher halte ich die eigene intensive Selbsterfahrung für einen notwendigen Bestandteil therapeutischer Ausbildung. Jeder Therapeut sollte auch nur so weit gehen mit seinen Interventionen, wie er sich wirklich sicher fühlt, auch bei dem Gedanken an einen „worst case". Gerade bei Anfängern im Metier „geschieht" meist automatisch eine Hemmung: Die starken Entladungen „ereignen" sich einfach nicht.

2. Die innere Bereitschaft des Therapeuten, mit seinen Klienten wirklich in diese doch oft sehr existenziellen Bereiche zu gehen. Vielleicht sollte ich es noch stärker ausdrücken: Es sollte eine Art Begeisterung sein, dorthin kommen zu wollen. Diese Begeisterung darf nicht oberflächlich motiviert sein. Vielmehr muss diese Motivation aus der eigenen Erfahrung kommen, ich sollte diesen Bereich als wichtigen Teil meines Lebens achten und ihn integriert haben. Dieser Bereich wird dann für mich so wertvoll geworden sein, dass ich auch bei intensiven Gefühlen die Beziehung anbieten und aufrechterhalten kann.

Bisher wurde in der Verhaltenstherapie auf diese Faktoren nur wenig geachtet; vielmehr war der Therapeut eine Art Sozialmanager, der Techniken zu vermitteln hatte. In einer integrativen Psychotherapie, in der intensive Gefühle und deren Ausdruck ihren Platz haben, erlangen diese beiden Faktoren als zusätzliche Therapeutenvariablen großes Gewicht.

2.4.2 Das therapeutische Setting

Es ist wichtig, dass eine Atmosphäre entsteht, in der „alles möglich ist". Dazu gehört für mich, dass der Raum „Lockerheit", aber auch „Geborgenheit" signalisiert. Tische zwischen den Gruppenteilnehmern z. B. haben in meinen Augen in einem solchen Therapieraum nichts verloren. Selbst mit Stühlen habe ich Probleme: Ich selbst verwende weiche Sitzsäcke, die sich verändern lassen und sich dem Körper anpassen. Außerdem ist man dem Boden näher.

Technik braucht in meinen Augen so wenig wie möglich in Erscheinung zu treten: Videokamera, der Bildschirm u. Ä. sollten wenn überhaupt, nicht permanent sichtbar sein. Viele Menschen fühlen sich dadurch latent gestört, wie in einer Beobachtungssituation, und trauen sich oft nicht, völlig ihre Gefühle zuzulassen. Der Raum hat im Idealfall ein angenehmes Klima, warm genug und zugfrei, besitzt eine gute Akustik, außerdem eine gute Schallisolierung, die für die Klienten glaubhaft ist. Wenn er gute Dimensionen hat, fördert dies auch die Bereitschaft, loszulassen: Mein Gruppenraum z. B. misst 6 mal 10 m, ist holzverkleidet und hat eine offene Decke (d. h., der Giebel und das Gebälk sind sichtbar), in der Mitte ist er 6 m hoch. Der Stil und der Schmuck des Raumes sollten zur Art der Gruppe passen: Ich habe von Klienten selbst gemalte Bilder an der Wand, einen großen Kaminofen mit Fenster (sodass man das Feuer sehen kann) an der Stirnseite und eine Möglichkeit zu gedämpfter Beleuchtung. Ein großes Blumengesteck bildet die Mitte des Raumes, das bei Bedarf leicht weggeräumt werden kann. Diese stilistischen Mittel im Raum beeinflussen die Stimmung der Teilnehmer deutlich. Doch auch die weitere Umgebung, in der sich der Raum befindet, hat Einfluss. Befindet sich der Raum in einem besonders vornehmen Hotel, kann das starken Einfluss haben und manche Prozesse verhindern. Auch Räume in der Innenstadt von Großstädten, vor allem wenn der Verkehrslärm hereindringt, halte ich für tiefe Emotionsarbeit nur bedingt für geeignet: Das Herauskommen aus dem Gruppenprozess kann dann eher als Schock erlebt werden. Räume, die in der Natur liegen, sodass ich auch Übungen im Freien, im Wald usw. machen kann, sind mit Sicherheit förderlicher. Auch hierzu gibt es ausreichend Literatur (z. B. Schmelzer 1998).

Ich achte auf entsprechende Kleidung, sowohl bei mir als auch bei den Teilnehmern. Dies kündige ich rechtzeitig an und gebe damit schon eindeutig eine Richtung vor.

Auch Musik spielt eine nicht zu unterschätzende Rolle. Ich setze sie vielfältig ein (siehe Kap. 4).

Neben diesen „äußerlichen" Faktoren ist es mir auch wichtig, dass ich als Therapeut für jeden Klienten einen inneren „guten", das heißt stimmigen Rahmen schaffe. Hierzu erläutere ich, nachdem ich die Rahmenbedingungen (Zeiten, Ort, Verpflegung, Honorar usw.) geklärt habe, meine Grundideen zur therapeutischen Arbeit:

Der folgende Text ist eine mögliche Einführung, die allerdings immer frei gesprochen wird und von daher variiert:

„Ich halte die Trennung in Psyche und Soma für künstlich und selten hilfreich. Körper und Psyche erscheinen mir wie zwei Seiten einer Münze; was auf der einen Seite passiert, wirkt sich auch auf der anderen aus. Jeder Mensch ist eine Einheit, und eine Psychologie ohne Physiologie ist meist genauso wenig hilfreich wie eine Medizin ohne Psychologie. Außerdem bin ich überzeugt, dass ein kranker Körper kein Feind, sondern ein Helfer sein kann, wenn ich die Botschaft verstehen lerne. Körper und Seele müssen in eine Art Dialog treten. Das Symptom ist so gesehen eine Botschaft, die in der Therapie entschlüsselt werden muss. Hierfür gibt es keine allgemein gültigen Regeln und schon gar keine „Kochrezepte", wie sie in der Literatur häufig zu lesen sind.

Im Weiteren glaube ich, dass jeder so, wie er hier ist, die für ihn und seine Bedingungen bestmögliche Entwicklung genommen hat und dass es jetzt darum geht, noch optimalere Wege durchs Leben zu suchen. Ich bin überzeugt, dass in jedem Menschen ein Potenzial steckt, das freigelegt und genutzt werden kann, und dass dies die Aufgabe der Therapie ist.

Speziell bei der Körpertherapie bin ich nicht der Meinung, dass Körperarbeit immer laut und dramatisch sein muss. Vielmehr meine ich, dass jeder Klient seinen ureigenen Weg zu gehen hat, weshalb Vergleiche mit anderen immer hinken und einem unter Umständen vom eigenen Weg abbringen können.

Die Aufgabe für mich als Therapeuten besteht darin, das individuell nötige und sinnvolle Maß an Aktion, Erkenntnisprozessen und stiller Übungsarbeit für jeden zu finden und ihn so zu begleiten, denn wie unsere Berufbezeichnung so schön sagt: Wir sind Wegbegleiter (thera = der Weg; peuein = begleiten) auf einem inneren Weg. Den Weg und das Tempo bestimmt letztlich der Klient."

2.5 Gestaltungselemente im Gruppenverlauf

Die Gestaltung einer therapeutischen Gruppe ist vergleichbar mit der Komposition eines Musikstückes: Sie hat verschiedene Themenbereiche, einen Anfang, einige Mittelteile, einen oder mehrere Höhepunkte, ausklingende (integrierende) Elemente und einen Abschluss. Je nachdem, ob die Gruppe in einer Zeiteinheit (z. B. ein Wochenende) oder gestückelt stattfindet, gilt dies auch für die einzelnen Einheiten (z. B. einzelne Abende).

Ich als TherapeutIn kann die „Noten in der Partitur" setzen, wie das Orchester, sprich die Gruppe dies dann umsetzt, ist offen.

Für jeden Teil gibt es besonders geeignete Stilelemente bzw. Übungen. Diese möchte ich speziell im 3. Kapitel vorstellen.

Vorher werde ich aber noch einige mir wesentlich erscheinende Grundideen aufzeigen.

2.5.1 Die richtige Gestimmtheit

In der humanistischen Psychologie würde man sagen: arbeite nicht ohne „Energie". Was ist damit gemeint? Zielführende Gruppenprozesse werden nur dann stattfinden, wenn eine Mehrzahl von Gruppenmitgliedern wach, motiviert, aktiv und dabei auf einem nicht zu hohen Angstniveau ist. In neuropsychologischen Termini könnte man sagen, dass die Mehrzahl der Teilnehmer ein optimales Aktivierungsniveau (arousal) haben sollte. Der Mensch als homöostatisch angelegtes Wesen funktioniert im Bereich seiner Soll-Werte am besten und fühlt sich hier am wohlsten. In Supervisionen mit jungen KollegInnen fällt mir immer wieder auf, dass hierauf oft nicht genügend geachtet wird und die KollegInnen sich nur wundern, warum bestimmte Übungen nicht zum gewünschten Ergebnis führen. Woran erkenne ich, dass das Arousal-Niveau der Gruppe stimmt, dass die Gruppe wie ein Orchester „richtig gestimmt" ist? Die Anzeichen hierfür liegen überwiegend im nonverbalen Bereich: Entspannte Haltung, gelöste Mimik, Bereitschaft, spontan etwas zu sagen oder zu tun und last but not least das eigene Wohlgefühl, das ich als Therapeut habe.

2.5.2 Wahrnehmungsschulung – oder: Die Geschichte vom überarbeiteten Holzfäller

Kennen Sie diese Geschichte? – Nein? – Nun, ein Mann geht im Wald spazieren. Er hört Laute und geht den Geräuschen nach. Schon bald sieht er einen Holzfäller, der versucht einen Baum zu fällen. Er müht sich fürchterlich, und es scheint kaum voranzugehen. Unser Spaziergänger schaut eine Weile zu, wie der Waldarbeiter sich müht, dann kann er es schier nicht mehr mit ansehen: „Ist denn deine Säge scharf?" fragt er ihn. „Nein", kommt die Antwort, „das Schärfen dauert mir zu lange, ich hab nämlich nicht viel Zeit."

Es soll Therapeuten geben, die machen es ähnlich – sie wollen ganz schnell zur Sache kommen, und dann wird's in der Gruppe auf einmal zäh, ermüdend, und sie strengen sich noch mehr an; doch es wird nicht besser. Im Gegenteil, die besten Übungen sind schon eingesetzt worden, aber mit mäßigem Effekt.

Das, was beim Holzfäller die scharfe Säge ist, sind sowohl in der Gruppentherapie als auch in der Einzeltherapie gut sensibilisierte Teilnehmer bzw. Klienten. Viele Prozesse, die in der Therapie ablaufen, erfordern für die gewünschte Bearbeitung eine höhere Sensibilität als normalerweise vorhanden ist. Wenn sich jemand schon längere Zeit in einem therapeutischen Prozess befindet, kann ich von einer geschärften Wahrnehmung ausgehen, darf es aber nicht ungeprüft voraussetzen. Vor allem sollte diese Sensibilisierung in möglichst vielen Bereichen vorhanden sein. Künstler zum Beispiel haben oft in ihrem Bereich eine großartige Sensibilität, dies muss jedoch nicht auf andere Bereiche zutreffen. Deshalb prüfe und trainiere – die Wahrnehmung.

Ich verbringe in meinen Gruppen zu Anfang relativ viel Zeit und Energie mit Übungen, die die Wahrnehmung schulen. Ich leite am Anfang deshalb auch sehr viel an, um die verschiedenen Möglichkeiten, Dinge zu sehen und zu fühlen, bewusst zu machen. Erst wenn ich merke, fast alle spüren gut und nehmen differenziert wahr, dann komme ich zu den „eigentlichen" Übungen. Interessant ist, dass in diesem Sensibilisierungsprozess sich auch meist schon viel ereignet, nicht weil die Übungen mit dem Thema so viel zu tun haben, sondern weil die Teilnehmer ihre Wahrnehmungskapazität erweitert haben. Also: schärfe deine „Werkzeuge", bevor du arbeitest.

2.5.3 „Be here and now" oder die Prozessorientierung der Psychotherapie

Vergangenheit und Zukunft sind Konstruktionen unseres Gehirns, aber keine real gegenwärtigen Erfahrungswelten. Je mehr ich mich mit dem Klienten in dem einen oder dem anderen Zeitbereich befinde, desto weniger real werde ich sein bzw. mich erleben. Mir scheint es daher ein eminent wichtiges Prinzip der Therapie, mit Fragen und Aussagen soweit wie möglich in der unmittelbaren Erfahrung zu bleiben. Ob ich das als Verhaltenstherapeut mit meinen Angstpatienten in der Exposition oder als Körpertherapeut in den Übungen mit meinen Klienten mache, spielt unter diesem

Gesichtspunkt keine Rolle. Alle diesbezüglichen Studien (z. B. Sachse 1996, Orlinsky et al. 1994, Grawe et al. 1994) kommen zu ähnlichen Ergebnissen.

Speziell für den Gruppentherapeuten ist die Prozessorientierung zentral, denn nur so werden die Teilnehmer motiviert und aktiviert bleiben, und nur so wird er selbst den „roten Faden" im Auge behalten können. Eine Gruppe, die nicht mehr überwiegend im Augenblick orientiert ist, wird oft schnell chaotisch und fällt in ihrer Struktur auseinander.

Mit diesem Thema scheint mir auch das, was Grawe als Problemaktualisierung (Grawe 1998) bezeichnet, verwandt und wichtig: nicht über alte Gefühle und Erfahrungen zu reden ist hilfreich, sondern das Problem mit allen dazu gehörigen Gefühlen wieder zu aktualisieren ist zielführend.

2.6 Gibt es Menschen, mit denen ich nicht auf diese Weise arbeiten sollte …

Der Therapeut muss bei der Zusammensetzung seiner Gruppe einige Grundüberlegungen mit einbeziehen.

Ist intensive emotionale Arbeit mit der Möglichkeit (Gefahr) von kathartischen Prozessen für jeden geeignet?

Bei dieser Frage tauchen natürlich sofort drei Gruppen vor dem inneren Auge auf, die problematisch erscheinen:

1. Traumapatienten
2. Borderline-Störungen
3. Psychotische Erkrankungen verschiedenster Provenienz

Vorweg möchte ich meine Auswahlkriterien erläutern, denn dadurch wird mein Standpunkt deutlicher: Jeder Gruppenteilnehmer muss, bevor ich ihn zulasse, einen etwa 10-seitigen Anamnesebogen ausfüllen, den ich in einer Einzelsitzung vor Beginn der Therapie mit ihm durchgehe. Meine Haltung möchte ich wie folgt verdeutlichen:

1. Akute Psychotiker dürfen solchen intensiven Gruppenprozessen in meinen Augen nicht ausgesetzt werden. Auch unter dem Gesichtspunkt der Fürsorge für die anderen Gruppenmitglieder sollte man hiervon Abstand nehmen.
2. In störungs-, sprich schubfreien Zeiten gilt für diese Patientengruppe Ähnliches wie für die Borderline-Störungen (siehe dort). Bei starker Me-

dikation stellt sich hier prinzipiell die Frage, ob Veränderungs- bzw Lernprozesse auf subcorticaler Ebene, wie sie hier angestrebt werden, überhaupt möglich sind. Dass es im Einzelfall nach reiflicher Überlegung (und konsiliarischer Besprechung mit dem behandelnden Arzt) davon Ausnahmen geben kann, sagt nichts gegen diese prinzipielle Haltung. Ich werde im Laufe der weiteren Abhandlung einen solchen Verlauf kurz darstellen. Auf jeden Fall gehe ich als Therapeut ein hohes Risiko ein. Dazu habe ich das Risiko von Störungen für die gesamte Gruppe.

3. Menschen mit Borderline-Störungen sind eine Gruppe von Klienten, die ich immer wieder als sehr unterschiedlich und vielfältig erlebe. Meine grundsätzliche Haltung ist, dass diese Menschen in der Regel von den ablaufenden Prozessen überfordert sind und akut grenzwertig zur Psychose hin dekompensieren können. Als Therapeut muss ich mich dann auch fragen, welchen Anspruch ich habe. Aber gerade auch auf Grund der Verschiedenartigkeit kann es hier natürlich Ausnahmen geben (Dr. med. Wolf Büntig beschreibt in Seminarunterlagen intensive Körperarbeit mit einer solchen Patientin).

4. Traumapatienten erlebe ich ebenfalls als eine sehr breit gefächerte Gruppe. Hier gilt wie oben, dass prinzipiell Bedenken bestehen; der Einzelfall muss sorgfältig erwogen werden. Wenn mir der Klient schon längere Zeit bekannt ist und ich weiß, dass er genügend innere Mittel des Selbstschutzes, wie z. B. die bewusste Dissoziation, wie sie z. B. von Reddemann und Sachsse (2000) beschrieben wird, zur Verfügung hat, wird das Risiko kalkulierbar. Trotz guter vorheriger Anamnese sind Traumata nicht immer erkennbar. Als Therapeut, der mit emotional stark aktivierenden Methoden arbeitet, gehe ich hier ein gewisses Risiko ein. Im weiteren Verlauf des Buches werde ich auch eine solche Situation beschreiben.

5. Eine weitere Patientengruppe, die hier noch Erwähnung finden sollte, ist die Gruppe der Suchtpatienten. Da wir Deutschen (übrigens: Nicht nur die Deutschen) ein Volk von Süchtigen sind (über 70 % leiden nach neuesten Umfragen an irgendeiner Form von Sucht – inklusive der nicht-stofflichen Süchte, Quelle: Forsa 1999), scheint es mir wichtig, hier klare Unterscheidungen zu treffen: Ich hatte bisher noch keine Gruppe, an der nicht Süchtige teilgenommen haben (ein bis zwei massive Raucher waren immer dabei!). Die meisten Süchtigen können teilnehmen,

ohne ein verstärktes Risiko einzugehen oder eine dauerhafte Störung ihrer psychischen Struktur zu erleiden. Wie viel Sinn es allerdings bei starken Süchten macht, steht sehr in Frage: Hier gilt Ähnliches wie bei hochdosierter Medikamenteneinnahme. Auf Grund der starken Substanzbeeinflussung sind subcorticale Lernprozesse stark eingeschränkt. Des Weiteren hat der stark Süchtige mit der Sucht immer eine Ausweichmöglichkeit und wird es von daher zumeist an der nötigen Konsequenz fehlen lassen, wenn es um die Umsetzung der Erkenntnisse geht. Dies gilt in jedem Fall für Alkohol, harte Drogen und für starke Raucher. Gleichzeitig habe ich allerdings bei diesen Gruppen die Chance, über eine starke emotionale Erschütterung des bisherigen psychischen Systems zu einem echten „turn-around" zu kommen. Einen solchen Verlauf werde ich ebenfalls detailliert darstellen.

An Hand des Gesagten hoffe ich deutlich gemacht zu haben, dass genaue Diagnostik im Vorfeld wichtig ist, wenn ich mit solchen Methoden arbeiten will. Dies kann zwar nicht entsprechende Erfahrung ersetzen, aber doch die Gefahr einer Fehleinschätzung reduzieren.

Kapitel 3

Die therapeutischen Instrumente

In diesem, dem umfangreichsten Kapitel möchte ich Übungen und Interventionen vorstellen und genau beschreiben. Dabei werde ich eine grobe Gliederung vornehmen, in welcher Phase eines gruppentherapeutischen Verlaufs die jeweilige Übung am ehesten zum Tragen kommen wird. Dies bedeutet aber nicht, dass diese Übung nur in dieser Phase bzw. in einer Gruppe sinnvoll ist, im Gegenteil: Eine Anfangsübung kann auch am Schluss noch einmal oder erstmalig eingesetzt eine intensive Erfahrung auslösen. Hier also bitte nicht dogmatisch vorgehen, sondern spüren und kreativ werden:

Ich werde die Übungen in einem gewissen Schema beschreiben:
- Nummer der Übung
- Name, Bezeichnung
- Ziel: Wozu hilft die Übung? Was kann sie bewirken?
- Indikation: Wann hilft mir diese Übung, in welcher Gruppensituation oder in welchem Moment des Therapieprozesses?
- Ungefährer Zeitbedarf
- Materialien: z. B. CD, Malblock usw.
- Ideale Raumgröße
- Bitte bei der Durchführung achten auf ...
- Eventuelle unerwünschte Nebenwirkungen
- Genaue Beschreibung und/oder auch Wortlaut der Anleitung
- „Einsatzbereich" – wann und ob auch gut für Einzelarbeit geeignet
- Mögliche/sinnvolle/bekannte Modifikationen
- Eventuelle Kontraindikationen
- Kasuistik: meine Erfahrungen, Beschreibung von speziellen Erlebnissen damit
- Herkunft der Übung. Hierzu schreibe ich nur etwas, wenn sich die genaue Entstehung der Übung zurückverfolgen lässt.

Nicht immer erwähne ich alle oben aufgeführten Punkte, sondern nur die zu dieser Übung wichtigen Aussagen.

In Kapitel 5 befindet sich nochmals eine tabellarische Übersicht der Übungen.

3.1 Aller Anfang ist schwer, wenn ich's mir nicht leicht mache …

Der Verlauf der ersten viertel Stunde entscheidet oft wesentlich über den weiteren Verlauf der Gruppe.

Eins ist bei Beginn einer Gruppe offensichtlich: Kein Teilnehmer befindet sich auf seinem normalen Erregungsniveau, keine Regel liegt genau fest, alles ist offen. Die beste Möglichkeit für den Therapeuten, die Teilnehmer „wahr"-zunehmen und seine eigenen Bedürfnisse, Regeln und Notwendigkeiten ins Spiel zu bringen. Aber Vorsicht: nicht zu viel und nicht zu schnell – unter Stressbedingungen ist fast niemand voll aufnahmefähig. Meist kläre ich mit den Teilnehmern als Erstes die Rahmenbedingungen ab: Zeiten, Pausen, wenn nötig, Unterkunft, Verpflegung, Ende der Gruppe, Fragen der Teilnehmer und den Umgang mit Drogen jeglicher Provenienz (Nikotin, Alkohol …). Diese Äußerlichkeiten geben einen Rahmen und für viele auch Halt. Gleichzeitig mache ich deutlich, dass ich für alle wichtigen Fragen der Ansprechpartner bin: Diese Kompetenz im Bereich des Äußeren tendiert nach meinen Erfahrungen stark zur Generalisierung.

Noch vor der folgenden Vorstellungsrunde sollte der Therapeut die Frage von „Du" oder „Sie" geklärt haben, eine Frage, die wieder von einer Vielzahl von Komponenten abhängt. Bitte auch hier kein Dogma: Es muss mit der Situation, mit den Menschen und den Rollen stimmen. Vor allem ich als Therapeut sollte mich mit der Entscheidung gut fühlen. In meinen bisherigen therapeutischen Gruppen sind wir noch fast immer beim „Du" gelandet. Ich merke aber, dass je älter ich werde, oft auch das „Sie" stimmig wird. Danach gebe ich eine kurze Einführung in meine psychotherapeutische Sichtweise, so wie ich sie im Kap. 2.4.2 vorgestellt habe

Dann spiele ich den Ball mit Hilfe einer **Vorstellungsrunde** der Gruppe zu: Hier bietet sich nun eine Vielzahl von Übungen an. Da in diesem Bereich vieles bekannt ist, möchte ich mich auf wenige Darstellungen beschränken, mit denen ich gute Erfahrungen gemacht habe:

Nr.1: Hypothetisieren in der Triade

Ziel: Bekanntwerden der Gruppenmitglieder untereinander, „Eis brechen"
Indikation: gleich zu Beginn der Gruppe
Dauer: ca. 1 Std.
Materialien: -
Raumgröße: mehrere kleine Räume oder abgeschirmte Ecken im Haus oder ein großer Raum, sodass die Triaden genug Abstand haben.
Bitte bei der Durchführung achten auf: Einhalten der vorgegebenen Zeit, sodass die Triaden etwa gleich zum Ende kommen.
Unerwünschte Nebenwirkungen: sehr empfindsame Teilnehmer fühlen sich „getroffen" und beurteilt
Kontraindikationen: -
Übungsaufbau:
Die Gruppe teilt sich (oder wird geteilt – bei hohem Angstniveau gebe ich den Modus vor) in Dreier-Gruppen. Zeit: 15 – 20 min. Immer zwei bilden über den Dritten Hypothesen und sagen sie ihm auch gleich. Sie reden also möglichst ungeschminkt über ihn. Der Dritte hat in dieser Zeit Redeverbot und sollte sich auch in Mimik und Gestik zurückhalten. Dabei weise ich darauf hin, dass die Hypothesen sich möglichst auf tatsächlich wahrnehmbare Dinge beziehen sollten. Ein weiterer Austausch über die Hypothesen sollte an dieser Stelle nicht stattfinden. Es wird durchgewechselt, bis alle dran waren. Ich weise aber darauf hin, dass diese Hypothesen bzw. Aussagen ein interessantes Thema für die nächste Pause sein könnten. Nach spätestens 20 min treffen sich alle Triaden wieder im Plenum, und jeder stellt sich mit seinem Namen und zwei Hypothesen vor:
1. mit der, die ihn am nachdenklichsten gestimmt hat, und
2. mit der, die ihn am meisten gefreut hat.
Bei größeren Gruppen (ab zwölf TN aufwärts) ist es sinnvoll, dies in irgendeiner Form zu visualisieren: Jeder malt ein kleines Plakat oder schreibt den Namen und die zwei Hypothesen auf Kärtchen, die an eine bereitgestellte Pinnwand geheftet werden. Dies wird zusätzlich zur persönlichen Vorstellung gemacht.

Diese Übung ist gut geeignet, wenn sich die Teilnehmer wenig kennen. Sie bringt meist viel Lockerung und fröhliche Stimmung. Ein hohes Gesamtangstniveau wird reduziert durch die Kleingruppen und das Aussprechen der Vermutungen über den anderen. Diese Übung habe ich bei gruppendynamischen Übungen kennen gelernt.

Eine Teilnehmerin stellte sich mit hochrotem Kopf vor und sagte als Erstes, dass die Gruppe für sie schon jetzt ein voller Erfolg sei. Ihr Hauptproblem sei ihre große Unsicherheit gegenüber anderen Menschen gewesen, da sie nicht wisse, wie sie auf andere wirke.

Nr.2: Symbolische Vorstellung I

Ziel: Bekanntwerden, Aufmerksamwerden auf verborgene Ebenen
Indikation: Beginn einer Gruppe, evtl. nach erstem Kennenlernen
Dauer: 30 – 40 min
Materialien: viele, sehr unterschiedliche Gegenstände
Raumgröße: normaler Gruppenraum
Bitte bei der Durchführung achten auf: evtl. gut ausdrucksfähigen Teilnehmer beginnen lassen .
Unerwünschte Nebenwirkungen: oberflächliche Aussagen
Kontraindikationen: nicht sinnvoll bei wenig sensibler Gruppe
Übungsaufbau:

Bei dieser Art der Vorstellung legt der Therapeut vorher eine Vielzahl unterschiedlichster Gegenstände (mehr als Teilnehmer vorhanden sind) in die Mitte: Puppen, Steine, Muscheln, Spielzeugautos, Lutscher, Äpfel und und ... Jeder Teilnehmer nimmt sich den Gegenstand, der ihn am meisten anspricht, und stellt sich als dieser Gegenstand vor: z. B. „Ich bin die Inge, ich bin wie diese Muschel. Ich komme aus einer ganz anderen Welt und fühle mich hier fremd. Ich bin froh, dass ich so eine harte Schale habe, auch wenn ich weiß, dass mir das auf Dauer nichts nützt ..."

Es gibt von der Anleitung her zwei Versionen:

a) Man sagt den Teilnehmern vor der Wahl, dass sie sich mit den Gegenständen identifizieren werden,

b) man lässt sie die Gegenstände wählen und gibt ihnen dann erst die Aufgabe.

Die Teilnehmer empfinden in der Regel die zweite Version spannender, aber auch schwieriger.

Diese Übung ist eher geeignet für Menschen mit guter Introspektionsfähigkeit und verbaler Geschicklichkeit. Viele werden angeregt, in symbolischer Form über sich und ihre Schwierigkeiten zu sprechen. Nicht geeignet erscheint mir die Übung bei oberflächlicher Stimmung (Erregungsabwehr bzw. Überkompensation) und wenn der Therapeut nur wenig über die einzelnen Personen weiß, sie also wenig einschätzen kann.

Nr. 3: Symbolische Vorstellung II

Ziel: gegenseitiges Kennenlernen, sich sensibilisieren für symbolischen Ausdruck und hintergründige Ebenen
Indikation: innere Sammlung, Einstimmung auf innere Prozesse
Dauer: 1 – 2 Std. bei ca. 12 Teilnehmern
Materialien: Blöcke (je TN einen) und viele Wachsmalkreiden, evtl. ruhige Musik-CD (z. B. Klavier)
Raumgröße: jeder TN sollte genügend Raum zum Ausbreiten haben (ca. 1 – 2 qm pro TN)
Bitte bei der Durchführung achten auf: Ruhe und Konzentration
Unerwünschte Nebenwirkungen: Frustration von „Mal-Geschädigten"
Kontraindikationen: wenig sensible TN, hohes Angstniveau in der Gruppe
Übungsaufbau:
Hier malt jeder Teilnehmer ein Bild, das seinen aktuellen Zustand darstellt. Mit diesem Bild stellt er sich dann in der Runde vor: Er schaut das Bild an, spricht in der Ich-Form und erzählt auf diese Weise, was er sieht.
Für diese Übung gilt Ähnliches wie für die vorhergehende: Eine gute Introspektionsfähigkeit sollte vorhanden sein.
Es gibt noch eine Variation dazu: Nicht der Betroffene selbst stellt sein Bild vor, sondern jemand anders. Die Vorgehensweise bleibt dabei aber gleich: Es wird der Name vorangestellt und dann in der Ich-Form alles beschrieben, was derjenige auf dem Bild sieht. Also z. B. „Ich bin der Hans, ich habe irgendwie kein Zentrum, ich bin zwar sehr vielfältig, aber auch verwirrend …"
Auch diese Übung kann bei hoher Sensibilität sehr schnell die neurotische Seite deutlich machen und ins Zentrum der Gefühle führen.

Nr. 4: Ich möchte, dass du weißt ...

Ziel: gegenseitiges Kennenlernen
Indikation: gute Wahrung der Grenzen jedes Einzelnen
Dauer: 30 – 40 min
Materialien: -
Raumgröße: -
Bitte bei der Durchführung achten auf: ausdrucksstarke Personen zuerst nehmen
Unerwünschte Nebenwirkungen: starkes Verstecken, wenig Öffnung
Kontraindikationen: -
Die Anleitung hier lautet: „Zur Vorstellung nenne deinen Namen und teile den anderen bitte mit, was du möchtest, dass die anderen von dir wissen sollen."

Diese sehr einfache Übung finde ich für viele Menschen sehr stimmig, wenngleich sie nicht sehr herausfordernd ist. Die Gefahr ist also, dass sich besonders die Ängstlichen hinter Allgemeinplätzen verstecken. Andererseits kann so jeder selbst bestimmen, was ihm jetzt wichtig ist und wie viel er preisgeben will.

Wenn ich den Verdacht habe, dass es viele „Vermeider" gibt, greife ich oft in die Runde ein und fordere jemanden auf zu beginnen, von dem ich weiß, dass er bereit ist, sich zu öffnen, und das auch gut kann. Der besorgt für mich dann das bereits angesprochene „anchoring": Die anderen nach ihm haben es deutlich schwerer sich zu verbergen.

Nach einer solchen Vorstellungsrunde können sich noch längst nicht alle Gruppenteilnehmer die Namen der anderen merken. Das kann Angst auslösen. Deshalb mache ich danach grundsätzlich das Spiel:

Nr. 5: Namens-Pingpong

Ziel: Namen einprägen, Angst vor „Dummsein" nehmen
Indikation: nach erstem Kennenlernen
Dauer: 5 – 10 min
Materialien: evtl. kleinen Ball zum Werfen
Raumgröße: -
Bitte bei der Durchführung achten auf: lange genug laufen lassen, bis es wirklich flüssig läuft. Sonst kommt bei einigen wieder die Angst auf.
Unerwünschte Nebenwirkungen: -
Kontraindikationen: -
Übungsaufbau:
Einer beginnt seinen Namen zu sagen, nimmt Blickkontakt zu jemand anderem auf und sagt dessen Namen: „Anna und Josef", Josef macht weiter: „Josef und Gerlinde" … Das lasse ich so lange laufen, bis bei niemandem mehr Unsicherheit zu spüren ist. Viele Teilnehmer honorieren diese Art der Fürsorge.
Hier ist die Situation in der Regel offen für weitere Grundideen des Therapeuten:
Meist gehe ich hier nochmals auf Grundideen von Therapie, aber auch auf meine speziellen Vorstellungen ein: Hier werden wieder „Anker ausgeworfen".
So z. B., dass jetzt Ehrlichkeit wichtiger ist als Höflichkeit und sonstige Umgangsformen:
- dass jeder volle Verantwortung für sich übernehmen sollte,
- dass jeder bereit sein sollte, innere Grenzen zu überschreiten und alle seine Energie für diesen Prozess bereitzustellen,
- dass es nicht **den** richtigen Weg gibt, sondern den individuellen Weg, der nicht vergleichbar ist mit anderen Wegen.
Ich vergesse auch nie jeden Einzelnen anzuerkennen, indem ich deutlich mache, dass jeder so, wie er hier ist, den bisher bestmöglichen Weg, die bestmögliche Entwicklung, gemessen an seinen Ausgangsbedingungen, gegangen ist bzw. bewältigt hat.
Hier sollte jeder Therapeut seine ihm wichtigen Ideen und Regeln klarlegen. Wie ich meine, sollten gerade Anfänger diesen Teil gut vorbereiten. Und sich dann die Erlaubnis geben, dieses Verdeutlichen des eigenen Standpunktes auch mit Nachdruck (was auch sanft geschehen kann) zu tun.

Wie schon dargelegt, ist das Ziel dieser Startphase, sich gegenseitig zu „beschnüffeln". Aus der Sicht des Gruppenteilnehmers geht es nun darum festzustellen, wie interessant, spannend oder beängstigend alles ist, wie viel Vertrauen ich als Teilnehmer haben kann und in welcher Position ich in der Gruppe stehe.

Für den Therapeuten ist es eine stark rezeptive Phase: Selten hat er später so ausgiebig Gelegenheit, die Dynamik der Gruppe zu beobachten und wie jeder Einzelne mit sich und der Gruppensituation umgeht: Angst: offen – verdeckt – überkompensiert … Ähnlich ist es bei der Aggression, bei Trauer, Resignation und weiteren „Lebenshaltungen". Die nächste therapeutische Aufgabe besteht darin, dieser starken Erregung einen Kanal zu geben. Erst wenn die Mehrzahl oder alle kein „besonderes" Verhalten mehr nötig haben, weil jeder das Gefühl hat, dass „es stimmig" ist, dass er jetzt „angekommen ist", besteht überhaupt die Möglichkeit, neue Erfahrungen zu machen, Neues zu lernen. Bei ablaufenden Stressreaktionen im Körper ist die Lernfähigkeit bis zu 70 % reduziert (Andreas et al. 1976, Selye 1957, Vester 1976).

Eine Übung, die sich hier anbieten könnte, sind die

Nr. 6: Namenswandlungen

Ziel: Bekanntwerden, Wachrufen von Erinnerungen und Zulassen von Gefühlen
Indikation: nach anderen Kennenlern-Übungen zum Vertiefen von Wahrnehmung und Gefühlen
Dauer: ca. 45 min
Materialien: -
Raumgröße: Gruppe sollte Platz beim Gehen haben
Bitte bei der Durchführung achten auf: gute Zentrierung in der „Erinnerungsphase" – schauen, ob alle wirklich mitmachen
Unerwünschte Nebenwirkungen: -
Kontraindikationen: -
Zur Beschreibung hier gleich die **Anleitung:**
„ Bitte steh auf und geh im Raum herum zu einem Platz, an dem du dich wohl fühlst. Da bleib stehen und schließ die Augen. Spür ganz in dich hinein: Wie stehst du? Wie ist deine Körperhaltung? Beobachte nur; du brauchst nichts zu verändern, wenn du nicht willst. – Mache dir bewusst, was du in diesem Augenblick empfindest. Spüre deinen Atem wie er kommt und geht und lass dich auf diesen deinen inneren Rhythmus ein. – Du gehst mit deiner Wahrnehmung noch mehr nach Innen: schau ob du deinen Herzschlag erfühlen kannst? – Spür die Wärme oder Kälte deiner Hände und Füße. Nimm wahr was ist! – Dann versuch, mit deinem Vornamen in Kontakt zu kommen: Wie geht es dir heute damit? Erinnere dich, ob es Zeiten gab, in denen du ihn nicht mochtest. – Was sind deine ersten Erinnerungen an deinen Namen? Von wem hast du ihn das erste Mal bewusst gehört? – Wie klang das? – Wie hat dich dein Vater gerufen, wenn er böse auf dich war? – Wie deine Mutter? – Welchen Namen hattest du in der Schule? – Hattest du Spitznamen? – Wie ging's dir in der Pubertät mit deinem Namen? – Die erste Liebe – wie war es da mit deinem Namen? – Wie hat dich dein Geliebter, deine Geliebte genannt? – Und heute, wie ist es heute? – Spür noch einmal nach, was du da erlebt hast – (lange Pause) – und dann komm langsam wieder hierher zurück und öffne langsam in deinem Tempo die Augen. Schau dich um und nimm die anderen ganz bewusst wahr. – (Hier viel Zeit lassen!). Dann beginn langsam zu gehen – schau die anderen an und sag deinen Namen – immer wieder in all den vielen Variationen und Nuancen, die du dir soeben

bewusst gemacht hast. Mach das immer wieder – mal laut mal leise – mal derb, mal zärtlich – wie es auch in deinem Leben so war. Vergiß dabei nicht zu atmen und deinen Körper zu spüren. – Lass auch Gefühle nach außen kommen, wenn du sie spürst. – Sag deinen Namen mit den Gefühlen, die du damals hattest. – (nach 4 bis 10 min) – Bleib jetzt stehen, wo immer du stehst und schließ deine Augen – spür, wie es sich jetzt in dir anfühlt. – Wie ruhig oder wie aufgewühlt ist es in dir? – Wie atmest du? – Wie warm, wie kalt fühlst du dich? – Atme tief in deinen Bauch und lass deine Empfindungen zu! – Was hast du über dich erfahren? – Was hat das, was da geschehen ist, mit deinem Leben heute zu tun? Nimm diese Frage mit, bis du eine Antwort hast – öffne die Augen und setz dich wieder auf deinen Platz."

Häufig löst diese Übung deutliche, manchmal sogar sehr heftige Gefühle wie Trauer, aber auch Wut und Resignation aus. Die Übung dauert zwischen 15 min und 1,5 Std., im Schnitt 45 min.
Wenn kaum Gefühle ausgelöst wurden, muss keine Gesprächsrunde folgen. Das ist nach meiner Erfahrung aber eher selten und häufig ein Zeichen, dass etwas nicht richtig läuft: sei es, dass noch wenig Vertrauen in der Gruppe ist oder dass Einzelne deutliche Angst vor ihren Gefühlen spüren. Diese Übung ist nach meiner Erfahrung oft dann spannend, wenn Menschen mit besonderen, alten, ausgefallenen Namen (z. B. Agathe, Erdmute, Eulalia oder Hartmann, Adolf und Randolf) dabei sind. Denn meist haben diese Menschen sehr spezielle, oft auch sehr harte Erfahrungen mit ihrem Namen hinter sich. Bei dieser Übung hat der Therapeut wieder viel Zeit und Gelegenheit, genau zu beobachten, wie die Teilnehmer mit dieser Übung und mit sich umgehen.

Diese Übung könnte der erste Einstieg in die Arbeit mit stärkeren Emotionen und damit auch ein deutliches Signal sein! Gerade wenn starke Emotionen ausgelöst wurden, ist die Reaktion des Therapeuten auch als Signal für die gesamte Gruppe wichtig: sind starke Gefühle für ihn in Ordnung? Bleibt er dabei ruhig, ohne sich „abzuschotten"? Und hier ist absolute Ehrlichkeit gefragt: Auch wir Therapeuten senden nonverbale Signale, und die Gruppe ist mittlerweile sensibilisiert.

Wenn starke Gefühle ausgedrückt wurden, könnte ich folgende Fragen an denjenigen Teilnehmer stellen:
- Kennst du diese Gefühle? Hast du sie schon öfter erlebt?
- Kannst du mit den Gefühlen, die jetzt da sind, sinnvoll umgehen?
- Kannst du sehen, dass das in der Vergangenheit geschehen ist, und es auch da lassen?
- Was brauchst du, um diese Gefühle zu (er)lösen und zu integrieren?

Gerade die letzte Frage führt oft zu einer weiteren Übung bzw. Arbeit mit den Gefühlen.

Oft ist es für den Betroffenen ein wichtiger Anstoß, die ganze Gruppe ins Spiel zu bringen: z. B. jeder gibt der betreffenden Person Rückmeldung, d. h. drückt seine eigenen Empfindungen aus oder beantwortet eine bestimmte Frage des Betroffenen. Fast jeder gerät in Resonanz mit den ausgedrückten Gefühlen, und zwar in dem Maß, wie eigene Gefühle mit den Problemen verknüpft sind. Hier ist wieder höchste Aufmerksamkeit des Therapeuten gefragt. Es ist notwendig, jeden Einzelnen in der Gruppe zu beobachten. Meist biete ich allgemeine Feedback-Runden an, z. B. ein Blitzlicht. Wenn ich merke, dass jemand trotzdem versucht, die eigenen starken Gefühle zurückzuhalten – so frage ich nach, spreche ihn auf seine sichtbaren Reaktionen an (z. B. „Ich kann sehen, dass du kaum mehr atmest – kannst du das wahrnehmen? Was passiert, wenn du deinen Atem zulässt?"). Wenn er tiefer zu atmen beginnt, wird er irgendeine Form von Ausdruck für seine Gefühle finden. – Wenn er weiter ausweicht, kann ich ihm vermitteln, dass dies jetzt kein Versagen darstellt, ihm aber auch klar machen, dass sein Widerstand deutlich sichtbar ist. Ich frage, ob es einen für ihn stimmigeren Umgang damit gibt.

Meist ist es nach einer solchen Sitzung gut, jedem Teilnehmer die Möglichkeit zu intensiver Selbstwahrnehmung zu geben. Dabei sollte er sich ganz und unabgelenkt spüren können und ein Gefühl für seine eigene Kraft bekommen. In der Körpertherapie sprechen wir z. B. von „Erden" und „Zentrieren" als Übungsformen, um genau dies möglich zu machen. Statt einer Beschreibung möchte ich hier gleich wieder die Anleitungen geben.

Nr. 7: Erden I

Ziel: zu sich kommen, sich spüren, Körperwahrnehmung vertiefen
Indikation: wenn einige oder viele unkonzentriert sind, oberflächliche Stimmung bzw. Aussagen vorhanden sind
Dauer: 10 – 15 min
Materialien: -
Raumgröße: -
Bitte bei der Durchführung achten auf: wirklich Ruhe, achten, dass alle teilnehmen und konzentriert dabei sind
Unerwünschte Nebenwirkungen: -
Kontraindikationen: -
Anleitung:
„Steh gerade und aufrecht und, wenn du magst, schließ die Augen. Nimm genau wahr, wie du dich hältst. – Stell dir vor, dass ein Lot vom höchsten Punkt deines Kopfes durch deinen Körper hindurchgeht: Wo trifft dieses Lot auf den Boden? – Spür nach, wie gut du im Lot bist. – Und lass dich ganz aufrecht sein: Wie wenn an diesem höchsten Punkt des Kopfes dich eine sanfte Kraft nach oben zieht – Nimm wahr, wie dein Atem kommt und geht, so wie die Wellen des Meeres kommen und gehen, und schwing mit in diesem inneren Rhythmus. – Jetzt geh mit deinem Bewusstsein ganz in deine Füße, deine Fußsohlen. – Wie ist dein Kontakt zum Boden? – Wo spürst du in deinen Fußsohlen das größte Gewicht? – Hast du das Gefühl, gut verankert zu sein? – Stehst du im Boden oder über dem Boden? – Wie auch immer dein Gefühl zum Boden ist, gib dich jetzt der Vorstellung hin, dass der Boden, die Erde dich trägt, und zwar ganz sicher. – Und spür jetzt deinen Atem, wie er kommt und geht, so wie die Wellen des Meeres kommen und gehen. – Ein und aus. – Wenn Bilder vom Getragensein, von einer guten Verankerung in dir sind, lass sie da sein und genieße diesen Zustand, der dir Sicherheit gibt. – (längere Pause) Dann kehre jetzt langsam zurück, ohne diesen Zustand der guten Verankerung zu verlieren. – Atme noch einmal ganz bewusst ein und lass dabei deine Augen aufgehen und orientiere dich wieder."

Dies ist eine klassische Übung aus der Bioenergetik nach A. Lowen.

Nr. 8: Erden II (die Baumübung)

Ziel: inneren Gefühlen Bilder geben, Ausdrucksfähigkeit verstärken
Indikation: bei geringem emotionalem Ausdruck, wenig Fähigkeit zum Ausdruck von Gefühlen
Dauer: 15 – 20 min
Materialien: -
Raumgröße: -
Bitte bei der Durchführung achten auf: Konzentration jedes Einzelnen
Unerwünschte Nebenwirkungen: -
Kontraindikationen: -
Anleitung:
„Steh gerade und aufrecht und wenn du magst, schließ die Augen. Beobachte deinen Körper – wie hältst du dich? – Und wie atmest du? – Stell dir nun vor, du bist ein Baum. – Deine Füße sind die Wurzeln, deine Schenkel und dein Rumpf sind der Stamm, Schultern, Arme und der Kopf sind die Krone des Baumes. – Nimm deine Füße wahr, und lass deine Wurzeln tief in den Boden wachsen. – Was für Wurzeln hast du? – Wie stabil stehst du mit deinen Wurzeln? – Und nun nimm deine Beine, deinen Rumpf wahr – was für einen Stamm hast du? – Wie stabil, wie flexibel, wie fest ist dein Stamm? – Kannst du Stürmen standhalten? – Und nun nimm deine Schultern, Arme, deinen Kopf wahr. – Was für eine Krone trägst du als Baum? – Was für ein Baum bist du? – Wo stehst du? – Allein oder mit anderen Bäumen? – Trägst du Früchte? – Wie groß sind deine Wurzeln im Verhältnis zu Krone? – Lass dir Zeit, das Bild deines Baumes entstehen zu lassen. – Wenn du ein Bild, ein Gefühl von dem Baum hast, der du bist, stell dir vor, dass deine Füße als Wurzeln mit jedem Ausatmen in den Boden hineinwachsen und dass mit jedem Einatmen sich deine Krone nach oben ausdehnt. – Atme ganz normal in deinem Rhythmus weiter und lass dich so in der Vorstellung verwurzeln und ausdehnen. – (lange Pause) Präge dir das Bild des Baumes, so wie du jetzt gewachsen bist, gut ein und stell dich dann darauf ein, die Übung zu beenden. – Nimm einen tiefen Atemzug, öffne die Augen und komm wieder ganz hierher in die Realität dieses Raumes.“

Auch diese Übung stammt aus der Bioenergetik.

Nr. 9: Zentrieren I

Ziel: Wahrnehmen der Haltung des Körpers und damit verbundener Gefühle
Indikation: bei geringer innerer Wahrnehmung und starker Außenorientierung
Dauer: 15 – 20 min
Materialien: -
Raumgröße: -
Bitte bei der Durchführung achten auf: konzentrierte Teilnahme an der Übung
Unerwünschte Nebenwirkungen: -
Kontraindikationen: -
Anleitung:
„Steh aufrecht und gerade und, wenn du magst, schließ deine Augen. – Beobachte, wie dein Körper mit der Schwerkraft umgeht. – Wo fühlt es sich schwer an in deinem Körper? – Wo hast du das Gefühl, dass du viel halten musst? – Wo fühlst du deinen Schwerpunkt? Im Bauch, in der Brust oder sonst irgendwo? – Lass deinen Atem kommen und gehen und nimm dir Zeit, genau zu beobachten. – Nimm auch wahr, ob du irgendwo Verspannungen hast. – Hängen sie mit der Lage deines Schwerpunktes zusammen? – Beobachte deinen Atem und stell fest, wo das Zentrum deines Atems ist und wie tief hinein in deinen Bauch dein Atem geht? – (längere Pause) Dann geh mit deinem Bewusstsein in dein Becken und spür, wie es sich anfühlt. – Steht es waagrecht oder ist es in irgendeine Richtung gekippt? – Hast du das Gefühl von Stabilität, oder fühlt es sich eher wacklig an? – Bringe dein Bewusstsein in dein Kreuzbein, und zwar genau an die Stelle, wo der erste freie Wirbel auf dem Becken ruht. Welche Empfindung hast du da? – Ist da Kraft und Lebendigkeit, oder fühlt es sich eher schwach an? – Wie richtet sich deine Wirbelsäule auf? – Leicht und aus sich heraus? – Oder kostet dich das viel Kraft? – Nimm einfach wahr, was du empfindest, und lass dich spüren, was dich hindert, die Haltung im Leben zu haben, die deinem Wesen entspricht. – Mach dir diese Bilder und Gefühle ganz klar und deutlich, bevor du jetzt die Übung in deinem Tempo beendest. – Verbinde sie mit deinem Atem und komm langsam zurück. – Orientier dich im Raum und setz dich, wo du dich wohlfühlst.
Auch dies ist eine klassische bioenergetische Übung.

Nr. 10: Zentrieren II: Kugelübung

Ziel: Wahrnehmen der Körperhaltung und der damit verbundenen Gefühle und Stimmungen
Indikation: Sensibilisieren der Klienten für innere Prozesse und Verfeinerung der Wahrnehmung
Dauer: 10 – 20 min
Materialien: -
Raumgröße: -
Bitte bei der Durchführung achten auf: Konzentration und volles Engagement jedes Einzelnen und Ruhe
Unerwünschte Nebenwirkungen: -
Kontraindikationen: -
Anleitung:
„Bitte steh so, dass du dich in deiner Mitte fühlst, und wenn du magst, schließ deine Augen. – Was bedeutet für dich, in deiner Mitte zu sein? – Wo erlebst du dann deinen Schwerpunkt, welche Muskeln sind angespannt, welche entspannt? Wie fließt dein Atem und bis wohin kann er locker fließen? – Spüre, wodurch er gebremst wird – und wie sich das anfühlt. – Wenn du jetzt deinen Atem gut spürst, beginne ihn dadurch zu vertiefen, dass du deinen Bauch mehr und mehr entspannst und den Atem in die frei werdenden Räume fließen lässt. Bleibe dabei in deinem Rhythmus und stelle dir vor, dass der Atem selbst die Kraft hat, deine Entspannung voranzubringen, so wie ein warmer Südwind das Eis wegschmilzt. – Lass so deinen Atem sanft immer tiefer gehen. – Verstärke diesen Prozess dadurch, dass du dir vorstellst, wie dein Atem den Beckenboden berührt und bewegt. – (hier Zeit geben) Wenn du in deinem Becken angekommen bist, nimm wahr, was dort ist: wie stabil, wie wacklig fühlt es sich an? – Und hast du das Gefühl, es sei nach einer Seite gekippt? – Stell dir vor, dein Becken ist eine große Schüssel, in der eine Kugel frei beweglich rollen kann. – Wo würde die Kugel jetzt gerade liegen? – Beweg dich etwas im Becken und lass die imaginäre Kugel in der Schüssel kreisen. – Mach so große oder so kleine Bewegungen, wie es dir angenehm ist. – (hier genug Zeit geben) Dann komm langsam wieder zur Ruhe und beobachte, was sich in deiner Haltung verändert hat. – Bist du mehr im Lot? Wo spürst du jetzt dein Zentrum? – Was ist jetzt mit deiner Wirbelsäule? – Fühlt sie sich aufrechter, kräftiger an? – Deine Mitte ist da, wo du mit dem geringsten Kraftaufwand aufrecht sein

kannst, da, wo der Körper in sich ruht, sich selbst trägt. – Gib dir noch etwas Zeit zum Nachspüren und schließe dann die Erfahrung für heute in deinem Tempo ab. Mit einem bewussten Atemzug öffne die Augen und setz dich, wo du dich wohl fühlst.
Von mir modifizierte bioenergetische Übung.

Diese Übungen lösen meist nicht große Emotionen aus, aber schaffen oft eine innere Sammlung, die als wohltuend erlebt wird. Eine Teilnehmerin sagte nach einer solchen „Erdung":
„Jetzt bin ich nicht nur in der Gruppe angekommen, jetzt bin ich auch seit langem mal wieder bei mir selbst angekommen."
Das Entspannen des Beckenbereichs in Verbindung mit dem tiefen Atmen kann aber auch Gefühle, die mit Wut, Scham, Ekel, Resignation und Sexualität zu tun haben, hervorbringen. Dies ereignet sich aber meist erst in späteren Phasen des Gruppenprozesses.

Diese vier Anleitungen sollen Anregungen sein, wie ich die Gruppenteilnehmer mit ihrem Körper, ihrer Haltung in Kontakt bringen kann. Sie eignen sich nicht nur für die Anfangsphase, sondern sind eigentlich fast zu jedem Zeitpunkt eines emotionalen Prozesses einsetzbar. Auch in der Einzelarbeit habe ich damit schon gute Erfahrungen gemacht. Diese Übungen können tief greifende Veränderungen im Inneren vorbereiten. Wir wissen spätestens seit Schultz und seinem autogenen Training (Schultz 1970), dass bildhafte Metaphern die Fähigkeit haben, im Bereich des Unbewussten oder physiologisch ausgedrückt, im Bereich des limbischen Systems und benachbarter Areale zu wirken. Von dort bewirken sie über das vegetative Nervensystem Verhaltens- und Empfindungsveränderungen. Es gibt eine Reihe von Untersuchungen, die der Vermutung Nahrung geben, dass Veränderungen in diesen Bereichen essenziell sind, wenn dauerhafte Verhaltensänderungen erzielt werden sollen (Beutler et al. 1999, Birbaumer & Schmidt 1991, LeDoux 1996)
Nach diesem Exkurs möchte ich nun wieder zu unserer „laufenden" Gruppe zurückkehren: Wir befinden uns immer noch in der Eingangsphase. Je nach Situation, nach Erregungs- bzw. Angstniveau sollten nun weitere Übungen folgen.
Bei relativ zu hohem Angstniveau gehe ich gerne auf Partnerübungen über. Hier bieten sich Übungen zur Wahrnehmungsschulung an:

Nr. 11: Fühlende Hände

Ziel: Sich selbst intensiver fühlen, Veränderungen am eigenen Körper wahrnehmen lernen, sich auf andere Gruppenteilnehmer intensiv einlassen
Indikation: sich mit feinen Wahrnehmungen einem gewählten Partner gegenüber öffnen
Dauer: 30 – 50 min
Materialien: -
Raumgröße: -
Bitte bei der Durchführung achten auf: konzentriertes Dabeisein der Klienten
Unerwünschte Nebenwirkungen: –
Kontraindikationen: -
Anleitung:

„Bitte suche dir einen Partner und setzt Euch ganz nah gegenüber, so dass ihr euch gut mit den Händen berühren könnt. – Sitz so bequem, dass du es 20 min leicht aushältst. – Schließe zunächst einmal die Augen und geh nach innen ... – (hier jetzt wieder eine ausführliche Einstimmung, um den Körper gut wahrzunehmen; dazu siehe vorherige Übungen) ... versetz dich jetzt in deine linke Körperhälfte und stell dir vor, du würdest nur aus dieser einen Körperhälfte bestehen ... Was wäre dann anders? – Welche Störungen, Verletzungen und Krankheiten hast du nur hier? – Wie fühlst du dich in deiner linken Seite? – Wie würdest du dich anders verhalten? – Würdest du dich vielleicht auch anders fühlen? – Spür und lass das wirken ... – Dann geh in deine rechte Seite stell dir die Fragen nochmal von dieser Seite aus ... Was ist hier anders? (Zeit geben) – Spür, ob die beiden Seiten scharf getrennt sind oder ineinander fließen? – Wenn du „ich" sagst, wo fühlst du dieses Ich: eher rechts oder links oder in der Mitte? – Mit welcher Seite bist du identifiziert? – Nimm nun diese Seite als „deine". Gehe mit deinem Bewusstsein in die Hand dieser Seite: Wie fühlt sie sich von innen her an? – Wie warm, wie kalt, wie stark, wie empfindsam erlebst du sie? – Stell dir nun vor, die andere Hand weiß von diesen Empfindungen nichts, und sie fängt an die andere Hand zu betasten, zu erforschen. – Was fühlt diese andere Hand bei „deiner" Hand? – Stimmt das mit dem inneren Gefühl überein? – Lass dir Zeit mit diesem Erforschen und spür, wieweit rechte und linke Seite übereinstimmende Gefühle haben und wieweit nicht. – Was bedeutet das für dich? – Kennst du diese Gegensätze oder

Widersprüchlichkeiten aus deinem Leben? – Wenn ja – wie und wo? – Bevor du diese Übung beendest, mache dir nochmal ganz deutlich, was du erfahren hast. – Lass die Augen geschlossen und spür nach, was sich während der Übung in dir verändert hat. – (Zeit geben) Dann stell' dich innerlich auf deinen Partner ein und du machst dir bewusst, was du über ihn, über sie denkst, wie du ihn bzw. sie empfindest und warum du ihn bzw. sie dir für diese Übung ausgesucht hast. – du wirst jetzt die gleiche Übung, die du mit deinen eigenen Händen gemacht hast, mit den Händen deines Partners/deiner Partnerin machen: – Lass deine Augen geschlossen und such die Hände deines Partners/deiner Partnerin. – Nimm in deiner Weise mit ihm/ihr Kontakt auf und versuch auf diese Weise zu erfahren, was es zu erfahren gibt: harmonieren eure Bewegungen? – Wie vorsichtig oder gehemmt bist du? – Was kommt dir von der anderen Seite entgegen? – Wie fühlt sich diese Begegnung an? – Ist es zärtlich oder erotisch, ist es aggressiv und abweisend? – Tust du das, was du eigentlich tun möchtest? – Wer dominiert im Moment? – Kennst du das, was jetzt gerade passiert, auch aus deinem Leben? – Möchtest du an deinem Verhalten etwas ändern? – Was müsstest du dann jetzt tun? – (hier wieder viel Zeit geben) Wenn du alles erfahren hast, was dir wichtig erscheint, bereite dich langsam auf den Abschied vor. – Wie ist Abschied für dich? – Etwas Peinliches, was man möglichst schnell hinter sich bringen sollte, etwas Schlimmes, was es gar nicht geben sollte? – Wie verhältst du dich normalerweise bei Abschied, und wie willst du es jetzt gestalten? – Nimm nun deinen Abschied so, wie er für dich stimmig ist: – so langsam, – so schnell, – so zärtlich, – so bestimmt wie es für dich richtig ist. – Wenn du nun wieder ganz für dich bist, spüre was sich verändert hat und wie du dich jetzt fühlst. – Was ist in diesem Kontakt der anderen Art alles geschehen? – Wenn du damit klar bist, öffne die Augen und sprich mit deinem Partner über deine Erfahrungen."

Da diese Übung aus zwei Teilen besteht, wird häufig ein Teil stärker wahrgenommen. Oft ist es der erste Teil, der als faszinierend erlebt wird, da es jetzt scheinbar eine Lokalisierung für bestimmte Probleme gibt, aber noch nicht klar ist, was das zu bedeuten hat. Wenn bei dieser Übung stark erregende Gefühle aktualisiert werden, ist es oft aufschlussreich, jeweils Vater und Mutter einer der beiden Seiten zuordnen zu lassen. Auf diese Weise nähert sich der Klient seinen Problemen auf eine oft unerwartete Weise, was kreative Veränderungen in der Sichtweise ermöglichen kann. Dann ist es aber auch wichtig, den partnerbezogenen Teil der Übung abzufragen und beide Erlebnisse in Beziehung zu setzen.

Bei gegengeschlechtlichen Übungspartnern entstehen häufig eher zärtliche bis erotische Gefühle. Bei Männern untereinander erlebe ich öfter deutliche Abwehr und auch zum Teil offen ausgesprochene Angst vor Homosexualität oder als schwach zu erscheinen. In jedem Fall ist es wichtig, hier Raum für verbalen Austausch zu geben.

Im weiteren Verlauf des Buches werde ich die Anleitungstexte nur noch teilweise wiedergeben, da sie sich oftmals ähneln und meine grundsätzliche Art, dies zu tun, mittlerweile klar sein dürfte: Ich tendiere dazu, speziell am Anfang relativ stark zu führen und sehr viele Differenzierungsmöglichkeiten bezüglich der Wahrnehmung einzubringen. Von einer Reihe von Teilnehmern wird dies als Fürsorge empfunden. Es erscheint mir hilfreich, bis man selbst richtig in der Gruppe und psychisch klar und wach genug ist. Ein sukzessives Zurücknehmen im Prozessverlauf wird meist nur wenig bemerkt und fügt sich harmonisch in die zunehmende Kompetenz der Gruppenteilnehmer, mit den Gefühlen konstruktiv umzugehen, ein.

Eine andere mögliche Partnerübung, die an dieser Stelle gut passt, ist die

Nr. 12: Bildkommunikation

Ziel: gegenseitiges Kennenlernen auf nonverbaler Ebene
Indikation: Weitere Ebenen menschlicher Kommunikation bewusst machen
Dauer: 30 – 40 min
Materialien: je Paar ein Block, viele Wachsmalkreiden, evtl. ruhige Klaviermusik – CD von Vatter
Raumgröße: ca. 2 qm pro Paar
Bitte bei der Durchführung achten auf: absolutes Schweigen
Unerwünschte Nebenwirkungen: -
Kontraindikationen: -
Anleitung:
„Bitte such dir einen Partner, den du näher kennen lernen willst". Jedes Paar nimmt sich einen Malblock und Kreiden in den gewünschten Farben. „Setzt euch gegenüber und legt den Block zwischen Euch. Ab jetzt redet ihr kein Wort mehr miteinander. Die einzige Kommunikationsmöglichkeit werden ab jetzt das Blatt Papier und die Malkreiden sein. Eure Aufgabe ist es, ein gemeinsames Bild zu malen, ohne miteinander zu reden. Alle Kommunikation erfolgt über das Malen. Ob das Bild abstrakt oder gegenständlich wird, ist offen. Bitte aber nichts auf das Blatt schreiben – es soll wirklich alles nonverbal ablaufen."

Wenn ich als Therapeut will, kann ich während des Malens Tendenzen aufgreifen und allgemein ansprechen, also z. B.: „Bleib aufmerksam, was mit dir geschieht! – Wer dominiert im Ablauf dieses gemeinsamen Tuns?" Hier ist es wichtig, die Gruppenteilnehmer genau zu beobachten, um entscheiden zu können, wie viel Eingreifen sinnvoll ist.

Etwas intensiver, näher und intimer ist die folgende Übung:

Nr. 13: Druck ausüben

Ziel: Kennenlernen auf einer ungewöhnlichen (intimen) Ebene. Wahrnehmen von eigenen Reaktionen bei engem Kontakt, Mut zur eigenen Kraft und Aggression

Indikation: Intensivierung der Wahrnehmung von nonverbaler Kommunikation. Sich auf eigene Gefühle einlassen trauen

Dauer: 1 – 2 Std.

Materialien: Decken oder Matten zum Liegen für jeweils eine Person

Raumgröße: 2 – 3 qm pro Paar

Bitte bei der Durchführung achten auf: Konzentration und Ruhe

Unerwünschte Nebenwirkungen: Kann intensive Gefühle (Katharsis) auslösen

Kontraindikationen: wenn eine Reihe von Teilnehmern nicht bereit ist, sich auf intensivere Gefühle einzulassen

Übungsaufbau:

Auch hier wieder neue Partnersuche; ein Partner legt sich auf den Rücken, der andere setzt sich auf Höhe des Bauches daneben. Nach einer entsprechenden Einführung legt der sitzende Partner seine Hand auf den Bauch (Tendenz Oberbauch) des Liegenden. Auch hier achte ich darauf:
- die Wahrnehmung gut sensibilisieren,
- die Gefühle und Gedanken sowohl beim Sitzenden wie beim Liegenden ansprechen.

Dann wird auf Anweisung hin der Druck auf den Bauch erhöht, und beide Partner sollen sehr genau spüren, wie sie mit der Situation umgehen:

Der Sitzende: – Wie geht es mir damit, den anderen so zu drücken?
                 – Wieviel Druck bin ich bereit auszuüben? (sadistische Komponente beachten)
                 – Was spüre ich vom anderen? Ist diese Botschaft eindeutig?
                 – Gibt es Bilder und Erinnerungen, die auftauchen?

Der Liegende: – Wie geht es mir mit dem Druck, mit Druck allgemein?
                 – Welches sind meine Hauptstrategien, damit umzugehen? Kampf, Blockieren, Resignieren, Panik, Nachgeben, Sichausblenden.

- Gebe ich Zeichen, wenn mir der Druck zu stark oder zu schwach ist?
- Was macht mein Atem?
- Wie entspannt bleibe ich?
- Wie weit vertraue ich?

Nach intensiver Erfahrung dieser Situation wird der Druck wieder zurückgenommen, und beide spüren nach, was sich alles verändert hat:
- die Empfindungen in Hand und Bauch (Wärme, Spannung, Lebendigkeit, Schmerz)
- die Beziehung der Partner zueinander
- Bilder und Gefühle, die nicht aus der aktuellen Situation kommen

Danach soll sich der Sitzende in seiner Weise verabschieden, der Liegende bleibt mit geschlossenen Augen liegen. Die Sitzenden stehen auf und suchen sich unter den Liegenden einen neuen Partner. Das Ganze beginnt noch einmal von vorne. Diesmal für den Liegenden unter sehr viel schwierigeren Bedingungen, denn er kennt den Partner nicht und muss daher „blind" im wahrsten Sinne des Wortes vertrauen. Auf diesen Punkt sollte dann in der Anleitung besonderes Gewicht gelegt werden. Aber auch ein anderer Aspekt scheint mir im weiteren Verlauf noch wichtig: Die bisher Liegenden tauschen nach dieser Erfahrung die Rolle mit den Sitzenden. „Opfer" werden zu „Tätern" und umgekehrt. Dieses Thema wird häufig nicht bewusst wahrgenommen und thematisiert, durch die Übung aber häufig aktualisiert. Für diese Übung würde ich grundsätzlich eine weitgehende Konfliktfreiheit zu diesem Zeitpunkt sowie eine gewisse Vertrautheit der Gruppenmitglieder untereinander als Vorbedingung sehen, sie sollte also sicher nicht ganz am Anfang stehen. Dass man das nicht mit Schwangeren oder auch Frauen mit Unterleibsproblemen machen sollte, versteht sich für mich von selbst.

Diese Übung ist aus dem Bereich des Sensory awareness von Charlotte Selver. Wer hier weitere Anregungen möchte, dem sei das Buch „Erleben durch die Sinne" von Ch. Brooks (1985) empfohlen.

Meine Erfahrungen mit dieser Übung zeigen, dass sie sehr viel auslösen kann, vor allem in gemischten Gruppen, in denen ein latenter Mann-Frau-Konflikt vorhanden ist. Aber auch Gewaltthemen, sowohl von der sadistischen wie der masochistischen Seite, werden oft aktualisiert. Hier ist dann ein sehr genaues Arbeiten nötig, um nicht in die kollektive Verdrängung zu geraten. „War alles ganz o.k., ich hab da kein Problem" so wörtlich von

Die therapeutischen Instrumente

einer Klientin, die dann wenig später deutlich masochistisches Verhalten zeigte. Ein anderes Erlebnis mit dieser Übung war so ergreifend, dass es mir immer in Erinnerung bleiben wird: Ein Mann, Heinz, 34 Jahre. und zum ersten Mal in einer psychotherapeutischen Gruppe, begann die Übung als „Sitzender". Er hatte sich als Erstes eine deutlich jüngere Partnerin gesucht, und auch beim Wechsel blieb er bei einer anderen jungen Frau, jünger als er. Zunächst konnte er seine hohe Erregung noch verbergen. Doch zunehmend bekam er rote Ohren und begann sehr intensiv zu atmen. Als ich forderte, den Druck noch weiter zu erhöhen, wendete er unter lautem Schreien ab, er schrie nur noch wie von Sinnen „Nein – nein". Meine Co-Therapeutin übernahm die Leitung, und ich wandte mich Heinz zu: Sein Schreien war in ein Wimmern übergegangen, und er lag wie ein Häufchen Elend am Boden. Er vergrub sein Gesicht in den Händen und wollte von niemandem gesehen werden. Wir bauten über ihn eine Höhle aus Kissen und Decken. Es dauerte einige Zeit, bis er ansprechbar war, doch der Schutz schien ihn zu beruhigen. Stockend erzählte er dann folgendes Ereignis: Er war eines der mittleren Kinder auf einem Bauernhof, zu diesem Zeitpunkt elf Jahre. Zu seiner drei Jahre jüngeren Schwester Vroni hatte er ein ambivalentes Verhältnis; er liebte sie, hatte mit ihr auch schon Doktor gespielt, konnte aber gleichzeitig ihre freche Art und ihr Prinzessinnengehabe (sie war der Liebling des Vaters) nicht leiden. Die Kinder wurden oft nach der Schule, um den weiten Schulweg (Berghof im Allgäu) abzukürzen, von anderen Bauern mit dem Traktor mitgenommen. So auch dieses Mal: Heinz und Vroni saßen mit anderen Kindern auf dem Anhänger. Da noch altes Heu geladen war, hatten die Kinder nicht viel Platz, und es gab Streit darum. Vroni beanspruchte wieder viel Platz. Heinz war wütend und begann sie, sich langsam steigernd, mit Schlägen, Schubsen und Zwicken zu traktieren. Doch es schien nicht zu helfen, Vroni blieb, wo sie war. Nur Sekunden später wurde der Anhänger durch eine Bodenwelle stark geschüttelt – Vroni verlor das Gleichgewicht, fiel herunter und wurde vom Hinterrad des Anhängers so schwer verletzt, dass sie im Krankenhaus starb.

Heinz hatte außer einem, wie er sagte, „fürchterlichen Blick" des Vaters, nie eine Strafe oder eine Schuldzuweisung bekommen. Doch sein Leben schien ihm seit diesem Ereignis grau und düster. Es war das erste Mal, dass er darüber gesprochen hatte. Im folgenden Gespräch wurde dann auch ihm klar, dass er sie im Moment des Unfalls nicht berührt hatte, also kein ursächlicher Zusammenhang mit dem Unfall bestand. Dass damals die polizeilichen Ermittlungen kein Fremdverschulden in diesem Sinne feststellten, erlöste ihn nicht von seinen Schuldgefühlen.

Dieses Ereignis war für Heinz traumatisch, und die Übung hat sicherlich ein Stück Re-Traumatisierung hervorgerufen. Jedenfalls dauerte es lange, bis er sich wieder in einem leidlich normalen Zustand befand, und in der darauf folgenden Nacht fand er nur wenig Schlaf. Obwohl eigentlich ein kräftiger Mann, war er am nächsten Morgen so zittrig, dass er eine leichte Bewegungsübung abbrach.

Dieses Erlebnis alleine hätte möglicherweise noch keine Besserung hervorgerufen. Doch erst dadurch wurde das Ereignis einer Bearbeitung zugänglich. Neben den therapeutischen Sitzungen sprach Heinz auch mit vielen Gruppenmitgliedern das Geschehen immer wieder durch, wodurch er sich weiter Klarheit verschaffte.

Heinz hatte zu diesem Zeitpunkt ein starkes Alkoholproblem und war ziemlich vereinsamt, da es ihm nicht gelang, mit Frauen in Kontakt zu kommen bzw. zu bleiben. Die beiden Male, die er sexuellen Kontakt mit Frauen hatte, war er impotent. „Ich darf nie mehr im Leben auch nur die geringste Aggression gegen eine Frau haben", war eine seiner halb bewussten Lebensmaximen. Die sexuellen Spielereien mit der kleinen Schwester hatte er wohl zu Recht als Aggression von seiner Seite erlebt. Schon deswegen hatte er Schuldgefühle und konnte sich der kleinen Schwester gegenüber nie durchsetzen, was wiederum Wut erzeugte.

Kontakte mit Männern waren „Saufkontakte", die in nüchternem Zustand uninteressant waren. Männer durften nicht sehen, wer er war. Er musste ihnen gegenüber seine Schuld verheimlichen, so wie er mit dem Vater nie darüber gesprochen hat.

Diese Gruppenerfahrung ist jetzt einige Jahre her: Heinz ist bis auf einen kurzzeitigen „Fehltritt" jetzt seit 2,5 Jahren durchgehend trocken und beginnt derzeit eine Beziehung mit einer geschiedenen Frau. Zwar sind sexuelle Probleme vorhanden, aber der Kontakt zu ihr bleibt bestehen, und sie wollen beide eine Paartherapie machen.

In diesem Fall sehe ich die kathartische Entladung, die stattgefunden hat, als Beginn einer Veränderung, auch wenn es für den Betreffenden sehr erschütternd war.

Eine weitere Übung, die aber auch wie schon die letzte Übung den Übergang in die nächste Phase markiert, ist die Übung

Nr. 14: Schweigender Blickkontakt

Ziel: Nähe ohne Worte erfahren und aushalten lernen, sich selbst in Stress-situationen wahrnehmen

Indikation: für eine Gruppe, die intensive Begegnungen bisher vermieden hat

Dauer: 40 min bis 1 Std.

Materialien: -

Raumgröße: -

Bitte bei der Durchführung achten auf: keine Gespräche zulassen

Unerwünschte Nebenwirkungen: kann für manche Teilnehmer so intensiv werden, dass sie abbrechen

Kontraindikationen: Vorsicht bei sehr gehemmten Gruppen

Übungsaufbau:

Die Gruppe steht im Kreis, die Anleitung bringt die Teilnehmer gut in Kontakt mit ihrem Körper und zentriert sie. Sprechen ist nicht mehr erlaubt. Es sollte dann eine spezielle Einstimmung zum Thema Blickkontakt folgen, vielleicht so:

„Du stellst dich jetzt auf einen intensiven Blickkontakt mit anderen Menschen ein. Welche bisherigen Erfahrungen hast du mit Blickkontakt gemacht? – Was verbindest du in erster Linie mit Blickkontakt? – Schau dir die Gegenwart an, aber geh auch zurück in der Zeit, soweit du dich erinnern kannst. Wie war Blickkontakt für dich, als du noch nicht in der Schule warst? – Erinnere dich an schöne Blickkontakte, wenn es sie denn gab, und auch an schwierige, – an aggressive und an bedrohliche. – Suchst du in deinem Leben aktiv immer wieder Blickkontakt, oder vermeidest du ihn? – Kennst du das Phänomen, dass du dich im Blickkontakt verlierst? – Was immer deine Erfahrungen damit sind – lass dich nun, soweit du kannst, auf diese Übung ein. – du wirst dann die Augen öffnen und ganz langsam umhergehen. – du wirst die Menschen, die hier mit dir im Raum sind, ganz bewusst anschauen. – Dazu wirst du vor dem, den du triffst, stehen bleiben und ihm in die Augen schauen. – Dabei kannst du ausprobieren, welchen Abstand du zu ihm brauchst, um entspannt schauen zu können. – Schau genau hin und verschaff dir wirklich einen Eindruck vom anderen. – du sagst nichts, du machst keine Gesten, du schaust nur und lässt diese Situation auf dich wirken. – Wenn es genug ist, beende den Kontakt mit deinen Augen und sei einen Moment für dich. – Sammle dich wieder und erfühle die Signale deines Körpers: – was hat dieser Kontakt in dir ausgelöst? – Nach dieser kurzen Sammlung suche einen neuen Partner. – Wenn du es schaffst, solltest du vier bis fünf Menschen so anschauen und erfahren. – Danach setz dich, wo du gerne willst, spür dem nach und sprich mit den Partnern, bei denen für dich etwas Besonderes war. Teile ihnen z.B. mit, wenn dich ein Kontakt stark bewegt hat oder wenn du etwas für dich Wesentliches gesehen hast. – Öffne jetzt die Augen und geh …"

Auch während der Übung macht es Sinn, immer wieder an bestimmte Punkte zu erinnern, so z. B. an das Sich-nicht-im-anderen-Verlieren, sich immer wieder zu entspannen und das Atmen nicht zu vergessen.

Diese Übung kann mit den Nachgesprächen bis zu einer Stunde dauern. Es sollte auch wie bei der Übung vorher schon ein gewisses Vertrauensverhältnis vorhanden sein. Kontraindikationen sehe ich außer dem mangelnden Vertrauen nicht. Woher die Übung stammt, kann ich nicht zurückverfolgen.

Zu einem späteren Zeitpunkt, wenn die Gruppe schon gut zusammengewachsen ist, kann folgende Modifikation starke Impulse setzten:

Alles läuft wie vorher, aber zusätzlich berühren die Partner gegenseitig Gesichts- und Körperbereiche, in denen sich für ihr Empfinden eine Störung, eine Unstimmigkeit, eine Verletzung ausdrückt. Auch darüber wird danach gesprochen.

Häufig hat diese Übung mehrere Phasen:

Phase I: Zunächst gibt es immer wieder einige, die von unbezwingbarem Lachen „heimgesucht" werden

Phase II: Beherrschung und erste Öffnung

Phase III: Innere Betroffenheit und Erleben starker Gefühle

Folgenden Verlauf möchte ich hier wiedergeben:

Eine 29-jährige Frau, Eva, macht zum ersten Mal eine Gruppe bei mir mit. Sie ist ledig und hat nach ihren Angaben ein Beziehungsproblem: Sie kann keine Beziehungen zu Männern halten, obwohl sie sehr hübsch, intelligent und gebildet ist. Auffallend sind ihre großen, ausdrucksstarken Augen, die manchmal wie zu weit aufgerissen wirken.

Sie wird zunächst in der Übung von jenem schon beschriebenen zwanghaften Grinsen befallen und wirkt dabei sehr unglücklich. Auf meinen allgemeinen Hinweis hin, dass auch im Tierreich dieses „Beschwichtigungsgrinsen" zu finden ist, schlägt bei ihr die Situation schnell um – Tränen kommen, sie verliert die Fassung und verbirgt ihr Gesicht. In der allgemeinen

Rückmelderunde nach der Übung hat sie zwar notdürftig ihre Fassung wiedergefunden, aber als sie zu erzählen beginnt, ist es damit schnell wieder vorbei: Ihr sei klar geworden, wie viel Angst sie vor Blickkontakt, ja vor Begegnung überhaupt habe, und das hänge wohl mit ihrem Vater zusammen. Ihr Vater habe in der Familie die Bestrafungen durchgeführt. Er hätte zwar auch seine liebevollen Seiten gehabt, aber streng auf äußere Formen geachtet. So musste sie als kleines Kind immer allen Tanten, Verwandten und Bekannten bei Begrüßung und Abschied die Hand geben und ihnen in die Augen schauen. Dies sei zeitweise eine Tortur gewesen. Noch schlimmer sei aber das Strafen gewesen: Wenn der Vater einen Verdacht hegte, dass sie oder ihr Bruder irgendetwas „ausgefressen" hatten, musste ihm jeder ganz lange in die Augen schauen. Der ältere Bruder, der häufiger der Missetäter war, konnte dem Blick des Vaters in der Regel „cool" standhalten, während sie ganz schnell nervös wurde und in Tränen ausbrach; für den Vater das sichere Zeichen, die Richtige erwischt zu haben. All ihre Beteuerungen halfen dann nichts, und bei schlimmeren „Vergehen" gab's auch Schläge. Sie fühlte sich doppelt betrogen: vom Bruder, der sich nicht fair verhalten hatte, vom Vater, der ihren Beteuerungen nicht glaubte. Die Mutter wirkte in dem ganzen Szenario hilflos bis desinteressiert. Sie war eher auf Seiten des Sohnes, der auch heute noch, wie sie es nennt, ihr „Herzibobberle" ist. Er ist inzwischen verheiratet und hat zwei „herzige" Kinder, die das Ein und Alles der lieben Oma sind. Der Vater, den Eva eigentlich mag und bei dem sie zeitweise Ähnliches auch umgekehrt zu erkennen glaubt, verbaute mit seinem rigiden Strafritual die Möglichkeit zu tiefem Vertrauen. Während sie das erzählt, werden ihre Augen etwas kleiner und fangen regelrecht zu blitzen an, ihre Atmung ist schneller geworden, der Körper hat Spannung bekommen. Ich teile ihr meine Beobachtungen mit und frage sie nach ihrer inneren Stimmung. Sie kann es noch nicht klar beschreiben, erst als ich sie frage, was sie jetzt am liebsten tun würde, meint sie: „Etwas an die Wand werfen". Ich drücke ihr einen alten Tennisschläger in die Hand und lege ein großes Kissen vor sie. Sie schaut mich etwas verdutzt an, begreift dann – und lässt den Schläger sinken: Sie könne sich doch hier jetzt nicht so aufführen. Ich lasse sie die Augen schließen und tief atmen: „Schick deinen Atem dorthin, wo du bereit bist, etwas an die Wand zu werfen." Nach etwa einer Minute tiefen Atmens, öffnet sie entsetzt die Augen und meint, dass sich alles verkrampfen würde, sie könne den Schläger gar nicht mehr loslassen, und überall würde es in ihrem Körper kribbeln. Sie hat alle Anzeichen einer deutlichen Hyperventilationstetanie. Ich frage sie, ob sie so etwas schon mal gehabt hätte. Sie verneint zunächst, meint dann aber, manchmal hätte sie sowas Ähnliches gehabt, wenn der Vater sie besonders stark geschlagen hätte. Sie hat es damals mit dem Schmerz in Verbindung gebracht. Ich lasse sie wieder die Augen schließen und sich in diese Situation hineinversetzen. Die Tetanie wird stärker: jetzt krampfen auch Lippen und Zunge. Sie bringt keinen Ton mehr heraus und ringt auch etwas mit dem Atem. Ich beruhige sie, dass die Krämpfe nicht bedrohlich für sie seien und verschwinden werden, wenn sie ihre Gefühle ausdrückt. Die Tetanie wird stärker, ihr Atem röchelt und die Lippen stülpen sich auf. Sie lässt aber die Augen geschlossen, was für mich heißt, dass sie in der Situation bleibt. Ich hole ihr nochmal die damalige Situation vor Augen und fordere sie auf zu spüren, was sie tun will, und sich die Erlaubnis dazu zu geben. Langsam, fast vorsichtig beginnt sie den Schläger zu heben und ganz zögerlich und gehemmt zu schlagen – es ist nur eine Andeutung von Schlagen –, eckige, gebremste Bewegungen auszuführen. Doch diese Bewegungen werden flüssiger, kräftiger, und es ist, wie wenn sich gestautes Wasser neue Bahnen sucht: Es wird immer mehr. Schließlich sind es richtige Schläge, die kräftiger werden. Ich fordere sie auf, dass sie ihre Stimme dazubringen soll, was dann auch nach einigen unartikulierten, archaisch klingenden Lauten mehr und mehr gelingt. Nach etwa fünf Minuten hat sie ihre Kraft voll zur Verfügung, und die Schläge knallen richtig. Sie holt weit aus, und die Bewegungen sind jetzt fließender, dabei atmet sie tief und setzt ihr Stimme kräftig ein. Ihre Wut hat jetzt vollen ungebremsten Ausdruck. Nach weiteren zwei Minuten intensivsten Schlagens wird sie langsamer und öffnet dann die Augen. Da ich seitlich vor ihr stehe, sieht sie mich als Erstes: Sie scheint von weit her zu kommen. Es ist zunächst, als würde sie mich sehen und doch nicht sehen. Dann beginnt sie mich wahrzunehmen. In ihrem Blick mischen sich Freude, Erstaunen, Fragen und auch etwas Angst. Erschöpft lässt sie den Schläger sinken. Alle Tetaniesymptome sind verschwunden, auf mein Nachfragen meint sie nur, alles fühle sich warm und gut, aber ungeheuer müde und erschöpft an. Sie legt sich hin, wir decken sie zu. Viele in der Gruppe sind tief bewegt, zum Teil erschüttert und ganz nahe an einem starken eigenen Gefühlsausdruck.

In der Folge nach diesem Ereignis beginnt sich bei Eva, die schon eine abgebrochene Psychotherapie mit 60 Stunden hinter sich hat, vieles zu verändern: Noch öfter lässt sie ihre Wut zu, und einiges in ihrer Wohnung geht zu Bruch. Sie hat auch meine Hausaufgabe, die ich ihr nach dieser Arbeit gegeben habe, erfüllt: einen Brief an den Vater schreiben – erstmal für sich selbst. Mittlerweile hat sie eine zweite Version des Briefes ihrem Vater geschickt und mit ihm darüber gesprochen. Der Vater war tief bestürzt, hat sich aber auf das Gespräch mit ihr eingelassen. Es hat eine deutliche Annäherung stattgefunden. Eva hat mittlerweile einen festen Freund, der ihre Geschichte kennt, mit dem sie offen über ihre „Abwehr-Marotten", wie sie es selbst nennt, reden kann.

Bei dieser Arbeit ist sehr klar die Wichtigkeit der Prozessorientierung zu sehen: Immer wieder versuchte Eva aus der unmittelbaren Realität auszusteigen. Hätte ich das zugelassen, wäre sie nicht in ihre starken Emotionen gekommen: Sie hätte vielleicht lang und breit ihre Geschichte erzählt mit der möglichen Gefahr, wieder „stecken zu bleiben". Hier scheint mir ein wesentlicher Vorteil von körperorientierter Arbeit zu sein. durch das Konzentrieren auf die ablaufenden Körperreaktionen ist die Realität, das Hier und Jetzt immer sehr gegenwärtig.

3.2 Jetzt sind wir warm gelaufen

In diesem nun beginnenden zentralen Arbeitsabschnitt der Gruppe geht es darum, jeden Einzelnen bei seinem Vorhaben bzw. auf seinem Weg optimal zu unterstützen. Angeregt durch die bisherigen Übungen, durch die Rückmeldungen und die therapeutischen Fragen sollte jeder Teilnehmer zu Beginn dieser Phase so weit sein, dass er sein Thema, mit dem er sich auseinander setzen will, einigermaßen deutlich umreißen kann. Ich als Therapeut habe dann einen zumindest einigermaßen klaren Therapieauftrag. Wenn ich den von jemandem nicht eindeutig bekomme, beginne ich nicht zu arbeiten.

Die Vielfalt der möglichen Themen, lässt es nicht sinnvoll erscheinen, chronologisch wie im vorherigen Kapitel vorzugehen. Ich möchte daher die Übungen unter Themenschwerpunkten zusammenfassen und auf diese Weise gliedern.

Erwähnen möchte ich noch, dass ich in diesem Abschnitt regelmäßig, meist zu Beginn, eine rein bioenergetische Übungsabfolge einschiebe, die die Teilnehmer für ihre Emotionen sehr öffnet. Hierbei durchläuft jeder, egal mit welchem Thema er arbeiten will, ein Spektrum an Übungen, die (fast) alle Körperbereiche ansprechen und bearbeiten, d.h., vom Körper her gesehen, alle Themen „abklopfen". Diese Übungsabfolge hier zu beschreiben erscheint mir nicht sinnvoll, denn wer diesen Weg in seiner Ganzheit einschlagen will, der sollte eine körperorientierte Therapieausbildung machen. Ebenso ist es mit systemischen Interventionen: in dieser Phase mache ich auch Familienaufstellungen, die ich hier ebenfalls aus oben genanntem Grund nicht beschreibe.

Auf folgende Themenschwerpunkte möchte ich eingehen:

- Selbstwertgefühl
- Vertrauen
- Begegnung
- Sexualität
- Aggression/Wut
- Religion/Spiritualität
- Identität: Wer bin ich? Wo komme ich her? Wo gehe ich hin?
- Abschluss/Abschied

Die Reihenfolge entspricht einer Abfolge, wie ich sie oft in Gruppen wiedergefunden habe, als Reihenfolge, in der Themen aktuell wurden. Diese Beobachtung erhebt aber keinen Anspruch auf allgemeine Gültigkeit.

Mir scheint noch wichtig anzumerken, dass ich in den folgenden Kapiteln nicht die Theorie zu den jeweiligen Bereichen in den Vordergrund stellen will, sondern dem Therapeuten einen produktiven Einstieg in die jeweiligen Themen geben möchte: eine Anregung, wie er sich den jeweiligen Bereichen nähern kann.

3.2.1 Selbstwertgefühl

Dieses hypothetische Konstrukt ist wohl einer der meistgenannten Begriffe, vor allem in der Laienpsychologie. Begriffe wie Schüchternheit, Zurückgezogensein, soziale Unfähigkeit und viele andere werden mit einem Mangel desselben assoziiert. Bei diesem Thema bin ich in der Therapie sehr stark mit den Wünschen der Klienten bzw. deren Mangelempfindungen konfrontiert. Das Selbstwertgefühl führt zu den Gefühlen des Selbstvertrauens, wie es bei S. Sulz (1994) beschrieben bzw. definiert ist. Der Bereich des Selbstwertgefühls ist sehr umfassend und tangiert nahezu jeden anderen Bereich. Sehr viel zu diesem Thema haben Ullrich & de Muynck (1998, Nr 122/1, 122/3, 123) gearbeitet. Hier ist auch eine Vielzahl von Übungen aufgeführt. Ich möchte mich mit der Beschreibung meiner Übungen nur auf solche beschränken, die ich anwende und mit denen ich eine positive Erfahrung gemacht habe.

Die Arbeit am Selbstwertgefühl ist in meinen Augen eine Domäne der Gruppentherapie, zumindest was die praktische Seite der Übungsmöglichkeiten anlangt, denn dieses Gefühl ist immer in einem sozialen Zusammenhang entstanden und variiert ständig je nach sozialem Umfeld. Eine therapeutische Gruppe bietet so eine reichhaltige, vielfältig anregende Übungssituation.

Das Selbstwertgefühl hat auch oft mit dem Körper zu tun: Etwas ist nicht so, wie es sein sollte. Der Körper ist sehr häufig gerade im Entstehungszeitraum von Selbstwertgefühlen wesentlicher Teil der Selbstwahrnehmung.

Insgesamt geht es in der Arbeit mit dem Klienten darum, zum Kern dieser Gefühle zu gelangen. Deshalb scheint es mir wichtig, alle Möglichkeiten, aus denen ein mangelndes Selbstwertgefühl entstehen kann, zu bedenken, bei den Klienten im Auge zu behalten und eventuell auch abzufragen. Hierzu eine kleine Auswahl wichtiger Fragen:

- Gibt es schwere Kränkungen in der Lebensgeschichte? Dabei ist auch wichtig, an mögliche Missverständnisse zu denken (siehe „Eva" – letzter Therapiebericht)
- Unterschiedliche Formen von Missbrauch?
- Lang dauernde Familienkonstellationen, die das Gefühl von eigenem Wert unterminiert haben? (siehe auch Linehan, 1996: invalidisierendes Umfeld)
- Als Sonderform vom letzten Punkt ist auch die Geschwisterreihe und die besondere Geschwistersituation zu betrachten

Eine Gruppenübung, die ich gerne mache, wenn ich vermute, dass das Thema Selbstwertgefühl im Vordergrund steht, ist:

Nr. 15: König – Bettler

Ziel: Bewusstmachung eigener Lebenshaltungen
Indikation: unter anderem wenn die Gruppe den Bezug zum realen Leben nicht mehr klar hat
Dauer: 30 – 50 min
Materialien: Decken, Kissen oder Seil
Raumgröße: mindestens 2 qm pro Person
Bitte bei der Durchführung achten auf: keine Gespräche, Konzentration
Unerwünschte Nebenwirkungen: -
Kontraindikationen: -
Übungsaufbau:
Die Gruppe wird zweigeteilt, und in der Raummitte wird eine Trennlinie geschaffen (mit Kissen o.Ä.). Die eine Gruppe (per Zufall) sind die Könige, Königinnen oder mindestens Prinzessinnen, die anderen sind die Bettler, die Underdogs. Jede Gruppe begibt sich in ihren Raum, das meint, in ihre Welt. Ich leite jetzt sehr differenziert an, was es heißt, ein König oder ein Bettler zu sein. Sie sollen sich wirklich in dieses (Lebens-)Gefühl hineinbegeben: „Achte auf deine Körperhaltung: Wie setzt du die Schritte? – Welches Gefühl hast du im Rücken, welches in deinen Schultern? – Wie trägst du deinen Kopf? – Wie geschwellt ist deine Brust? – Was machst du mit Händen und Armen? – Wie sprichst du? – Wie ist dein Tonfall, wie deine Wortwahl? – Äußerst du mehr oder weniger von deinen Gedanken? – Wie ist dein Blickkontakt zu anderen? – Wo schaust du überall hin? – Wie begegnest du dem anderen Geschlecht? – Gibt es dabei Tabubereiche oder nicht? – Welche Kleidung trägst du? – Was tust du und was nicht? – Gibt es etwas, was du bevorzugt tust? – Was darfst du nicht tun?" Wenn das intensiv erlebt wurde, kommt der große Zauber, und die Bettler werden zu Königen und umgekehrt. Das heißt, die Gruppen wechseln die Felder. Auch jetzt noch mal differenziert, wenn möglich leicht variierend anleiten.

Nachdem jeder beide Erlebniswelten ausprobiert hat, setzt er sich außerhalb, schließt die Augen und schaut sich innerlich sein aktuelles Leben genau an: Was tue ich da? Was nicht? Ich gebe noch mal in einer verkürzten Form die obigen Anleitungen zum Abklären der Frage: „Welchem der beiden Bereiche stehe ich von meinem Alltagsverhalten her näher?" Nach dieser Abklärung soll sich jeder einstufen: Die Felder sind immer noch das Bettler- und das Königsfeld, allerdings jetzt abgestuft: vorne an der Trennungslinie, da liegt ein halbwegs normaler Bereich auf beiden Seiten, je weiter es von der Mittellinie weggeht, desto extremer wird das damit verbundene Lebensgefühl. Hinten sind auf der Bettlerseite die Positionen der wirklichen Underdogs, hinten auf der Königsseite sitzt der „Roi-Soleil" und verkündet: „L'état c'est moi." Jeder soll sich jetzt selbst auf den Platz stellen, den er glaubt in seinem Leben einzunehmen, und zwar im Durchschnitt betrachtet (also nicht, wenn er gerade im Lotto gewonnen hat, und auch nicht, wenn ihm gerade ein Missgeschick passiert ist). Da soll er sich erst mal für sich alleine wahrnehmen und sich dann nach einer Weile mit seinem „Gegenstück" von der anderen Seite zusammensetzen, also dem, der auf der anderen Seite in etwa die gleiche Position inne hat. Sie sollen sich gegenseitig in ritualisierter Form (jeder hat zehn Minuten Zeit, der andere schweigt unterdessen) erzählen, warum sie da stehen (tatsächliches Verhalten), wie es dazu kam (vermutete Ursachen) und was sie ändern wollen. Wenn der Austausch so interessant war, dass sie über die zehn Minuten hinaus weitermachen wollen, können sie sich für eine der nächsten längeren Pausen zum Gespräch treffen.

Diese Übung ist eher für den Anfang geeignet, wenn es erstmal um die Bildung von Problembewusstsein zu diesem Thema geht. Wenn die Gefahr vorhanden ist, dass es nicht so ernst genommen und es dann „nur" lustig wird, ist eine deutliche Führung wichtig. Die Übung kann aber auch an tiefe Kränkungen und ungeliebte Empfindungen heranführen. Zur Bearbeitung versuche ich immer erst den Hintergrund zu klären, sodass demjenigen klar ist, wie diese Lebenshaltung entstanden sein könnte, wie sie sich weiterentwickelt hat, und wieso er sie heute noch aufrechterhält (sekundärer Krankheitsgewinn). Wenn noch wenig Bewusstsein vorhanden ist, „kein Land in Sicht" ist, beende ich diese Arbeit vorerst meist mit einer „Hausaufgabe" (bis zur nächsten Sitzung, bis zum nächsten Tag): Brief an sich selbst, an die Eltern schreiben, konkret nachfragen, was noch unklar ist bei Eltern, Geschwistern, Zweier-Gespräch mit Partner seiner Wahl führen usw. Erst wenn Zusammenhänge klarer sind, arbeite ich weiter. Die Herkunft dieser Übung kann ich nicht angeben.

Wenn das Bewusstsein zu diesem Thema schon vorhanden ist und es auch schon darum geht, Neues auszuprobieren, rate ich zu dem

Nr. 16: Herrscher-Diener-Spiel

Ziel: sich seiner Wünsche bewusst werden, sich trauen, seine Wünsche zu äußern, wahrnehmen eigener Lebenshaltungen

Indikation: wenn Gruppenverhalten zu wenig Realität hat, wenn sich die Teilnehmer wenig offen begegnen

Dauer: 1 – 10 Std.

Materialien: -

Raumgröße: –

Bitte bei der Durchführung achten auf: vorher Regeln gut durchsprechen, speziell   – Wo sind die Grenzen?

           – Darf der Gruppenraum verlassen werden?

           – Wann müssen alle Teilnehmer wieder da sein

Unerwünschte Nebenwirkungen: Prozess kann entgleiten und sehr heftig werden

Kontraindikationen: bei „normalen" Klienten keine

Übungsaufbau:

Es bilden sich Paare (gleich- oder gegengeschlechtlich), die eine intensive Erfahrung miteinander machen wollen. Es wird eine bestimmte Zeit vereinbart (von 1 bis 10 Std.), die Zeit wird halbiert, und jeder der beiden Partner bekommt die Hälfte. Die beiden sprechen sich ab, wer als Herrscher beginnt, und wechseln dann zur gegebenen Zeit die Rollen. Dann werden noch Regeln und Einschränkungen vereinbart. Hier kann man nun je nach Situation und Vertrautheit der Gruppe verschiedene Arten von Regeln und Einschränkungen oder auch keine geben: In kürzeren Gruppen, die nicht unter dem speziellen Thema Sexualität angetreten sind, wird man den gesamten Intimbereich zur Tabuzone erklären. Einzelne Paare können für sich aber auch Sonderregelungen treffen. Auch sollte klar vereinbart werden, wieweit sich die Paare aus dem Therapieraum entfernen können bzw. dürfen. Hier muss sich der Therapeut schon vor der Übung über den Rahmen klar werden, den er der Übung geben will. Der Therapeut fungiert während der Übung als oberstes Schiedsgericht, wenn ein Diener eine gesetzte Grenze überschritten sieht und sich weigert (was er eigentlich nicht darf), die Wünsche seines Herren, seiner Königin zu erfüllen.

Eine häufige Erfahrung mit dieser Übung ist, dass sich viele (häufig Frauen) in der Diener-Position wohler fühlen bzw. die Herrscher-Rolle nicht gut oder nicht lange durchhalten, nach dem Motto: lieber Diener, was schlägst du denn vor. Häufig wird dadurch das Thema des Selbstwertgefühls zentral ins Bewusstsein gebracht. Diese Übung braucht in der Regel viel Zeit zur Nacharbeit in Form von Gesprächen, Rückmelderunden und evtl. weiteren Übungen. Wichtig zu klären ist auch gleich zu Anfang das Problem, dass der Zweite als Herrscher „Rache" üben könnte und sich daher der erste Herrscher mit seinen eigentlichen Wünschen stark zurücknimmt. Das nimmt die „Würze" aus dem Spiel und sollte so abgeklärt werden, dass es keine Rolle mehr spielt.

Der Therapeut hat bei dieser Übung auch während des Ablaufs gute Möglichkeiten zur Einzelarbeit, wenn jemand in so starke Gefühle gerät, dass er sie alleine nicht mehr konstruktiv handhaben kann.

Diese Übung habe ich bei Dipl.-Psych. Peter Schröter in einem seiner Seminare kennen gelernt.

Eine weitere Übung, die ich dann oft in der nachfolgenden Einzelarbeit gut einsetzen konnte, war eine Übung aus dem Bereich der Affirmationen:

Nr. 17: Ich bin gut

Ziel: Prüfung und Verstärkung des Selbstwertgefühls
Indikation: Wenn der Mangel an Selbstwertgefühl vertuscht wird bzw. unklar bleibt
Dauer: 10 – 40 min
Materialien: -
Raumgröße: je größer desto besser
Bitte bei der Durchführung achten auf: Echtheit der Gefühle beim Übenden, Konzentration der Gruppe auf die Übung.
Unerwünschte Nebenwirkungen: -
Kontraindikationen: -
Übungsaufbau:
Bevor ich mit der eigentlichen Übung beginnen kann, muss ich mit dem Klienten seine genau treffende Affirmation erarbeiten: Variationsmöglichkeiten sind hier viele gegeben, und es steigert wesentlich die Wirkung, wenn derjenige genau den treffenden Satz sagt: „Ich bin ich", „Ich liebe mich", „Ich bin schön" oder auch „Ich kann mich wehren", „Ich bin unabhängig" …
Nachdem der Klient seine passende Affirmation gefunden hat, steht die ganze Gruppe, bis auf den, der arbeitet, in einer Ecke des Raumes (je größer desto besser). Der Klient steht in der anderen Ecke. Die Gruppe schaut auf den Einzelnen. Der bewegt sich jetzt ganz langsam (extrem langsame Schritte!) auf die Gruppe zu, schaut sie an und sagt dabei immer wieder langsam, laut und deutlich die erarbeitete Affirmation, z. B.: „Ich – bin – gut". Bis er bei der Gruppe angekommen ist, sollten mindestens ein bis zwei Minuten, besser drei bis vier vergehen. Er hält permanent Blickkontakt zur Gruppe. durch die langsamen Bewegungen steht derjenige auch immer wieder längere Zeit auf nur einem Bein. Das bringt viele auch im übertragenen Sinn oft aus dem Gleichgewicht. Wenn derjenige angekommen ist, bildet die Gruppe einen möglichst engen Kreis um den „Guten", und jeder sagt ihm positive Dinge, die ihm während des Gehens aufgefallen sind (z. B. Ich finde dich (an-)mutig; Mir gefallen deine Augen; Mir fällt erst jetzt auf, wie locker du wirkst …) Der Klient dreht sich jeweils zum Sprecher, sagt aber nichts, sondern nimmt es schweigend an.
Die häufigsten Möglichkeiten, den Effekt der Übung zu boykottieren, sind:
1. Schnell und ohne innere Beteiligung gehen. – wenn sich das ankündigt:

abbrechen und nochmalige intensive Einstimmung mit demjenigen machen (mit geschlossenen Augen), nochmal Bezug zum Thema herstellen.

2. Unterwegs abbrechen – den Klienten nochmal aufbauen und nochmal von vorne anfangen lassen (es sei denn, es ist nachvollziehbar eine grenzwertige Situation für ihn – siehe Klientenauswahl).

Nach solchen Übungen bitte immer genug Zeit lassen, dass in Rückmelderunden jeder seine Empfindungen äußern kann.

3.2.2 Vertrauen

Der Begriff Vertrauen steht in enger Verbindung zum Selbstwertgefühl, bezieht sich aber auch auf Bereiche, die außerhalb des Selbstbewusstseins liegen. Vertrauen ist ein zentrales Beziehungsgefühl (Sulz 1994). Vertrauen ermöglicht uns ein befriedigendes Einlassen auf geliebte Menschen, auf verschiedenste Lebenssituationen und führt uns immer wieder in tiefe Entspannung im Leben, durch das Empfinden von Schutz und Geborgenheit. Es wird uns eher zu Optimisten und positiv denkenden Menschen werden lassen, ohne dass wir deshalb naiv an die Dinge herangehen. Vertrauen ist eng verknüpft mit der sicheren Bindung im ersten Lebensjahr an die Mutter (Sulz 1994, Ainsworth 1974, Miethge 1979). Auch wenn das Vertrauen sich sehr früh entwickelt, kann es selbst bei guter frühkindlicher Entwicklung durch traumatische Ereignisse wieder gestört, in schweren Fällen sogar zerstört werden (Maercker 1997). Viele Menschen, die ihr Vertrauen wieder verloren haben, benutzen geistige, psychische Hilfskonstruktionen, um Vertrauen in dieser Welt bzw. zu anderen Menschen zu finden. An diesem Punkt ist der ganze Bereich von Religion und Philosophie, aber auch Aberglauben, Esoterik und Sektentum zu betrachten. Hier liegen gesunde, sprich nichtneurotische und mehr oder minder stark irreale Entwicklungen manchmal sehr nahe beisammen. Oft zeigt sich erst unter Belastung, ob eine „Hilfskonstruktion" der Psyche wirklich tragfähig und realitätsnah ist. Die Schwere einer vorhergehenden psychischen Erschütterung steht häufig in einem engen Zusammenhang mit der Realitätsferne von psychischen Hilfskonstrukten zur Bewältigung von inneren Erschütterungen. Wieweit wir für das Erlangen von Vertrauen Gefühle von Hilflosigkeit auf Gott, eine Religion oder das Schicksal, Karma oder das Leben als solches projezieren, um damit wieder Vertrauen in das eigene Leben finden zu können, spielt im Prinzip keine Rolle.

In der Therapie gilt es diese Bereiche zu überprüfen, wie stark das Gefühl des Vertrauens auch in schwierigen, vielleicht beängstigenden Situationen tatsächlich ist und wie viele hinderliche, einengende Elemente damit verbunden wurden. Letztere werden in der Regel dabei bewusst, und es sollte die Möglichkeit geschaffen werden, neue Verhaltenssequenzen zu entwickeln und zu erproben.

Angst ist unter anderem auch eine Gegenkraft zum Vertrauen. So kann jede Exposition in diesem Sinne auch als eine Vertrauensübung gesehen werden. Auf Grund dieses Spannungsbogens, den ich hier skizziert habe, wird deutlich, wie weit gespannt dieser Bereich ist. Und so ist es auch mit den Übungen: Sie reichen von einfachen körperlichen Vertrauensübungen bis hin zu schwierigen Situationen in einem Feuerlauf oder im Herrscher-Diener-Spiel.

Nr. 18: Sich fallen lassen

Ziel: Vertrauen zu erfahren und zu üben
Indikation: aus dem Reden in die Erfahrung kommen
Dauer: 15 min bis 2 Std.
Materialien: je nach Intensität Stuhl, Tisch, Leiter und evtl. mehrere Matrazen
Raumgröße: -
Bitte bei der Durchführung achten auf: Sicherheit, z. B. durch volle Konzentration
Unerwünschte Nebenwirkungen: das intensive Fühlen wird vom Tun überdeckt und kommt so zu kurz
Kontraindikationen: bei zu wenig Sammlung in der Gruppe
Übungsaufbau:
Diese Übungskategorie ist eigentlich allgemein bekannt, sodass ich sie hier nur erwähnen möchte: es geht immer wieder um Das-sich-rückwärts (meist mit geschlossenen Augen-in-die-Arme-des-Partners-fallen-Lassen.) Ob das in der Paarsituation auf dem Boden geschieht, in einer Gruppensituation vom Stuhl, Tisch oder einer Leiter herunter oder gar aus 3 m Höhe in ein Sprungtuch hinein, tut der prinzipiellen Erfahrung keinen Abbruch. Wohl aber verändert die unterschiedliche Stärke der möglichen Erfahrung die Situation und damit auch die Aufgabe, die ich als Therapeut bezüglich der Steuerung habe. Wichtig scheint mir dabei, dass eine gute Einstimmung das innere Erlebnis zum Tragen bringt, dass es also nicht eine Mutprobe ist, die mehr Anspannung als Entspannung bringt. Als symbolische Handlung kann dieses Fallen die eigene innere Situation schlaglichtartig erhellen und klar machen, wie es um das Vertrauen bestellt ist.

Sehr ähnlich ist die Übung:

Nr. 19: Blind geführt werden

Ziel: sich anvertrauen, Hingabe und Verantwortung, veränderte Wahrnehmung erfahren
Indikation: Distanz der einzelnen Gruppenteilnehmer verringern
Dauer: 30 min bis 4 Std.
Materialien: -
Raumgröße: egal, evtl. draußen üben
Bitte bei der Durchführung achten auf: Sicherheit beachten, speziell bei schwierigem Terrain
Unerwünschte Nebenwirkungen: Gruppenprozess kann etwas zerfließen
Kontraindikationen: wenn die Gruppe stark „zentrifugale" Tendenzen hat
Übungsaufbau:

Auch diese Übung dürfte bekannt genug sein, sodass ich mir eine detaillierte Beschreibung sparen möchte. Auch hier gibt es wieder verschiedenste Varianten, vom einfachen Geführtwerden im Raum oder auf einer Wiese vor dem Raum bis hin zu Führungen über Stunden hinweg mit verbundenen Augen durch schwieriges und gefährliches Gelände (z. B. Überqueren von reißenden Bächen oder Kletterstellen im Fels). Wie schon bei der vorherigen Übung scheinen mir eine gute Einstimmung und Anleitung wichtig, dass das äußere Erlebnis innerliche Veränderungen bewirken kann.

Im Outdoor-Bereich (Management-Seminare, Motivationsseminare) ist diese Art von Expositionsübungen zur Angstbewältigung bzw. zur Überprüfung und Erlangung von Vertrauen in die Situation, in den Partner oder die Gruppe häufig zentral. Und so sind in diesem Bereich auch sehr viele Übungen entwickelt worden: ob das Überqueren einer Schlucht mittels eines gespannten Seils oder das alleinige Verbringen einer Nacht im Freien im Bärengebiet (z. B. in Kanada) oder auch das „Bungee-Springen". Bei dieser inflationären Tendenz hat auch der Feuerlauf seine exotische Qualität eingebüßt und gehört in einer Reihe von Seminaren zum Standard. Hier frage ich mich oft, wie sehr wir uns im Äußeren verlieren und damit auch die inneren Erlebnisqualitäten nicht mehr genügend wahrnehmen. Bei all diesen Übungen ist für mich der entscheidende Punkt, nicht das Beängstigende zu tun, sondern die vertrauenvolle innere Haltung dabei zu bewahren. Physiologisch gesehen ist Vertrauen Entspannung, und zwar eine sehr tiefe. Das bedeutet aber, dass ich während solcher Übungen eine ruhige, tiefe Gelassenheit erreichen sollte. Wie ich schon in Kapitel 2 betont habe, folgen bleibende psychische Veränderungen erst auf eine entsprechende physiologische Veränderung (Birbaumer & Schmidt 1991). Es ist deshalb wichtig, auf die Veränderungen im physiologischen und im Bereich des vegetativen Nervensystems zu achten und auch die Zeit zu lassen, damit hier die Veränderungen auch tatsächlich stattfinden können.

Eigene Erfahrungen in diesem Bereich als Outdoor-Trainer haben mir auch immer wieder gezeigt, wie groß die Gefahr ist, sich nur noch mit der Aufgabe, mit der Situation zu beschäftigen und die innere Erlebnisqualität erst im Nachhinein (z. B. am Abend, wenn das „Abenteuer" vorbei ist) zu reflektieren, was dann aber in der Regel nicht mehr die Erlebnisstärke, sprich die Fähigkeit, physiologische Veränderungen zu „triggern", besitzt. Schon seit einiger Zeit kehre ich deswegen lieber zu weniger „aufregenden", einfachen Übungen zurück, in denen im Moment des Erlebens die Zeit für Bewusstwerdung bzw. Verarbeitung gegeben ist.

Ein weiterer Bereich, in dem Vertrauen oft erschüttert wurde und worunter viele Menschen sehr leiden, ist der soziale Bereich. Im sozialen Bereich ist der Gegenspieler des Vertrauens neben der Angst oft auch die Scham sowie Gefühle der Unterlegenheit und des Misstrauens.

Je genauer vor der Übung herausgearbeitet wird, was das eigentliche Thema ist, desto mehr Motivation wird bei den Teilnehmern vorhanden sein und desto intensiver wird die Übung verlaufen. Eine Übung die speziell am Thema der Scham ansetzt ist:

Nr. 20: Mein peinlichstes Erlebnis

Ziel: Grenzen abbauen, sich riskieren, sich anvertrauen
Indikation: wenn ein weiterer Schritt des Aufeinander-Zugehens ansteht
Dauer: 15 bis 30 min
Materialien: -
Raumgröße: -
Bitte bei der Durchführung achten auf: Echtheit, wirkliches Riskieren
Unerwünschte Nebenwirkungen: -
Kontraindikationen: -
Übungsaufbau:
Diese Übung beginnt als Einzelübung: Jeder hat fünf Minuten Zeit, sich sein(e) peinlichste(s) Erlebnis(se) zu überlegen bzw. zu notieren. Danach sucht sich jeder einen Partner und erzählt ihm diese Erlebnisse und warum es für ihn so schlimm war (ist). Der Partner gibt ehrliche Rückmeldung, wie er dieses Erlebnis empfindet.
Variationsmöglichkeiten:
- Ein Einzelner erzählt es der Gruppe und bekommt von allen Rückmeldung
- Jeder sucht sich sein peinlichstes Erlebnis aus und sagt dann vor der Gruppe den Satz: „Wenn ihr wüßtet was ich getan habe (was mir passiert ist), würdet ihr denken, dass ich (ein) … bin." Das heißt, hier wird gleich mit der Projektion, die hinter dieser Scham steckt, gearbeitet.
Dies ist eine Übung, die oft sehr schnell den kindlichen Hintergrund dieser Ängste klar macht und dadurch befreiend wirkt.
- Von der Form her ähnlich kann ich den Satz „Meine stärkste Kränkung" geben und als Paarübung laufen lassen.
Damit diese Übung wirklich zum Ziel führt, nämlich eine tiefe innere Berührung auszulösen, braucht es in der Regel einen sehr geschützten Rahmen und viel schon durch andere Übungen aufgebautes Vertrauen in die Gruppe und in die Therapeuten.
Es kann aber auch das Vertrauen zum eigenen Körper Thema sein. Das kann das Aussehen, aber auch die Funktionen betreffen. Hier bietet sich eine Vielzahl von Körperübungen an.
Eine bioenergetische Übung, die ich gerne einsetze, um das Vertrauen in den eigenen Körper zu prüfen, möchte ich hier herausgreifen. Es ist die

Nr. 21: Bioenergetische Rückbeuge

Ziel: Lösen von Spannungen und damit auch Lösen von Gefühlen
Indikation: Vertiefen von Körperwahrnehmung, wenn die Oberfläche „glatt" erscheint.
Dauer: 20 bis 60 min
Materialien: -
Raumgröße: -
Bitte bei der Durchführung achten auf: lange genug in der Übung bleiben, entspannen in der Übung, keine Beugung der Lendenwirbelsäule
Unerwünschte Nebenwirkungen: -
Kontraindikationen: Vorsicht bei Wirbelsäulenproblemen – Abfragen!
Übungsaufbau:
In der Gruppe mache ich sie als Paarübung: zwei ungefähr gleich große und gleich schwere Personen gehen zusammen; Person A kniet sich im Vierfüßler-Stand auf den Boden, Person B legt sich quer darüber. Wichtig dabei ist, dass der Körper (auch die Beine) ganz gestreckt bleibt und dass Person B ungefähr am 2. Brustwirbel ihre Hauptauflagefläche hat (also keine Beugung in der Lendenwirbelsäule!), die Arme über den Kopf nach hinten streckt und Arme und Kopf nach oben hinten hängen lässt. Der Mund und die Kehle bleiben geöffnet, und der Atem wird so tief wie möglich zugelassen. In dieser Haltung lasse ich die betreffende Person mehrere Minuten verharren; wenn möglich: tief entspannen und atmen. Wenn der „Gedehnte" die Übung beendet und starke Gefühle sind sichtbar, soll sein Partner ihn in seinen Armen halten oder bei wenig Gefühlen mit ihm Rücken an Rücken sitzen.
Diese starke Brustkorbdehnung löst häufig Gefühle aus, und einige bekommen das Gefühl zu ersticken. Sie werden entweder unruhig oder brechen die Übung sofort ab. Hierbei ruhig zu werden und sich dem Körper mit seinen Reaktionen anzuvertrauen ist dann die Aufgabe, bei der der Therapeut den Klienten unterstützen muss. Diese Übung stammt aus der Bioenergetik nach A. Lowen.

Wenn eine Barriere überwunden wurde, derjenige Vertrauen erfahren hat und in guter Weise durch die Übung hindurchgegangen ist, kann es einen schönen Abschluss darstellen, von der ganzen Gruppe getragen zu werden:

Nr. 22: Getragen werden

Ziel: Vertrauen und Entspannung zulassen und genießen
Indikation: nach starker emotionaler Erschütterung (z. B. durch Erinnerung an traumatische Ereignisse)
Dauer: 10 bis 30 min
Materialien: -
Raumgröße: -
Bitte bei der Durchführung achten auf: Behutsamkeit der Gruppe
Unerwünschte Nebenwirkungen: –
Kontraindikationen: -
Übungsaufbau:

Der Betreffende legt sich hin, entspannt sich ganz, die Gruppe kniet ganz nah um ihn herum und schiebt behutsam ihre Hände unter Körper und Gliedmaßen des Liegenden. Ganz langsam und sanft wird er dann hochgehoben und leicht geschaukelt. Eine sanfte meditative Musik oder ein Summen der Gruppe erhöht diesen Entspannungsmoment, und immer wieder geraten diese Menschen so in einen beglückend entspannten Zustand. Diese Entspannung festigt und vertieft dann das bisher Erfahrene bzw. Gelernte.

Oft auch bearbeite ich in Gruppen das Thema Vertrauen in Form von Hausaufgaben: In der Realität soll das ausprobiert werden, was sich problematisch im Leben zeigt. Ob das bedeutet, in einer bestimmten Situation oder einem bestimmten Menschen gegenüber seine Empfindungen zu äußern, Initiative zu ergreifen oder auch bestimmte Dinge mal anders zu tun, hängt von der jeweiligen Thematik des Klienten ab.

Den Abschluss dieses Kapitels bildet wieder ein Erlebnisbericht bei dem einige der beschriebenen Übungen wiederkehren:

Karin, eine 36-jährige sehr sportliche Frau mit einem fast überschlanken, sehnigen Körper, die wegen sexuellen und Beziehungsproblemen in ihrer Ehe in die Gruppe gekommen ist, macht die eben beschriebene Rückbeugeübung mit viel Einsatz und äußerlich gesehen perfekt. Der Atem geht noch nicht so tief, wie er gehen könnte. Ich gebe ihr mit meinen Händen leichten Druck auf den Bauch (Nabelgegend) und fordere sie auf, in meine Hände hineinzuatmen. Etwa nach einer halben Minute beginnt ihr Atem zu röcheln, Spannung kommt in den Körper, und die ersten Tränen fließen. Ich lasse sie noch etwas in dieser Haltung, bis die Emotionen voll ausgeprägt sind und nicht mehr von ihr gebremst werden können. Als sie aus der Haltung herausgeht, rollt sie sich nach vorne ein und fängt stark zu schluchzen an. Ihre Partnerin Hanna, eine zehn Jahre ältere Frau, ist vom Typ her eine „richtige Mama". Sie nimmt Karin auch gleich in die Arme. Es wirkt, als hätte Karin jegliches Vertrauen in sich und die Welt um sie herum verloren, und sie vergräbt sich richtig in dem großen, weichen Körper von Hanna. Sie will nicht angesprochen werden, bzw. sie reagiert abwehrend.

Nach einer halben Stunde treffen wir uns alle zur Rückmelderunde: Karin sitzt noch immer im Schoß von Hanna und wirkt sehr „zerbrechlich". Karin weiß nicht, was mit ihr los ist, und spürt nur „eine unendliche Verzweiflung und Traurigkeit", ohne zu wissen, warum. Ich frage sie, wie alt sie sich fühlt: Auch das bleibt zunächst unklar, sie meint nur „irgendwie ganz klein", dabei beginnt sie wieder zu weinen. Ich gebe ihr den Auftrag ‚nachzuforschen, was denn in ihrem Leben passiert ist, als sie so klein war. Noch bevor ich mich dem Nächsten zuwenden kann, richtet sie sich unvermutet auf und meint: „Ja doch, da war ich längere Zeit im Krankenhaus, ich hatte einen Blinddarmdurchbruch, und mein Vater sagte immer scherzhaft, da sei ich dem Tod von der Schippe gesprungen." Sie ist plötzlich hellwach und aufgeregt. In ihrem Gesicht und ihrer Haltung ist etwas ganz Junges, Kindliches. Ich frage sie, wie lange sie im Krankenhaus war und wie oft die Eltern sie besucht hätten. Das weiß sie nicht so genau: „Schon ein bißchen länger, mehr weiß ich nicht." Auch das genaue Alter weiß sie nicht. Sie ist immer noch total „aufgekratzt". Ich frage, ob sie das denn jetzt noch rauskriegen kann, was sich da genau ereignet hat. Sie beschließt in der nächsten Pause, gleich ihre Mutter anzurufen, was sie dann auch tut.

Als wir uns eine Stunde später wieder treffen, sitzt Karin mit rotem Kopf neben Hanna. Von ihrer Haltung und ihrem Verhalten geht Selbstständigkeit aus, und sie braucht den Schutz eigentlich nicht mehr. Sie erzählt, was sie herausgefunden hat: Schon vor dem Durchbruch hätte sie längere Zeit mit Bauchweh zu tun gehabt – es sei kurz vor ihrem zweiten Geburtstag gewesen. Vater und Mutter hätten beide gearbeitet (die Mutter halbtags), und sie sei vormittags immer bei einer Tagesmutter gewesen. Die Eltern hätten wegen der Bauchschmerzen schon einen Arzt zu Rate gezogen, aber der hätte gemeint, mit Fencheltee würde das schon wieder werden. Der Vater war es dann, dem es eines Abends total unheimlich wurde, als die Symptomatik sich schnell verschlechterte, der sie ins Auto packte und gleich ins Krankenhaus fuhr. Dort wurde auch sofort eine Notoperation vorgenommen – Karins Zustand sei bereits äußerst kritisch gewesen. Am folgenden Tag wurde nochmal nachoperiert, und die Eltern durften sie dann zehn Tage nicht sehen. Und auch danach hätten sie sie nur durch eine Glasscheibe sehen dürfen. Erst nach knapp drei Wochen hätte sie wieder nach Hause gedurft, danach sehr „gefremdelt" und geschrien, was die Mutter sehr enttäuscht hätte. So der Bericht der Mutter.

Karin erzählte weiter: Ihr sei jetzt auch klar, was ihr Teil bei den Partnerproblemen sei. Dieses Gefühl, sich klein und hilflos fühlen, das habe sie jetzt wiedererkannt. Das sei ihr jetzt klar, woher das komme und was das bedeutet. Immer wenn sie dieses Minderwertigkeitsgefühl bekommt, und sie bekommt es doch recht oft, wird sie in der Beziehung ungeheuer „klammrig", und ihr Partner darf dann keinen Schritt mehr wegtun. Zu Anfang der Beziehung hatte ihn das gefreut und glücklich gemacht, mittlerweile nervt es ihn nur noch. Vor allem, und das ist der 2. Akt des Dramas, wenn er dann nahe ist und dableibt, wird sie „unleidlich und krätzig". „Ich begreif jetzt, dass ich da immer noch das kleine Baby bin, das sich von allen verlassen fühlt und merkt: die Hilfe kommt viel zu spät. Da, wo ich sie gebraucht hätte, war ich allein und hatte das Gefühl, als würde mich die Welt ausspucken. Ich weiß jetzt, woher das kommt, und ich weiß jetzt auch, dass ich nicht verrückt bin. Ich spür dieses kleine Wesen in mir, das so ungeheuer gelitten hat. Und da werde ich dann zornig, dass man mich nicht verstanden hat, nicht rechtzeitig da war."

Sie wirkt sehr klar und kräftig, wie sie das so sagt, kein Zweifel, kein Gefühl von Minderwertigkeit. Ich frage sie, ob ihr der weitere Weg klar ist. Sie überlegt und meint dann, eigentlich schon, aber da seien noch so viele kleine Ängste und Probleme. Sie müsse das jetzt erstmal sich setzen lassen. Ihre Partnerprobleme waren nicht weg, aber sie konnte anders damit umgehen, sie fühlte sich nicht mehr so ausgeliefert wie vor diesem Erlebnis. Sie redet dann mit ihrem inneren kleinen Kind und „das ist nicht eine angelesene Floskel" (wie sie sagt), das ist ein genau fühlbarer Platz in ihr, wo dieses Gefühl steckt und wo sie ihre Worte hinrichten muss. Ihr Mann hat verstehen gelernt, was in diesen Momenten in ihr abläuft, und kann jetzt überhaupt zum ersten Mal in der Beziehung wirklich damit umgehen. Das entspannt die Situation zwischen beiden sehr.

An dieser Erlebnisbeschreibung wird deutlich (siehe Kap. 2), dass es offenbar Areale im Gehirn und im Bauch gibt, die traumatische Erlebnisse als

Ganzes speichern und wie eigene Wesenheiten (das innere Kind) erlebt werden können. Der Zugang zu diesen Gehirnarealen scheint aber besonders dann, wenn diese Erlebnisse sehr früh stattgefunden haben, nicht über das Tagesbewusstsein möglich. Eine Möglichkeit scheint der Zugang über intensive Emotionen, die zu veränderten Bewusstseinszuständen führen.

3.2.3 Begegnung

Wie wesentlich, wie alles durchdringend der Bereich der Begegnung für menschliches Leben ist, drücken für mich die folgenden Gedanken von Richard Beauvais aus, einem Psychotherapeuten, der in der Drogentherapie arbeitete:

„Wir sind hier, weil es letztlich kein Entrinnen vor uns selbst gibt.
Solange der Mensch sich nicht selbst in den Augen und Herzen seiner Mitmenschen begegnet, ist er auf der Flucht.
Solange er nicht zulässt, dass seine Mitmenschen an seinem Innersten teilhaben, gibt es für ihn keine Geborgenheit.
Solange er sich fürchtet durchschaut zu werden, kann er weder sich selbst noch andere erkennen – er wird allein sein.
Wo können wir solch einen Spiegel finden, wenn nicht in unseren Nächsten.
In der Gemeinschaft kann ein Mensch erst richtig klar über sich werden und sich nicht mehr als den Riesen seiner Träume oder den Zwerg seiner Ängste sehen, sondern als Mensch, der – Teil eines Ganzen – zu ihrem Wohl seinen Beitrag leistet.
In solch einem Boden können wir Wurzeln schlagen und wachsen; nicht mehr allein – wie im Tod –, sondern lebendig als Mensch unter Menschen."

Die menschliche Begegnung trägt in sich die Möglichkeit, auch die verborgensten Bereiche der Psyche zu berühren, zu öffnen und zu verändern. Die therapeutische Begegnung sollte in ihren Kommunikationsformen und Lösungsmöglichkeiten beispielhaft für den Alltag des Klienten sein. Die Begegnungen in der Gruppe mit den anderen Gruppenmitgliedern sind ein gutes Modell und eine vielfältige Übungsform für diesen Alltag. Wenn der Klient es schafft, die innere wie äußere Achtsamkeit aus der Therapie in seinen Alltag zu bringen, wird er dadurch sein Leben, sein Grundgefühl zu anderen Menschen und zu sich selbst wesentlich verändern. Hier setzen die folgenden Übungen an, die im geschützten Rahmen der Therapie erst einmal die Achtsamkeit entwickeln und dann in den Alltag transportieren helfen.

In Kapitel 3.1 sind schon wesentliche Übungen dargestellt, die zu diesem Themenbereich gehören. Besonders erwähnen möchte ich hier nochmals die Blickkontaktübung (Nr. 14).

Die folgenden Übungen, die zwar nicht körperlicher Natur sind, sondern die Sprache als Medium haben, können bei spezifischen Thematiken, wie Selbstabwertung und sozialer Angst weiter führen:

Die therapeutischen Instrumente

Nr. 23: Paarübung: „Sage mir, wer bist du?"

Ziel: in den Bereich jenseits von Worten zu gelangen. Verstehen, was hinter den „normalen" Aussagen steht
Indikation: wenn die vordergründigen Probleme bearbeitet sind und es einen Schritt mehr in die Tiefe gehen soll
Dauer: 30 bis 90 min
Materialien: -
Raumgröße: -
Bitte bei der Durchführung achten auf: es lange genug laufen lassen
Unerwünschte Nebenwirkungen: -
Kontraindikationen: -
Übungsaufbau:
Diese Übung gibt es in unterschiedlichen Variationen:
1. Ein Paar sitzt sich gegenüber und immer stellt abwechselnd einer die Frage: „Sage mir, wer bist du?" Zeit zum antworten: 1 min; der Fragende sagt nichts dazu, hört nur zu. Der Antwortende beginnt seine Antwort immer mit: „Ich bin ein Mensch der ..." Das bedeutet, dass alles stark ritualisiert ist. Diese Übung wird erst nach längerer Dauer, also etwa nach einer halben Stunde, produktiv: Erst dann sind die „normalen", die Standardantworten erschöpft. Dann erst beginnt das Nachdenken und Nachspüren außerhalb der gewohnten Denkbahnen. Und dann erst können neue Einsichten ans Licht kommen.
Bei dieser Übung sollten die Gruppenteilnehmer wirklich offen und motiviert sein, bereit sein, sich auf Neues einzulassen. Auch die Anleitung sollte da eindeutige Vorgaben machen, so z. B.: „Versuche in deinen Antworten dir wichtige, wesentliche Aspekte deiner Person zu beschreiben und auszudrücken: Was macht deine Persönlichkeit, dein Sein wirklich aus? Dringe zu immer zentraleren, aussagekräftigeren Punkten vor."
Danach können sich die Partner zur Übung, zum Gesagten austauschen.
2. In dieser Version gibt es eine stärkere Gruppenorientierung und noch stärkere Ritualisierung:
Die Gruppe wird in zwei Hälften geteilt, die sich gegenüber sitzen. Dann läuft der Prozess wie in der 1. Version ab. Nach fünf Minuten wird eine Gruppe um eine Person verschoben und das im Wechsel von fünf Minuten so lange, bis jeder mit jedem einmal die Übung gemacht hat. Diese Übung ist auch unter dem Begriff „Enlightenment" bekannt. Anschließend gibt es

in dieser Version immer eine längere Schweige- und Meditationsphase. Hier geht es mehr wie beim buddhistischen Koan darum, ganz mit seiner Innenwelt in Kontakt zu kommen, im engeren Sinne zur stillen Meditation zu gelangen. So wird hier die Begegnung zum Mittel, in Meditation zu kommen, und wird nicht um der Begegnung willen gegeben.

Eine andere Form von verbaler Paarübung ist folgende:

Nr. 24: Vermutung äußern ...

Ziel: Projektionen bezüglich des anderen äußern und sich dessen bewusst werden.

Indikation: wenn Projektionen das Arbeiten in der Gruppe belasten

Dauer: 15 bis 45 min

Materialien: -

Raumgröße: -

Bitte bei der Durchführung achten auf: dass die „problematischen" Teilnehmer auch tatsächlich die Übung machen

Unerwünschte Nebenwirkungen: -

Kontraindikationen: -

Übungsaufbau:

Die Partner sitzen sich gegenüber, beide hypothetisieren in ritualisierter Form ihre Vermutungen übereinander: „Ich glaube, dass du..." Auch hier erfolgt der Wechsel nach einer Minute und der andere antwortet nicht. Diese Übung sollte mindestens 15 min dauern, die Zeitdauer kann eher großzügig bemessen werden. Danach gegenseitige Rückmeldung und Austausch.

Eine weitere Variante ist:

Nr. 25: Projektionen offen legen ...

Ziel: Projektionen bezüglich der eigenen Person aufdecken bzw. sich bewusst machen. Status in der Gruppe klären
Indikation: wenn Projektionen das Arbeiten in der Gruppe belasten
Dauer: 15 bis 45 min
Materialien: -
Raumgröße: -
Bitte bei der Durchführung achten auf: siehe Nr. 24
Unerwünschte Nebenwirkungen: -
Kontraindikationen: -
Übungsaufbau:
„Ich glaube, dass du glaubst, dass ich ..." Bei dieser Übung wird auf Projektionen abgezielt. Hierbei kann es auch sinnvoll sein, besondere Partnerwahlverfahren einzuführen, z.B.: „Such dir den Partner, vor dem du den größten Respekt hast!" oder „Such dir den Partner, in den du dich vor 10 (20) Jahren am ehesten verliebt hättest!" Aber auch: „Such dir den Partner, den du nicht als Chef/Chefin im Beruf haben möchtest!" Hier sind deiner Kreativität bzw. deinem Gespür, was in der Gruppe gerade „virulent" ist, keine Grenzen gesetzt.

Als Letztes möchte ich noch eine Übung vorstellen, die wieder eher aus der körperorientierten Therapierichtung stammt und schon rein körperlich zu den intensiven gehört:

Nr. 26: Augenmeditation

Ziel: Auslösen von unbewussten Konflikten, tiefes Einlassen auf den gewählten Partner
Indikation: wenn in der Gruppe etwas Stillstand herrscht, weil die Konflikte bzw. Probleme noch zu unbewusst sind
Dauer: 30 bis 90 min
Materialien: -
Raumgröße: -
Bitte bei der Durchführung achten auf: Konzentration halten – absolut!
Unerwünschte Nebenwirkungen: -
Kontraindikationen: wenn Gruppe nicht zu tiefem Einlassen bereit ist
Übungsaufbau:
Zwei Partner sitzen sich nah gegenüber, so nah, dass die Knie sich berühren. Sie schauen sich 20 Minuten lang unentwegt in die Augen und versuchen dabei mit aller Kraft, den Lidschlag, das Zwinkern zu unterdrücken. Wichtig bei dieser Übung ist, dass erstens alle Kontaktlinsenträger ihre Linsen herausnehmen und dass zweitens der Therapeut aufmerksam und permanent führt. Es kostet sehr viel Konzentration, den Lidschlagreflex zu unterdrücken, aber irgendwann ist der Punkt erreicht, wo man diesen Reflex leichter unter Kontrolle hat. Natürlich fangen die Augen mehr oder minder stark zu tränen an, und das ist auch gut so, denn es bewahrt sie vor Schaden. Physiologisch werden hier Augenmuskeln bewusst innerviert, die sonst nur unbewusst funktionieren. Ich begleite die Teilnehmer in etwa folgendermaßen: „ du sitzt aufrecht und im Lot und spürst deinen Körper. du versuchst locker zu sitzen, so dass der Körper in sich selber ruht. du lässt deinen Atem fließen in seinem Rhythmus und achtest darauf, dass er bis tief in den Bauch fließt. – Dann gehst du mit deiner Aufmerksamkeit ganz in deine Augen und spürst, wie sie sich im Moment anfühlen. – du bringst jetzt deine ganze Konzentration in deine Augen und stellst dir vor, wie deine Augen Kanäle werden für Energien, die von innen nach außen und von außen nach innen strömen. – Suche jetzt die Augen deines Partners und stell dir vor, dass ein unablässiger Strom von Energie zwischen Euch fließt, der nicht unterbrochen werden darf. du konzentrierst dich jetzt zusätzlich auf den Lidschlag und versuchst zu ergründen, wie du den Lidschlag vermeiden kannst. – du beginnst jetzt ganz tief zu atmen, wobei du durch deinen leicht geöffneten Mund ausatmest. – Sei jetzt ganz

konzentriert auf deine Augen – es gibt jetzt nur noch deine Augen, die Augen deines Partners und den ununterbrochenen Energiefluss dazwischen. Jedes Zinkern, jeder Lidschlag unterbricht diesen Strom und bringt auch deinen Partner aus der Konzentration. – Also volle Konzentration; – du konzentrierst dich voll auf die Muskeln, die für den Lidschlag verantwortlich sind. – Atme tief und schick all deine Energie in den Bereich deiner Augen: sie fühlen sich ganz kräftig und strahlend an. – du schaust ganz intensiv, und bist dir ganz klar, dass du diesen Strom zu deinem Partner jetzt nicht unterbrichst, egal wie sich deine Augen anfühlen und welche sonstigen Körperreaktionen du wahrnimmst. – du atmest ganz tief, du lässt deinen Atem durch deinen Mund wieder herausfließen und gibst alle deine Energie in deine Augen. – Auch wenn deine Augen jetzt brennen und tränen, du bleibst konzentriert und schaust ganz intensiv in die Augen deines Partners. – Stell dir vor, wie dein Atem durch deine Augen fließt und sie ganz stark, ganz konzentriert macht. – Stell dir vor, dass du von ganz tief innen schaust, dass du mit deinem Partner eine Verbindung über die Augen hast, die ganz tief in dir verwurzelt ist. – du atmest tief in deinen Bauch und gibst alle deine Energie in deine Augen. – du schaust konzentriert und unablässig in die Augen deines Partners. – Sitz aufrecht und gerade – gib dir innerlich Unterstützung. – Sei ganz in dieser Beziehung und lass deine Augen weit offen sein, einen weiten Kanal für den Strom zu deinem Partner. – Wenn deine Konzentration nachlässt, atme noch tiefer und gib alle deine Energie in deine Augen … (wenn die Zeit zu Ende geht:) Nimm jetzt nochmal einen tiefen Atemzug und verabschiede dich auf deine Weise von deinem Partner. – Schließe jetzt deine Augen. – Lege dich zurück und mach es dir bequem. – Lege deine Handflächen auf die Augen und gib ihnen Ruhe und Erholung. – Lass deinen Atem sich beruhigen und spür nach, wie sich deine Augen, dein Gesicht und dein ganzer Körper anfühlen."

So ungefähr könnte eine Anleitung, eine Begleitung in diesem Prozess aussehen.

Voraussetzung für einen solchen Prozess ist, dass die Gruppe noch genügend Energie hat und bereit ist, in emotional intensive Prozesse einzusteigen, also keine große Angst davor hat. Letzteres wäre auch eine Kontraindikation.

Meine Erfahrung damit ist, dass vor allem Männer die nicht oder schwer

Die therapeutischen Instrumente

weinen können („weil ein Indianer nicht weint!") in starkem Maße an diese Gefühle und Reaktionen gelangen, manchmal über den Umweg einer kräftigen Tetanie. Wenn eine Gruppe durch diese Übung mit voller Konzentration durchgegangen ist, verändert sich die Stimmung deutlich: Eine Teilnehmerin hat es einmal so formuliert: „Es ist, wie wenn ein mildes Licht auf uns scheint und uns alle weicher gemacht hätte." Bevor es so weit war, fanden speziell in dieser Gruppe heftige Wutausbrüche statt.

Um von dieser Übung einen lebendigen Eindruck zu bekommen, hier ein Erlebnisbericht:

Norbert, 42 Jahre, knapp 1,90 m groß, breitschultrig und hat öfter einen etwas grimmigen, düsteren Gesichtsausdruck. Er redet nicht sehr viel, man merkt aber, dass er voller Aufmerksamkeit bei Gesprächen dabei ist. Wenn er etwas sagt, so ist das substanziell. Aber er „verschwendet" keine Worte. Er ist geschieden und lebt derzeit alleine. Er ist Werkstattleiter in einer Firma und fachlich offenbar sehr gut. Privat zieht er sich mehr und mehr zurück, wirklich gute Freunde hat er nach eigenen Aussagen kaum, dafür sitzt er oft bis 21 Uhr in der Firma. Privat engagiert er sich sehr für ein Kinderhilfswerk, das hauptsächlich in Indien tätig ist. Zu seiner Mutter hat er, wenn auch ambivalent, noch relativ viel Kontakt. Ein Hobby, das er so nebenbei erwähnt, ist „Mopedfahren" wie er es nennt. – Sein „Moped" ist eine schwere Maschine, die deutlich über 200 km/h läuft. Das Motorrad ist schwarz, seine Motorradkleidung ist schwarz inklusive Helm und Visier.

Als er das erste Mal zu mir kam, war er deutlich suizidal. Er empfand es zunächst auch beschämend, zu einem „Psycho-Fuzzi", wie er mich nannte, gehen zu müssen. Wenn er sich umbringen würde, wüsste er auch schon wie: mit 250 gegen einen Brückenpfeiler, das sei „sehr sicher". In eine Gruppe zu gehen war für ihn eine ganze Zeit lang undenkbar; einiges an Einzelarbeit war hier vorher nötig gewesen.

Im bisherigen Gruppenverlauf hatte er sich deutlich zurückgehalten, einige Frauen zeigten auch leichte Angstreaktionen, wenn sie ihm in Übungen begegneten. Er schien von allem nur wenig berührt, wenngleich ich einige Male leicht feuchte Augen bei ihm zu erkennen glaubte.

Bei der „Augenmeditation" war er von einer etwas jüngeren Frau ausgesucht worden, die in ihrer Ehe heftige Enttäuschungen hinter sich hatte und einen recht verhärmten Eindruck machte. Auf die Frage ob er mit ihr wolle, kam nur „passt schon".

Ich wusste, jede Übung, auf die er sich einließ, machte er total exakt. So auch jetzt: Es dauerte nicht lange, da kamen „Urlaute" aus seiner Ecke. Es klang wie das Schnauben und Keuchen eines verletzten Tieres. Er sass zwar noch an seinem Platz, hatte aber die Augen gerötet. Die Stirn war in tiefen Falten regelrecht verzogen. Die schon völlig verkrampften Hände und auch den Kiefer konnte er nicht mehr bewegen. Die Lippen begannen sich umzustülpen. Die Augenlider waren etwa zu einem Viertel geschlossen, die Augen leicht nach oben gedreht, sodass man mehr das Weiße sah als die Pupillen. Der Atem ging stoßweise und röchelnd. Ich übergab meiner Co-Therapeutin die weitere Führung der Gruppe und arbeitete mit ihm. Zunächst ging es darum, die Tetanie wieder „produktiv" werden zu lassen. Ich nahm ein bereitgelegtes Handtuch, drehte es zu einer Rolle, öffnete ihm seine Hände und schob ihm das gerollte Handtuch hinein. Das Mittelteil des Handtuchs hielt ich ihm in den Mund und ließ ihn darauf beißen. Meine Vermutung war, hinter seiner Fassade steckte eine „verbissene" Wut, bei der Kontrolle das oberste Prinzip war. „Beiß zu und trau dich, laut zu werden", rief ich ihm immer wieder zu, was er dann auch mehr und mehr versuchte. Er drehte und zerrte linkisch und steif am Handtuch, das er aber mit den Zähnen nicht ausließ. Doch es dauerte ziemlich lange, bis sich etwas veränderte: Die Kontrolle und damit die Tetanie saßen tief. Ich selbst geriet schon in Zweifel, ob ich ihn da auf diese Weise wieder aus der Tetanie herausbringen würde. Langsam änderten sich aber die Töne, das Keuchen und Schnauben wurde mehr und mehr zu einem tiefen Grollen. – Nach ca. zehn Minuten waren von dem Handtuch nur noch Fetzen übrig, und er trommelte jetzt mit seinen Fäusten auf ein Polster, das vor ihm lag. Seine Schreie waren tief und laut, er atmete dabei sehr heftig. Nach einer geraumen Zeit wurde er weniger heftig und kollabierte dann regelrecht: Er lag völlig erschöpft auf dem Rücken und schaute mich mit großen, weiten Augen an: „Weißt du, was das war?" fragte ich ihn. Es kam zunächst keine Reaktion, bis auf einmal Tränen zu fließen begannen. Er vergrub sich in den Kissen und zeigte deutliche Signale, in Ruhe gelassen werden zu wollen.

Eine halbe Stunde später, als wir uns wieder in den Kreis setzten, war sein Gesicht, seine ganze Art völlig verändert: Sein Gesicht wirkte heller, entspannter, er schaute andere mit wachen, bewegten Augen an. Es waren Regungen in seinem Gesicht erkennbar. Manchmal huschte sogar ein Lächeln über sein Gesicht. Er erzählte, was er erlebt hatte: – Er hatte das

Gefühl, dass seine Augen sich regelrecht in den Kopf „hineinbrennen" würden. Er merkte, dass er die Kontrolle über sich verlor und alles starr und hart wurde. Wie er empfand, so müsse Sterben sein, und nur dachte, dass das dann auch o.k. sei. Und wie er dann von weit weg meine Stimme gehört habe und wie mechanisch versuchte zu tun, was ich sagte. Es war in diesem Moment, als gäbe es den Norbert nicht mehr, sondern nur noch einen Roboter. Und wie ihn dann in diesem mechanischen Tun plötzlich „heiße" Ströme überflutet hätten, ihn fortgeschwemmt und irgendwie lebendig gemacht hätten. Er hätte seine Ex-Frau vor sich gesehen und plötzlich gewusst: Dieser „heiße Strom" das ist Wut, unendliche Wut. Er hat auch die alte Barriere gesehen, aber sie war weit weg, und er war ganz drin in diesem heißen Strom. Das hatte viel mehr Kraft. Und so ließ er geschehen, was diese Kraft in ihm auslöste: es war eine vernichtende, eine tötende Wut. Es war ihm in diesem Moment auch egal, ob sein Tun real oder symbolisch war, es „war" einfach, und zwar ganz und vollständig. Und er erzählte die Geschichte seiner Ehe: Sie hatten geheiratet und auch schon bald ein Kind bekommen, einen Sohn. Er war glücklich, bis sich durch einen Zufall herausstellte, dass sein Sohn nicht von ihm war. Als das nach einem Test feststand, ging er, ohne weitere Worte zu wechseln weg, und zog sich völlig zurück. Er hat diesen Sohn bis zum heutigen Tag nicht mehr gesprochen. Die alte Barriere gegen die Wut, das sei wie seine Mutter gewesen, die in dieser Phantasie sagte: „Sei immer lieb und brav und mach deiner Mama keine Sorgen." Es ist ein Gefühl in ihm, als dürfe er keiner Frau gegenüber aggressiv sein. Und eigentlich sei diese Barriere das Problem. Denn er hatte bis jetzt das Gefühl, jede Frau kann mit ihm machen, was sie will. Er ist ausgeliefert, weil er sich nicht wehren kann. Und so konnte er sich nur noch abkapseln mit dieser tödlichen Wut in sich.

Dieses Erlebnis ist noch nicht so lange her, sodass ich katamnestisch noch nicht viel berichten kann. Zum weiteren Umgang mit Wut möchte ich grundsätzlich auf das Kapitel mit diesem Thema verweisen.

3.2.4 Sexualität

Die sexuelle Revolution der 68er Bewegung ist verklungen, Werbung und Kommerz haben sich der Sexualität in einem Maße bemächtigt, dass sich Sexualität auf Kinoleinwänden und Fernsehbildschirmen frivoler abspielt als in den meisten Schlafzimmern. Doch wie schaut die Realität für den durchschnittsmenschen aus? Jeder könnte eigentlich über alles reden, denn „wir haben ja keine Tabus mehr"; und in einer allgemeinen, von der Person losgelösten Form geschieht das auch. Doch gerade das erzeugt einen ungeheuren Perfektionsdruck mit der Folge, dass häufig im ganz persönlichen Bereich, in dem der eigenen Betroffenheit, eine erschreckende Sprachlosigkeit herrscht. Hier genau muss Psychotherapie ansetzen, wenn unsere Sexualität wieder heil werden soll. Außerdem weisen eine Menge Statistiken und Befunde darauf hin, dass Sex allein, sozusagen nackt und ohne Anbindung an andere Gefühle, die mit Bindung und Liebe zu tun haben, entweder nicht lange interessant bleibt oder sich zur Sucht auswachsen kann. Das geschieht dann mit allen Merkmalen süchtigen Verhaltens: Mit dem Suchtkonsum tritt nur eine kurzzeitige Sättigung ein, danach wird mit starker Unruhe erneut nach Befriedigung der Sucht gesucht – unter Vernachlässigung anderer Lebensbereiche. Das heißt für die Psychotherapie, wieder eine Einbettung dieser Energie in andere Lebensbereiche zu schaffen, die Sexualität lebbar und zu einem bereicherndem Erlebnis werden zu lassen, das nährt und nicht zehrt.

Unter diesen Gesichtspunkten sind auch die aufgeführten Übungen zu sehen. Auch geht es mir bei diesen Thema darum, eine Wahrnehmungssensibilisierung zu erreichen, denn je mehr der Einzelne wahrnehmen und benennen kann, umso genauer kann er auch mit sich und seinem Partner, mit seiner Partnerin umgehen. Umso mehr kann er die vorhandene „Not wenden", „Not-wendiges" tun.

Da Sexualität so unmittelbar mit dem Körper verbunden ist, kann Sexualtherapie nur mit guter Körperorientierung und -wahrnehmung stattfinden. Bevor wir uns der Sexualtherapie im engeren Sinn zuwenden, wäre es sinnvoll, mit entsprechenden Übungen eine Grundlage an differenzierter Körperwahrnehmung speziell für diesen Bereich zu schaffen. Auch die schon angesprochene Sprachlosigkeit ist ein weiterer Hinderungsgrund, zum Kern der Probleme zu kommen. Idealerweise findet hier jedes Paar eine genaue, differenzierte und liebevolle Sprache, die für beide Partner stimmig ist und der Beziehung entspricht. Viele Schwierigkeiten in diesem Bereich liegen auch in der Bewertung der eigenen Körperlichkeit, so z. B. „mein Busen ist zu groß/zu klein", während es beim zentralen Organ auf männlicher Seite selten um „zu groß", aber häufig um „zu klein" geht. Frauen können wiederum diese Sorgen ihres Partners in den meisten Fällen nicht nachvollziehen. Neben diesen Werthaltungen gibt es auch tief verankerte Abwehr gegen das äußere Bild z. B. der eigenen Geschlechtsorgane. Diese oft mit Ekel verbundene Wahrnehmung kann so starken Einfluss auf das sexuelle Erleben haben, dass therapeutische Hilfe gesucht wird.

Des Weiteren gilt es die Unterschiede im sexuellen Erleben von Mann und Frau, anzuerkennen und befriedigende Formen des Umgangs damit zu finden. Als klassisches Beispiel, an dem viele Beziehungen immer wieder kranken, sind die in der Regel unterschiedlichen sexuellen Reaktionszeiten von Mann und Frau. Die meisten wissen das zwar (theoretisch), aber einen guten, für beide lustvollen Weg, damit klarzukommen, haben nur wenige Paare. Und viele Frauen nehmen immer noch die „Schuld" auf sich, dass sie eben nicht „so da seien". Sie versuchen es für sich zu „lösen", indem sie Orgasmen vortäuschen, Kopfschmerzen oder sonstige Unpässlichkeiten haben. In solchen Beziehungen die Wahrheit auszusprechen ist meist „enttäuschend", aber nach dieser Aufhebung der Täuschung gibt es fast immer ehrlichere und befriedigendere Wege, sich erotisch und sexuell zu begegnen.

Die jetzt folgenden Übungen versuchen das Gesagte aufzugreifen und umzusetzen.

Nr. 27: Mein sexueller Lebenslauf

Ziel: Sich bewusst werden, wie und wo Sexualität begonnen und sich entwickelt hat
Indikation: Einstieg ins Thema Sexualität
Dauer: 1 bis 2 Std.
Materialien: -
Raumgröße: evtl. Spaziergang draußen oder mehrere kleine Räume
Bitte bei der Durchführung achten auf: gute Vorbereitung
Unerwünschte Nebenwirkungen: heikle Themen werden ausgeklammert; man „verratscht" sich
Kontraindikationen: -
Übungsaufbau:

Meist bis zur nächsten Stunde oder bis zum nächsten Tag gebe ich als Hausaufgabe, einen sexuellen Lebenslauf zu verfassen. Dabei ist es wichtig darauf hinzuweisen, dass es nicht nur um Faktenfeststellung geht (also z. B. „mit 13 Jahren ersten nächtlichen Samenerguss"), sondern zu beschreiben, was haben bestimmte Erlebnisse und Ereignisse in mir ausgelöst, was habe ich für Schlüsse daraus gezogen, welche Lebensmaximen herauskristallisiert. Dieser Lebenslauf sollte von den ersten Erinnerungen bzw. Erinnerungsbruchstücken bis in die Gegenwart reichen und auch bestehende Unstimmigkeiten mit einbeziehen, die derjenige sich nicht erklären kann. Es sollte dabei alles angesprochen werden, was nur irgendwie mit Sexualität zu tun hatte bzw. hat. Am nächsten Tag, in der nächsten Sitzung, sucht sich jeder einen Partner, dem er seine Geschichte gerne erzählen möchte. Ob die Partnerwahl gleichgeschlechtlich oder gegengeschlechtlich getroffen wird, finde ich dabei zweitrangig. Ich schicke dazu die Paare gerne auf einen Spaziergang in eine ruhige Gegend, wie Park oder Wald, von ca. 1 bis 1,5 Std. Dauer (d. h., jeder hat ca. eine drei viertel Stunde Zeit). Wenn das nicht möglich ist: im Raum gegenübersitzen lassen. Der zuhörende Partner kann Verständnisfragen stellen, sollte aber nicht mit eigenen Erlebnissen diese Erzählung unterbrechen.

Kontraindikationen sehe ich hier nicht, außer bei bekanntem schwerem Missbrauch sollte das mit der betreffenden Person vorher abgeklärt werden und diese(r) Teilnehmer(in) sollte eine bewusste Entscheidung treffen, ob sie an dieser Übung teilnimmt. Selbst bei stark verdrängtem Miss-

brauch, der dadurch wieder bewusst wird, habe ich bisher keine unkontrollierbare Situation erlebt, wohl aber starke Gefühlsreaktionen.
Diese Übung schafft in der Regel viel Klarheit und eröffnet so die Möglichkeiten für weitere Erkenntnisse. Oft auch sind Klienten, speziell wenn sie ihre Geschichte erzählt haben, sehr motiviert, weiter mit dem Thema Sexualität zu arbeiten. Unklarheiten werden deutlich und lassen sie nicht mehr los.

An diese Übung kann man oftmals gut anschließen mit einer Aufteilung in

Nr. 28: Männergruppe – Frauengruppe

Ziel: Klärung der eigenen Geschlechtsbelange, des eigenen Standpunkts gegenüber dem anderen Geschlecht. Bewusstwerdung der eigenen Geschlechtsrolle
Indikation: wenn Unklarheit bezüglich geschlechtlicher Rollen in der Gruppe herrscht, aber auch wenn Eifersucht und Rivalität spürbar sind
Dauer: 1 bis 3 Std.
Materialien: -
Raumgröße: -
Bitte bei der Durchführung achten auf: Dranbleiben an der Thematik
Unerwünschte Nebenwirkungen: -
Kontraindikationen: -
Übungsaufbau:
Hierbei sind gegengeschlechtliche Therapeuten nötig: Jeder übernimmt eine, nämlich seine Gruppe. Außerdem sind zwei gleichwertige Gruppenräume erforderlich.
Diese Aufteilung in Männer und Frauen bietet sich besonders dann an, wenn in der Gruppe typische Männer- oder Frauenthemen aktualisiert wurden und Aggression oder Unverständnis zwischen den Geschlechtern zu spüren ist. Es geht dann um die Klärung dieser Fragen in der jeweiligen Gruppe oder auch um Das-sich-gegenseitig-den-Rücken-Stärken für die Auseinandersetzung mit dem anderen Geschlecht sowie das Klären von etwaigen Rivalitäten. Dazu können Rollenspiele oder Übungen verschiedenster Art (siehe bei Aggression, Vertrauen, Begegnung u. Ä.) durchgeführt werden. Diese Übung kann von einer bis drei Stunden (und länger) dauern und sehr viele andere Themenbereiche mit einbeziehen.
Die Wiederbegegnung der beiden Gruppen kann rituell schön gestaltet werden. So können die Männer den Frauen ein Geschenk mitbringen. Oder die Frauen haben unter Umständen einen Kreis gebildet, in den sie die Männer einladen. Sehr schön habe ich es in einer Gruppe erlebt, als die Frauen für die Männer getanzt haben, was zum Schluss dann in ein gemeinsames Tanzen überging.

Es kann aber auch sein, dass eine Menge Fragen an das andere Geschlecht bestehen. Mit folgender Übung gebe ich zusätzlich Gelegenheit, das eigene sexuelle Erleben sprachlich auszudrücken.

Die therapeutischen Instrumente

Nr. 29: Sag mal, wie ist das eigentlich bei euch?

Ziel: Klärung von Wissensfragen, Abbau von Schamgrenzen, Klärung der eigenen Position
Indikation: wenn viel Unklarheit gegenüber sexuellen Problemen besteht
Dauer: 1 bis 2 Std.
Materialien: -
Raumgröße: -
Bitte bei der Durchführung achten auf: -
Unerwünschte Nebenwirkungen: -
Kontraindikationen: -
Übungsaufbau:
Die beiden Gruppen der Männer und Frauen sitzen sich gegenüber und stellen sich gegenseitig Fragen zum Thema „Sex beim anderen Geschlecht". Diese wurden vorher mit beiden Gruppen getrennt erarbeitet. Es handelt sich dabei um die Fragen, die in den Einzelgruppen keine befriedigende Antwort gefunden haben. In der lockeren Atmosphäre dieser Gruppensituation werden oft Antworten gegeben, die aus dem Moment heraus sehr treffend sind und so manches triviale Buch zu diesen Themen in den Schatten stellen. Gleichzeitig bekommen viele Teilnehmer Antworten auf ihre Fragen, die ihnen so noch nicht klar waren bzw. die sie sich so noch nie zu stellen wagten.
Dabei kann es aber auch zum Streit kommen. Dann kann man ein schönes Streitritual kreieren oder anschließen lassen (z. B. „fair fight for win": siehe Kap 3.2.5).
Diese bisherigen Übungen eignen sich gut zum Einstieg in das Thema und können schon sehr viel „anreißen".

Wenn das Thema mehr den Körper und seine Prozesse betrifft, so könnte man mit folgender Übung einsteigen:

Nr. 30: „Beckenschaukel und sexuelles Atmen"

Ziel: konkret mit der eigenen sexuellen Energie in Kontakt kommen. Sie genießen lernen
Indikation: bei starker Befangenheit in der Gruppe, mit diesem Thema konkret umzugehen
Dauer: 20 bis 40 min
Materialien: gute Sitzkissen
Raumgröße: -
Bitte bei der Durchführung achten auf: dass jeder für sich bleibt, dass jeder die Augen geschlossen hat
Unerwünschte Nebenwirkungen: -
Kontraindikationen: -
Übungsaufbau:
Dies ist eine Einzelübung (auch für die Einzeltherapie geeignet): Jeder sitzt für sich möglichst bequem im Schneidersitz und beginnt nach einer kurzen geführten Reise durch den Körper langsam das Becken vor- und zurück zu kippen und dazu den richtigen Atemrhythmus zu finden.
Ich gebe hier wieder die komplette Anleitung wieder, um einen lebendigen Eindruck dieser sehr körperlichen Übung zu vermitteln. Außerdem ist diese Anleitung etwas direkter wie die bei den anfänglichen Übungen.

Anleitung:
„Du sitzt gerade und aufrecht, ohne dich anzuspannen. – du schließt deine Augen und gehst mit dem Bewusstsein in dein Becken, zum Beckenboden, dorthin, wo die Frauen ihre Scheide spüren können und die Männer den Ansatz des Penis. Es ist der Punkt, den du spürst, wenn du den Beckenboden zusammenziehst, z.B. um das Pinkeln zurückzuhalten. – Stell dir vor, dass an dieser Stelle ein Energieball liegt. – Durch deine Konzentration darauf beginnt er sich zu öffnen und wie aus einem Keimling wächst nun ein dicker kräftiger Spross nach oben. Er wächst an der Wirbelsäule entlang und richtet sie mit seiner Kraft von innen her ohne Anstrengung auf. – du nimmst deinen Atem wahr, wie er gleichmäßig ein und aus geht, und stellst dir vor, wie der Atem ganz auf den Grund deines Beckens eben zu jenem Punkt geht und von dort diesen Keimling nährt und kräftig werden lässt. – Die Atemenergie steigt in diesem Keimling an der Wirbelsäule entlang auf und gibt ihr die Kraft, sich wie von selbst aufzurichten. –

Gleichzeitig strömt auch ein Teil dieser Kraft nach beiden Seiten, rechts und links der Wirbelsäule in den Körper und löst alle Muskeln und das Bindegewebe, macht es warm und weich. – du hältst diese Vorstellung so lange, bis du spürst, dass die Energie in deinem Kopf angelangt ist. – Stell dir vor, wie jetzt mehr und mehr Energie hochsteigt, durch den Scheitel nach außen tritt und wie eine warme dusche außen am Körper wieder herunterrieselt. – Bleib in dieser Vorstellung so lange, bis sich deine ganze Wirbelsäule, deine Schultern und dein Nacken warm, belebt und entspannt anfühlen. – (hier genügend Zeit geben) – Dann gehst du mit deiner Aufmerksamkeit wieder in dein Becken. – du beginnst es langsam und sanft nach vorne und wieder zurückzukippen. Es ist wie ein sanftes Wiegen, das ohne Anstrengung aus sich selbst herauskommen sollte. – Versuche jetzt, noch deinen Atemrhythmus mit dieser Bewegung in Einklang zu bringen: atme ein, wenn du dein Becken nach vorne kippst, und aus, wenn du es nach hinten sinken lässt. Lasse deinen Mund leicht geöffnet und atme sanft durch den Mund aus. – So atme und genieße die sanften Bewegungen deines Körpers. Wenn du in sexuelle Erregung gerätst, lass sie da sein, genieße sie und atme weiter. – Dann wende dich wieder diesem Spross in dir zu, der vom Becken nach oben wächst, und schicke die durch diese Beckenschaukel entstehende Kraft durch diesen Spross nach oben. – Lass sie sich in deinem ganzen Körper verteilen – es ist wie ein inneres Bad in einer sprudelnden energiegeladenen Flüssigkeit. – Bleibe so lange in dieser Bewegung, wie es dir gut tut. – Wenn du zum Ende kommen willst, mache die Bewegungen kleiner und sitz dann einen Moment ganz ruhig und spür, was in deinem Körper gerade abläuft. – Dann lass mit einer der nächsten Einatmungen deine Augen wieder aufgehen und nimm auf deine Weise Kontakt zu deiner Umwelt, zu den anderen hier im Raum auf."

Diese Abfolge sollte 20 bis 30 min oder länger dauern.

Bei entsprechender Bereitschaft kann die Übung auch als Paarübung gestaltet werden: Das Paar sitzt sich gegenüber schaut sich unverwandt an und versucht einen gleichen Rhythmus zu finden.

Teilnehmer, die hier wenig blockiert sind, können diese Übung meist gut genießen und fühlen sich danach kraftvoll und lebendig. Wer in diesem Bereich Probleme hat, kann schnell in sehr emotionale Zustände geraten.

Zur Vorbereitung auf diese Übung eignet sich noch gut eine körperorientierte Übung:

Nr. 31: Das Beckenklopfen

Ziel: Lösen von Verspannungen im Beckenbereich
Indikation: wenn sexuelle Gefühle nicht klar werden
Dauer: 10 bis 20 min
Materialien: evtl. Matten oder Decken zum Liegen
Raumgröße: -
Bitte bei der Durchführung achten auf: -
Unerwünschte Nebenwirkungen: -
Kontraindikationen: -
Übungsaufbau:
Die Teilnehmer liegen auf dem Rücken, die Beine aufgestellt (angewinkelt).
„Du atmest ruhig in deinen Bauch und hebst beim Einatmen dein Becken leicht nur um wenige Millimeter vom Boden weg. Beim Ausatmen lässt du dein Becken völlig los, so als hättest du keine Muskeln mehr. Dein Becken fällt diese paar Millimeter auf den Boden und wird so leicht erschüttert. Es ist wie eine sanfte innere Massage. Mache das in deinem Atemrhythmus. – Jedes Mal beim Ausatmen lässt du dein Becken fallen, beim Einatmen hebst du es wieder an."
Diese Übung bringt viel Lockerheit in das Becken und ist so für mehrere andere Übungen eine gute Vorbereitung. Diese Übung ist eine Bioenergieübung von Gerda Boyesen.

Eine schöne, meist ruhige (Folge-)Übung ist die

Nr. 32: Traumreise zum inneren Mann, zur inneren Frau

Ziel: Teilaspekte der eigenen Sexualität plastisch kennen lernen.
Indikation: wenn Unklarheit über gegengeschlechtlichen Anteil besteht.
Dauer: 40 bis 90 min
Materialien: Matten oder Decken zum Liegen. Eventuell Musik – CD
Raumgröße: Pro Person ca. 2 qm
Bitte bei der Durchführung achten auf: geschlossene Augen der Teilnehmer
Unerwünschte Nebenwirkungen: -
Kontraindikationen: -

Ich habe diese Übung in einer ähnlichen Form bei Dipl.-Psych. Peter Schröter in einem Seminar zum Thema Sexualität kennen gelernt. Bei dieser Übung gehen wir davon aus, dass es ein inneres Bild vom gegengeschlechtlichen Pol in uns gibt. In Anlehnung an den Analytiker C. G. Jung, der diese Wesenheiten Anima und Animus (C. G. Jung 1974, 1976) nannte, versuchen wir hiermit, diesen inneren Bildern unsere individuelle Gestalt zu geben. Jeder Mensch trägt meist eher undeutlich ein solches Bild in sich, und oft hat die Partnerwahl viel mit diesem inneren Bild zu tun. Je bewusster es durch Übungen wird, desto klarer kann ich auch im Außen damit umgehen. Es gibt von dieser Traumreise mehrere Variationen, so z. B. mit oder auch ohne Bewegungen. Ich möchte die Version ohne aktive Bewegungen vorstellen:

Anleitung:

„Bitte such dir im Raum einen Platz, wo du dich wohl fühlst, leg dich mit Decken und Kissen dort hin und mache es dir ganz bequem. Wenn du in dir die Tendenz spürst, einzuschlafen, kannst du die Übung auch im Sitzen machen. – Beobachte deinen Atem, wie er ein und aus geht und lass dich von dieser Bewegung in dir führen. Schwing dich auf seinen Rhythmus ein und geh durch alle wichtigen Bereiche deines Körpers, um sie einfach durch dein Bewusstsein zu lösen und zu lockern: Kopf mit Gesicht – Nacken und Schultern – Arme und Hände. – Dann der Brustkorb und der gesamte Rücken bis hinunter zum Po – über den Beckenboden, deine Genitalien wieder hoch zum Bauch. – Dann noch die Beine – Oberschenkel – Knie – Unterschenkel und schließlich noch die Füße. Spür noch einmal deinen Atem, wie er kommt und geht – ein und aus, wie die Wellen des Meeres kommen und gehen. Dann lass dich tiefer sinken – es ist, als würdest du wie in weicher Watte versinken, tiefer sinken in eine andere Welt. – Es ist die Welt deiner Phantasien und Vorstellungen. – du lässt deinen Körper entspannt da liegen, wo er jetzt liegt und gehst auf eine Reise in diese andere Welt. Es geht um die Begegnung mit inneren Bildern und Wesen, die Teil deines Unbewussten sind. – du machst dich heute auf, um deinen gegengeschlechtlichen Wesensteil kennen zu lernen, deine Anima, deine innere Frau, oder deinen Animus, deinen inneren Mann.

Spür nun, in welcher Landschaft, in welcher Gegend du sie oder ihn treffen möchtest, welche Landschaft du liebst. Was passt für ein Ort? – Wenn du ihn gefunden hast, so mach dich in deiner Vorstellung auf, um in diese Landschaft zu kommen: Vielleicht musst du gehen oder mit irgendetwas fahren oder sogar fliegen. – Lass dich das tun und nimm dir dabei Zeit, dich auf die kommende Begegnung einzustimmen. Wie wird er oder sie aussehen, wie gekleidet sein, wie groß, wie klein wird er oder sie sein? – (ausreichend Zeit lassen) – Wenn du nun in deiner Phantasie dort bist, wo die Begegnung stattfinden kann, bereite dich innerlich vor auf die Begegnung: Mach dich offen dafür, du wirst sie oder ihn treffen, denn diese Wesenheit lebt hier in diesen Bereichen, auch wenn du sie oder ihn bisher nicht wahrgenommen hast. Vielleicht musst du um eine Felsnase herumgehen, vielleicht eine Zeit lang einen schmalen, geschlängelten Weg in einem Wald gehen – lass dich tun, was für dich passt: – Und dann ist er da, der Moment der Begegnung: – du gehst, um die vor dir liegende Wegbiegung und – stehst vor diesem Wesen – du schaust genau hin: du schaust in seine, in ihre Augen, welche Farbe haben sie, wie sind sie geformt, welche Haare hat dein Animus, deine Anima? – Schau dir seine – ihre Figur an. – Bist du überrascht oder kennst du das schon alles? – Wie sind deine Gefühle? – Was würdest du am liebsten tun? – Lass es dich tun: – eine Begrüßung – ob es eine vorsichtige Berührung des Anderen ist, ein Kuss, ein Händedruck. – Wie vertraut, wie fremd seid ihr euch? – Welche Kleidung trägt dein Wesenspartner, deine Wesenspartnerin? – Dann nach einer Weile des Schauens und Staunens kommt ihr euch näher, und in dir entsteht das Bild von Verschmelzung. du als Frau wirst dich im Mann auflösen, du als Mann wirst dich in der Frau auflösen! – Ihr berührt euch – ihr zieht euch beide nackt aus – geht aufeinander zu und umarmt euch – ganz fest: du spürst seinen – ihren Körper an deinem, und du bemerkst deine Stimmung,

Die therapeutischen Instrumente

deine Gefühle und lässt dich tief atmen. Die Umarmung wird immer inniger und ihr verschmelzt in dieser Umarmung. – du weißt auf einmal nicht mehr, wo du aufhörst und dein Wesenspartner, deine Wesenspartnerin anfängt. – Es ist ein Moment des Durchgangs, und es ist, als kämst du auf der anderen Seite wieder heraus. Und wenn ihr beide die Umarmung löst, stehst du auf der anderen Seite und bist ins andere Geschlecht verwandelt worden: Als Frau spürst du wie dir ein Penis wächst, wie du vielleicht größer und muskulöser wirst, wie deine Brüste schwinden und wie dieses andere, wahrscheinlich etwas fremde Lebensgefühl in dir hochkommt. Als Mann merkst du, wie du in der Umarmung zur Frau geworden bist, vielleicht kleiner und zierlicher, mit Brüsten und einer Scheide. – Ihr steht euch gegenüber und schaut euch an, es ist wie vorher, aber seitenverkehrt. – Und ihr beschließt eine Weile Erfahrungen im Körper des anderen zu machen. – Du ziehst die für dich jetzt passende Kleidung an, ihr verabschiedet euch, und du drehst dich um und gehst weg, in die Welt deines Wesenspartners. – Wie ist es, als Mann, als Frau in dieser Welt zu sein? – Lass dich Erfahrungen machen, wie immer du willst. Nimm' dir Zeit dafür – (hier viel Zeit lassen – 15 bis 20 min, evtl. eine passende Musik spielen lassen): – Du gehst durch den Ort, die Stadt deines Partners, deiner Partnerin: Was erlebst du dabei, wenn du die Straßen entlanggehst, den Menschen dort begegnest? – Welche Gefühle löst das in dir aus? – Wer fällt dir auf? – Was zieht dich an? – Was verwundert dich? – Was macht dich ärgerlich? – Dann gehst du in das Haus, die Wohnung deines Partners, deiner Partnerin: – Wie nimmst du die Menschen, die dort sind, die Gegenstände, Bilder, Werkzeuge wahr? – Welche Empfindungen bemerkst du? – Dann begibst du dich in den beruflichen Bereich deines Partners, deiner Partnerin: – Wie fühlt sich das an? – Wo fühlst du dich unterstützt, wo abgelehnt? – Wo bekommst du Angst, – wo wirst du vielleicht auch ärgerlich? – du triffst auch die Freunde deiner Anima, deines Animus. – Wie ist es, eine Frau – einen Mann zu lieben? (Hier sind noch viele andere Bereiche möglich, die aus der bisherigen Arbeit der Gruppe sich vielleicht direkt ergeben – genügend Zeit lassen. Hier kann auch entsprechende Musik eine gute Unterstützung darstellen.)
- Du bekommst jetzt das Gefühl, dass es an der Zeit ist, bald zurückzukehren, und machst dich auf den Rückweg, nicht ohne dir nochmal die gemachten Erfahrungen gut einzuprägen. – (hier auch wieder ausreichend Zeit lassen) – Du gehst den Weg zu eurem Treffpunkt. – Spür deine

Gefühle, die du dieses Mal vor eurer Begegnung hast! – Ihr trefft euch wieder an eurem Platz – vielleicht ist es schon vertrauter als vorher. – Du entkleidest dich wieder, und ihr geht wieder in diese tiefe, innige Umarmung, die wie ein Orgasmus für einen Moment das Bewusstsein nimmt, die euch verwandelt. – Du atmest ganz tief und spürst diesen Moment der Umarmung tief in dir. – du lässt geschehen, was immer geschehen will.

– Du löst dich langsam aus der Umarmung und trittst einen Schritt zurück: Du bist wieder in deinem ursprünglichen Geschlecht, du fühlst, was du seit Kindheit kennst, und dir gegenüber steht dein Animus, deine Anima. – Ihr schaut Euch nochmal ganz tief und lange in die Augen und verabschiedet euch, so wie es für Euch beide passt. (längere Pause) – Ihr tretet langsam voneinander zurück, du kleidest dich wieder mit deinen Kleidern und du drehst dich nach einem letzten Blick um und gehst den Weg zurück, den du gekommen bist. – Ob zu Fuß oder mit Verkehrsmittel, geh diesen Weg in der gleichen Weise zurück, wie du ihn gekommen bist. – Du weißt, diese Begegnung ist immer wieder wiederholbar – du hast ein Wesen gefunden, das dir ganz nahe ist, das ein Teil von dir ist, das immer für dich offen und da ist. – Und dann kommst du wieder ganz hierher in diesen Raum und gehst wieder ganz in deinen Körper, der hier auf dem Boden liegt. – Du bewegst zuerst die kleinen Muskeln in Händen und Füßen, dann die größeren, und schließlich dehnst und streckst du dich, und mit einem tiefen Atemzug setzt du dich langsam in deinem Tempo auf. – Bitte sprich jetzt nicht, bleib ganz für dich, mach entweder einen kleinen Spaziergang oder setz dich an einen Platz, wo du dich wohl fühlst und schreib auf, was dir jetzt wichtig erscheint, oder male ein Bild. – Tu was du willst, aber sei eine Weile noch für dich." (Auch hierfür lasse ich passende Musik spielen.)

Nach etwa einer halben Stunde schlage ich dann meist ein Gespräch zu zweit oder in der Triade vor. Die Erfahrungen mit dieser Traumreise sind sehr unterschiedlich, meist aber positiv. Viele sind überrascht, welche Bilder sie gesehen haben und mit welcher Deutlichkeit vieles erlebt wurde. Ich möchte an dieser Stelle einige Berichte, Erfahrungen oder nur einzelne Sätze aus diesen Nachbesprechungen wiedergeben:
- Karl, 39 Jahre, verheiratet 2 Kinder, kommt, weil seine Beziehung zu zerbrechen droht: „Für mich am spannendsten waren die Erlebnisse nach der „Geschlechtsumwandlung", und ich habe zum ersten Mal ganz tief in mir verstanden, was mir meine Frau immer versucht hat zu vermitteln. Ich

kann sie jetzt ganz anders verstehen; das ist großartig, und ich hoffe, dass unsere Beziehung dadurch wieder heil wird."

- Frank, 29 Jahre, ledig, derzeit frisch verliebt und in Angst, dass es wieder schief geht: „Ich weiß jetzt, warum ich immer in jeder Beziehung nach einiger Zeit das unwiderstehliche Verlangen bekommen habe, fremdzugehen. Es war immer diese Sehnsucht nach diesem Traumwesen. Ich habe sie ganz klar gesehen, sie war wunderschön und die Umarmung – wow – ich kann's gar nicht sagen, so tief habe ich es noch mit keiner realen Frau erlebt. Es ist in mir jetzt, als wäre ich von einer totalen Sehnsucht erlöst. Ich habe das Gefühl, als wäre ich zum ersten Mal in meinem Leben offen für eine reale Frau, weil ich ja meine Traumfrau in mir habe und diese so in der Realität nie erleben werde. Ich fühl mich wie auf Trip, und ich bin neugierig, wie's ist, wenn ich wieder runterkomm."

- Sylvia, 32 Jahre, zum zweiten Mal verheiratet, zwei Kinder, ist unzufrieden in ihrer Ehe und will irgendwie da raus: „Also mein Animus war gar kein Traumprinz, er war irgendwie ganz normal, eher wie ein Handwerker. – Hm – aber so ganz bodenständig und zuverlässig. Und das hat mir gut getan zu sehen, da ist was ganz Verlässliches in mir. Heftig war es für mich, als Mann zu leben – das war vielleicht hart. Immer muss man den Kopf hinhalten. – Es war zwar schön, so kräftig zu sein, aber wenn ich so richtig nachspür: tauschen möcht ich eigentlich nicht. Und ich werd nach diesem Seminar meinem Mann einen Strauß rote Rosen schenken. Ich konnte sehen, wie viel er für mich und die Kinder tut und auf wie viel er dabei oft verzichten muss. Da, glaube ich, wird er sich riesig freuen."

- Herta, 29 Jahre, ledig und mit ihrem Leben unzufrieden, häufig depressiv: „Mein Animus war sehr scheu und zurückgezogen. Es hat ganz lange gedauert, bis wir uns wirklich begegnet sind. Ich glaube, das hat zu tun mit meiner streng-katholischen Erziehung. – Buben – das kam immer gleich nach dem Teufel. Es war, als würde er mir nicht trauen, dass ich ihn wirklich mag. Ich bin dann ganz traurig geworden (weint) und hab begriffen, warum das mit den Männern nie klappt. Ich glaub, ich muss erstmal meinen Animus lieben, ich muss mir's erlauben, ihn zu lieben, bevor ich in der Welt draußen reale, gute Erfahrungen machen kann."

- Otto, 37 Jahre, geschieden, aber wieder in Beziehung, beruflich sehr erfolgreich, was er aber nicht genießen kann: „ Als du anfingst, dachte ich erst, so ein Schwachsinn, das sind doch alles nur Hirngespinste. – Was soll das? Doch irgendwie hab ich mich dann einlullen lassen, und auf einmal war ich drin im Film. Und jetzt steh ich da und bin mir selber ein bisschen unheimlich. Es war so schön, dass ich vor Freude geheult hab' (kriegt wieder feuchte Augen). Und jetzt versteh ich meine Freundin, wenn sie sagt, dass sie emotional neben mir verhungert, weil ich so nüchtern und so rational bin. Ich weiß noch nicht, wie ich das ändern kann, aber jetzt ahne ich, wo's lang gehen könnte."

- Johanna, 47 Jahre, seit 27 Jahren verheiratet, erwachsene Kinder, fühlt sich öfter depressiv, möchte was ändern, weiß aber nicht, wie: „Erst war's ganz schön, und ich hab auch meinen inneren Mann getroffen. Aber was du dann so alles gesagt hast, ich hätt mich am liebsten verkrochen vor Scham, was da alles passieren soll. Wie du das so gesagt hast, habe ich mich gefühlt, als würdest du mich nackt sehen mit all meinen Gefühlen. Der innere Mann war auch gleich weg – ich glaub, dem war's auch peinlich. Ich war dann ziemlich durcheinander und schön war's auch nicht mehr. Aber jetzt, je mehr ich darüber nachdenke, desto mehr krieg ich Ärger auf diese Scheißreligion. Und mein Mann hat auch schon gemeint, ich wär ja keuscher als ein Haufen Betschwestern, dabei fühl ich mich gar nicht so."

- Lena, 34 Jahre, sehr sportlich (Aerobik-Trainerin), tendenziell magersüchtig, seit fünf Jahren mit Partner zusammen, der sie „wahnsinnig geil" findet und total ausrastet, wenn er nicht jeden Tag Sex bekommt. Sie wehrt halbherzig ab, liest beim Sex Zeitung, und er tobt. Die Beziehung ist kurz vor dem Zerbrechen: „Es war wunderschön, mein Animus wollte nicht als Erstes Sex und war nur liebevoll und zärtlich. Da war totales Vertrauen, nicht missverstanden und dann gleich vergewaltigt zu werden. Als ich dann der Mann war, wurde mir klar, dass nicht nur ich eine Macke habe, sondern mein realer Mann mindestens genauso, und das hat mich total erleichtert. Ich glaube jetzt, ich habe die Kraft zu sagen, was ich will und nicht mehr alles zu erdulden".

Im Bereich Sexualität arbeite ich sehr oft auch mit „Hausaufgaben": beispielsweise nochmal Lena: Sie wollte eigentlich in der Gruppe übernachten und nicht nach Hause fahren. Wir machten noch ein Rollenspiel, wie sie ihrem Mann sinnvoll begegnen könnte, und schickten sie dann nach Ende des Tages (Wochenendgruppe – es war Samstagabend) nach Hause mit der Aufgabe, sich so zu verhalten, dass sie sich in jedem Moment des Kontakts wohl fühlt so wie mit ihrem Animus.

Sonntagmorgen sollte sie wieder pünktlich da sein. Sie war auch wieder da, allerdings völlig übermüdet: Sie hatten die ganze Nacht geredet und dabei alle Höhen und Tiefen durchlaufen. Zwischendurch war es schon so weit, dass sie ausziehen wollte, dann wieder war es kurz davor, dass er handgreiflich wurde. Gegen Morgen fanden sie dann eine Form, die für beide stimmig war. Sie konnten noch etwas miteinander kuscheln, ohne dass ein Geschlechtsverkehr daraus wurde. „Ich mache lieber zehn Stunden Aerobik, als so eine Nacht zudurchleben, aber ich bin auch stolz auf mich. Ohne dieses starke Erlebnis gestern und eure Hilfe hätte ich das nicht geschafft. Wenn ich nicht so fertig wäre, ging's mir richtig gut."
Johanna bekam die Aufgabe, erotische Romane zu lesen und selber eine erotische Geschichte zu schreiben, bei der sie immer wieder rot wird.

Eine andere Hausaufgabe, die ich öfter dann gebe, wenn sich herausstellt, dass Ekel oder ein Nicht-Mögen des eigenen Körpers vorliegt:

Nr. 33: Selbstgespräche vorm Spiegel

Ziel: Vertrautwerden mit dem eigenen Körper, wahrnehmen, welche Gefühle vorhanden sind
Indikation: wenn die Wahrnehmung von Körper und sexueller Energie völlig undifferenziert ist
Dauer: 20 bis 60 min
Materialien: großer Spiegel
Bitte bei der Durchführung achten auf: genau nachfragen, welche Empfindungen im Laufe der Übung aufgetreten sind, eventuell wiederholen.
Unerwünschte Nebenwirkungen: -
Übungsaufbau:

Die Person soll sich einen Spiegel besorgen, in dem sie sich stehend ganz sehen kann, dann nackt ausziehen und im Spiegel jeden einzelnen Körperteil genau betrachten, ihn befühlen und mit ihm sprechen, so als wäre er ein lebendiges, autonomes Wesen. Und diesem Teil dann alles sagen, was man über ihn denkt, fühlt und am liebsten mit ihm machen möchte. Wenn ich den Verdacht habe, dass diese Person gut im Vermeiden ist und ihr bei dieser Übung nichts einfällt, lasse ich alles protokollieren, um es dann genau durchzugehen und zu besprechen.

Eine wesentliche Intensivierung der Gefühle bringt es dann, wenn genug Vertrauen herrscht, diese Übung in der Gruppe zu machen, entweder als Paarübung, in der Triade oder evtl. in einzelnen speziellen Situationen vor der ganzen Gruppe. Dies sollte der Therapeut in Absprache mit der Gruppe und jedem einzelnen Betroffenen entscheiden. Wenn die Gruppe bereit dazu ist, bringt es starkes Vertrauen untereinander und setzt viel Energie frei.

Eine Variation dieser Hausaufgabe gibt es speziell für Frauen: nämlich sich ein (billigeres Plastik-)Spekulum zu besorgen und ebenfalls vor dem Spiegel das Innere der Scheide und den Muttermund zu betrachten. Eventuell kann es gut sein, diese Übung gemeinsam mit einer guten Freundin zu machen, die offen und bereit ist für solche Erfahrungen.

Gerade hier liegen oft Ekel und tief beglückende Erfahrungen nahe beieinander. Es sollte dann in relativ kurzem zeitlichem Abstand die Möglichkeit einer weiteren Bearbeitung gegeben sein.

Sinnvoll kann es dann manchmal sein, eine Übung aus der Gestalttherapie zur Bearbeitung dazu zu nehmen:

Nr. 34: Gestaltdialog

Ziel: Klärung innerer Konflikte bzw. Widersprüche
Indikation: Verwirrung durch „Zwei Seelen in der Brust"
Dauer: 20 bis 40 min
Materialien: zwei Kissen
Raumgröße: -
Bitte bei der Durchführung achten auf: totale Identifikation mit dem jeweiligen Teil.
Unerwünschte Nebenwirkungen: -
Kontraindikationen: -
Übungsaufbau:
„Du legst zwei Positionen z. B. mit Kissen fest. Beispielsweise stehen auf der einen Seite deine Lust, deine ekstatischen und beglückenden Erfahrungen, auf der anderen Seite dein Ekel, der es versteht, diese Lust zu schmälern. du beginnst aus der Position zu sprechen, der du dich näher fühlst. Du schilderst, wie du dich fühlst und was immer dir einfällt zu dir und deinen Wünschen. Wenn du das Gefühl hast, es reicht, wechselst du die Position und setzt dich auf den Platz deiner anderen Seite. du versetzt dich ganz hinein, identifizierst dich ganz damit und sprichst in der Ich-Form (z. B. als lustvoller Teil) zu der vorherigen Position." – Wichtig dabei erscheint mir, dass der Therapeut darauf achtet, dass es zu einer wirklichen Identifikation mit dem Körperteil oder der Verhaltensseite kommt. Nur dann führt diese Übung weiter.
Ziel der Übung ist es, dass der Klient beide Seiten verstehen und annehmen lernt. Im Idealfall findet eine Integration speziell des tabuierten Teils in die Gesamtpersönlichkeit statt.
Diese Übung ist eine klassische Übung aus der Gestalttherapie. Das klassische Übungsbuch für gestalttherapeutische Übungen ist „Die Kunst der Wahrnehmung" von J.Stevens (Ausgabe 2000).

Eine weitere Übung ist der „Striptease", eine Übung, die sicher nur für spezielle Gruppen, die z. B. unter dem Thema Sexualität zusammengekommen sind, möglich und sinnvoll ist. Und selbst dann erfordert diese Übung noch viel Vertrauen und Mut, auch in einer länger bestehenden Gruppe, sie kann dann aber viel Spaß und bei Einzelnen viel Zufriedenheit („Ich hab mich getraut!") bringen:

Nr. 35: Striptease

Ziel: Teilaspekte der eigenen Sexualität wahrnehmen, erleben und verstehen, welche anderen Bereiche dies beeinflusst
Indikation: für Gruppen, die zwar theoretisch klar sind, aber wenig umsetzen
Dauer: ca. 20 min
Materialien: -
Raumgröße: sollte gut Raum sein fürs Tanzen: 40 bis 60 qm
Bitte bei der Durchführung achten auf: –
Unerwünschte Nebenwirkungen: -
Kontraindikationen: alle Gruppen, die nicht unter dem speziellen Thema Sexualität stehen. Aber auch dann nur bei gelöster, vertrauensvoller Atmosphäre
Übungsaufbau:
Bei dieser Übung sollen beide Geschlechtsgruppen für die jeweils andere einen Striptease tanzen. Fast immer lasse ich die ganze Männergruppe zuerst für die Frauen tanzen und dann umgekehrt. Wie weit man hier geht, ob bis zur völligen Nacktheit oder bis zum Slip, soll die jeweilige Tanzgruppe selbst entscheiden.

Hier kommen Teilaspekte der Sexualität wie Voyeurismus und Exhibitionismus deutlich zum Ausdruck und werden so auch einer Bearbeitung zugänglich. Gerade für Männer kostet es oft viel Überwindung, sich in dieser Form darzustellen. In unserer Gesellschaft ist es häufig so, dass Voyeurismus mehr auf der männlichen Seite, der Exhibitionismus mehr auf der weiblichen Seite zu finden ist und da auch üblicher, z. T. akzeptierter ist. Der männliche Exhibitionismus wird mehr indirekt (übers schnelle oder protzige Auto usw.) gelebt, und so ist es oft eine sehr bedrohliche, aber auch „heilsame" Erfahrung, bei einem solchen körperlichen Ausdruck so intensiv beobachtet zu werden.

Hierzu auch etwas Kasuistik:
Axel, 34 Jahre, war bei der Ankündigung dieser Übung ganz still geworden. Er tanzte dann aber nach anfänglichem Zögern geradezu ekstatisch und riss die Frauen richtig mit. Nach dem Tanz der Frauen, in der Rückmelderunde, begann Axel, noch immer sichtlich aufgewühlt: „Ich hab schon ein kleines Vermögen in entsprechenden Etablissements ausgege-

ben, um eigentlich nichts anderes zu sehen wie jetzt eben gerade. Aber dieses Mal hab ich es mit völlig anderen Augen gesehen: Mir saß der Schreck vom eigenen Tanzen noch in den Knochen. Ich bin kein prüder Mensch, aber ich hab mich noch nie so nackt, so ungeschützt gefühlt wie unter den Blicken von so vielen Frauen, obwohl sie gar nicht „gierig" geguckt haben. Und als ihr Frauen getanzt habt, da hab ich mit jeder irgendwie mitgefühlt und -getanzt. Da war Beziehung da – das war alles ganz anders und eigentlich viel schöner, wärmer, während das „andere" kalt ist, und wenn es vorbei ist, dann fühlst du so ein Loch in dir. Hier bei diesem Striptease hab ich mich beschenkt gefühlt. – Das ist für mich etwas ganz Unfassbares, dass mir eine Frau – nein – viele Frauen das schenken. – Ich darf hinschauen, überall, wo ich will, und es ist o.k. Ich muss mir nicht vorher Mut ansaufen, um dann ganz cool glotzen zu können. Pah – das ist neu in meinem Leben!"

Die hier vorgestellten Übungen sind nur ein kleiner Ausschnitt aus der Vielzahl von möglichen und erprobten Übungen. Wer erstmal darüber lesen will, dem empfehle ich die drei Bücher von Margo Anand Naslednikov (1990, 1995, 1998) und das Buch von Szabo et al. (2000) sowie Christinger (2000). Die meisten in diesem Kapitel beschriebenen Übungen stammen aus Seminaren von Eva Szabo mit Peter Schröter und Margo Anand.

3.2.5 Aggression/Wut

Ähnlich wie Sexualität sind Wut und Aggression zentrale Emotionen in jeder Gruppe, aber auch stark angstauslösende Themen. Viele der bisher beschriebenen Falldarstellungen und Übungen hatten zentral mit Wut und Aggression zu tun und könnten deshalb genauso gut hier stehen. Trotzdem halte ich es für wichtig, diesem Thema ein eigenes Kapitel zu widmen, da ich noch nicht eindeutig zum Ziel der Arbeit mit Aggressionen Stellung bezogen habe. Viele Menschen haben Angst vor ihren Aggressionen, weil sie sie auf Grund der inneren Verbote so weit aufgestaut haben, dass sie ihre Wut und ihren Hass als übermächtig und vernichtend erleben. Diese Menschen in der therapeutischen Arbeit mit ihren Aggressionen so in Kontakt zu bringen, dass sie konstruktiv damit umgehen lernen und diese

Kräfte als belebend in ihr Leben integrieren können, sehe ich als ein Ziel meiner Arbeit.

Die von Sulz beschriebene Beobachtung (Sulz 1994), dass wegen der polaren Beziehung von Wut und Angst die Wut im Verlauf einer Therapie oft erst relativ spät auftritt, kann ich aus meiner Erfahrung nur bestätigen.

Meist schon zu Beginn eines Seminars erläutere ich meine Vorstellungen zur Arbeit mit Aggressionen. Dabei gehe ich von der ursprünglichen Wortbedeutung aus: „ad gredi" kann mit „auf den anderen zugehen" übersetzt werden – was zunächst erstmal wertneutral ist. Hieran knüpfe ich mit dem 3-stufigen Modell der Aggression an:

1. Stufe: Ich gehe auf den anderen zu: Ich gehe an die Grenzen des anderen heran, teste sie aus, fordere ihn. In diesem Zusammenhang kann z. B. eine banale Frage wie die nach der Uhrzeit als Aggression dieser ersten Stufe verstanden werden. Diese Stufe ist kein notwendiges Übel, sondern eine wichtige zwischenmenschliche Energie, die jede Beziehung belebt.

2. Stufe: Ich ziehe dem anderen gegenüber eine deutliche Grenze und mache ihm klar, dass er nicht weitergehen darf. Wird die Grenze akzeptiert, gibt es keine weiteren aggressiven Gefühle bzw. Handlungen. Anderenfalls geht es weiter zu Stufe 3.

3. Stufe: Ich greife den anderen mit grenzüberschreitenden Mitteln an, die Aggression wird destruktiv und zielt zumindest auf psychische und/oder körperliche Verletzung des anderen ab. Bei der Steigerung auf dieser Stufe kalkuliert der Aggressor die eigene Verletzung oder auch Vernichtung mit ein (in manchen Modellen als 4. Stufe beschrieben).

Dabei mache ich den Seminarteilnehmern klar, dass die umgangssprachliche Bedeutung von Aggression sich in der Regel auf jene 3. Stufe bezieht und dass alle aggressionsgehemmten Menschen diese auch als abschreckendes Beispiel vor Augen haben. So versuche ich sie zu motivieren, sich von der positiven Seite her der Aggression zu nähern

Aggression und Wut sind sehr körperliche Gefühle, und eine Arbeit mit diesen erscheint mir nicht sinnvoll, ohne den Körper zu berücksichtigen. Natürlich haben wir auch Menschen in Therapie, die nicht an aggressiver Hemmung, sondern an ungenügender Kontrolle ihrer Aggressionen leiden. Auch für diese Klienten ist nicht die Unterdrückung ihrer Aggressionen der gangbare Weg. Sie müssen eine differenziertere Form des Umgangs damit finden: vom Kennenlernen der verschiedenen Arten des Ausdrucks ihrer Aggressionen bis hin zum gewaltfreien Steuern ihrer Energien. Im Leben müssen sowohl die zu sehr wie die zu wenig aggressionsgehemmten Menschen die Fähigkeit erlangen, die Spannung von Wut und Aggression zu halten, zu „containen". Doch auch bei diesem „Containen" sollte ich meinen Körper mit seinen Reaktionen sehr bewusst erleben, um ihn nicht zu vergewaltigen, mit häufig unangenehmen Folgen (Sulz 1994). Bevor die eigenen Aggressionen sinnvoll gesteuert werden können, müssen sie erst einmal in einem geschützten Rahmen angstfrei erlebt werden. Das kann auch für wenig aggressionsgehemmte Klienten gelten. Erst durch das dem Organismus gemäße Erleben und Verarbeiten von Aggression und Wut kann sich eine realitätsnahe Form dieser Gefühle entwickeln. Auch zur realitätsgerechten Steuerung von Wut und Aggression möchte ich Übungen anbieten, selbst wenn es hier nicht um den heftigen Ausdruck von Emotionen geht.

Meist geht es zu Beginn einer Gruppe darum, die Hemmungen im Umgang mit der Aggression etwas zu lösen, d. h. das Angstniveau zu senken. Ein typisches Zeichen, wenn ich das nicht genug schaffe, ist, dass die Gruppe eher „zäh" und langweilig läuft.

Wie schon in den anderen Kapiteln möchte ich wieder von nicht so hohen Anforderungen an Vertrauen und die Bereitschaft zu vollem Einsatz stellenden Übungen aufbauen und weitergehen bis zu Übungen, die einigen Einsatz nötig machen.

Ich beschreibe im Folgenden nur die Übungen, mit denen ich häufiger arbeite und gute Erfahrungen gemacht habe. Ansonsten kreiere ich oft aus der Situation heraus Übungen, die dann aber auch nur da speziell passen. Oft legen einem die „Geschichten" der Klienten bestimmte Übungen richtiggehend zu Füßen.

Eine Möglichkeit diese Anfangslockerung zu bewirken ist z. B.

Nr. 36: Die Löwenhaltung

Ziel: körperliches Erspüren und Erfahren aggressiver Energie
Indikation: bei aggressiv gehemmter Gruppe
Dauer: mit Wiederholung 15 bis 20 min
Materialien: -
Raumgröße: -
Bitte bei der Durchführung achten auf: dass alle in ihren maximal möglichen Ausdruck gehen
Unerwünschte Nebenwirkungen: -
Kontraindikationen: bei älteren Menschen mit Herz-Kreislaufproblemen.
Dazu gleich die **Anleitung:** „Du stehst mit breit gegrätschten, geraden Beinen (durchgedrückte Knie) und winkelst in der Hüfte so ab, dass du dich ungefähr 60 bis 70 cm vor den Füßen mit den Händen auf dem Boden aufstützen kannst. Den Rücken spannst du an, sodass er möglichst gerade wird. Dabei kannst du innerlich das Gefühl des Aufbäumens erleben. Du legst den Kopf, so weit es geht, in den Nacken, lässt den Mund offen und atmest mit deutlich hörbarem Ton (Brüllen) durch den Mund aus. Dabei tief in den Bauch atmen. Du hältst diese Übung mehrere Minuten und „durchatmest" sie. – Danach hinknien und Kopf in die Hände legen – entspannen. – Spür jetzt nach, wie du dich fühlst. – Gibt es irgendwelche inneren Bilder, irgendwelche Erinnerungen aus früherer Zeit? – Werde dir bewusst, wie du in deinem Leben mit Aggression, mit Wut umgehst? – Wie kämpfst du in deinem Leben? – Wie viel Energie setzt du dabei ein? – Trittst du innerlich als Gewinner oder als Verlierer an? – Hast du irgendwann in deinem Leben resigniert? – Oder taucht in deinem Inneren panische oder blinde Wut auf? – Lass dich das alles anschauen und „wahr"-nehmen. Dann komm wieder langsam zurück und stell dich darauf ein, die Übung nochmal zu machen. Fühl nach, ob du die Übung diesmal mit einer anderen inneren Haltung, also z. B. ohne die Resignation, machen kannst."
Das Ganze mindestens noch einmal wiederholen lassen.
Diese Übung ist eine klassische Bioenergetikübung.

Eine weitere körperorientierte Einstiegsübung ist

Nr. 37: Der liegende Herkules

Ziel: Mobilisieren von Kräften der Selbstbehauptung und Abwehr von äußerem Druck
Indikation: „liebe", „nette" Gruppe ohne Schwung
Dauer: mit Wiederholung 15 bis 20 min
Materialien: Matten oder Decken zum Liegen
Raumgröße: pro Person mindestens 2 qm
Bitte bei der Durchführung achten auf: mit aller verfügbaren Energie üben
Unerwünschte Nebenwirkungen: -
Kontraindikationen: -
Anleitung: „Du liegst auf dem Rücken, die Hände hinter dem Kopf verschränkt, du streckst deine Beine so gerade und senkrecht wie es dir möglich ist nach oben und hältst sie da. Du atmest dabei tief in deinen Bauch und stellst dir vor, dass du mit deinen Beinen ein großes Gewicht halten musst, das dich zu erdrücken droht. Gib deine ganze Kraft in deine Beine und halte sie oben. Wenn die Bauchmuskeln zu brennen beginnen, lasse den Schmerz in Form von Tönen nach außen. – Kämpfe wirklich, gib deine ganze Kraft in Bauch und Beine. – Atme dabei so tief du kannst in deinen Bauch."
Nach einiger Zeit, Beine zur Erholung kurz anwinkeln lassen und dann nochmals nach oben gehen.
In der Entspannungsphase eine ähnliche Führung wie bei der vorherigen Übung.
Dies ist ebenso eine bioenergetische Übung.
Beide Übungen bringen in der Regel viele Gefühle und auch Erinnerungen ins Bewusstsein und stoßen den Einzelnen an, sich seine Themen in dieser Richtung anzusehen: Kämpfen, Resignation, sich hart machen, andere abwerten, sich selbst abwerten, Herausforderungen und Druck vermeiden.

Andere Übungen, die dann zur Anwendung kommen können, wenn schon von Teilnehmern Aggression in der Gruppe, auch unterschwellig, geäußert wurde, sind:

Nr. 38: Nein – Ja

Ziel: Klarheit der eigenen Aggression erfahren, Kräftemessen, Zentrieren üben
Indikation: ruhige Gruppe mit unterschwelliger Aggression
Dauer: 10 bis 30 min
Materialien: -
Raumgröße: -
Bitte bei der Durchführung achten auf: lange genug üben lassen
Unerwünschte Nebenwirkungen: -
Kontraindikationen: -
Übungsaufbau:
Zwei Partner stehen sich gegenüber, der eine mit dem Thema „Nein", der andere mit „Ja". Beide sollen sich vorher für sich alleine einstimmen: Jeder sucht sich etwas, wozu er nur „Nein" oder „Ja" sagen kann (z. B. ein Mord, ein Gewinn usw.). Danach nehmen beide Blickkontakt auf und beginnen Nein und Ja zu sagen, leise, laut, bestimmt, schmeichelnd ...
Ich beende die Übung erst, wenn ich das Gefühle habe, dass sich in den Gefühlen der Kontrahenten wirklich etwas bewegt.
Bei dieser Version sind körperliche Berührungen ausgeschlossen.
Es gibt aber auch die Version, bei der man sich mit den Körpern berühren, z.B. schieben darf. Hier ist dann darauf zu achten, dass ungefähr gleich große und gleich schwere Personen zusammenkommen.

Eine andere Variation besteht darin, dass einer der beiden etwas erhöht steht (ohne Berührung). Diese Übung stammt aus der Gestalttherapie.
Vom Setting her gleich ist eine weitere Variante, aber die Worte sind hier:

Nr. 39: Geh – ich bleibe

Ziel: Grenzen erfahren, Grenzen setzen üben
Indikation: bei „gluckenhaften" Gruppen
Dauer: 10 bis 30 min
Materialien: -
Raumgröße: -
Bitte bei der Durchführung achten auf: alle Energie mobilisieren und ernsthaft die Grenzen setzen
Unerwünschte Nebenwirkungen: -
Kontraindikationen: -

Eine Übung, die sich zwischen dem Einzelnen und der Gruppe abspielt, aber im gleichen Schema wie die vorherigen Übungen bleibt ist:

Nr. 40: Der Ausgeschlossene

Ziel: siehe vorherige Übung(en)
Indikation: siehe vorherige Übung(en)
Dauer: 10 bis 30 min
Materialien: -
Raumgröße: -
Bitte bei der Durchführung achten auf: siehe vorherige Übung(en)
Unerwünschte Nebenwirkungen: -
Kontraindikationen: –
Übungsaufbau:
Die Gruppe bildet einen engen Kreis im Stehen (Arme um die Schultern gelegt). Der Einzelne draußen bittet: „Lasst mich rein", von der Gruppe kommt „Nein". Auch diese Version kann man mit oder ohne Berührung üben lassen. Speziell bei der Übung, in der der Einzelne unter Einsatz seiner körperlichen Kräfte versucht in die Gruppe zu kommen, habe ich schon sehr starke Emotionen bei Teilnehmern erlebt.
Weitere Variationen dieser Übung sind folgende:
- die Übung nonverbal nur mit Gesten und Mimik üben lassen
- es in einer Dreier-Gruppe durchführen
Wenn die Situation schon eindeutig ist und aggressive Gefühle, Ärger, Wut thematisiert sind, ist darauf zu achten, was die optimale Form des Bearbeitens ist:
1. Weiter klären, was genau wütend macht, welche Projektionen eventuell bestehen:
    - Was ist, wenn diese Projektionen aufgelöst sind?
    - Macht es Sinn, nochmal die Wut in der ursprünglichen Form auszudrücken?
2. Wenn es sinnvoll und zielführend erscheint, in diesen Gefühlsausdruck zu gehen, welche Ausdrucksform ist genau stimmig?
    - Nur mit Stimme – Schreien, Brüllen;
    - Körperlich: Raufen, Schieben, Schlagen, Boxen, Treten, Aufstampfen usw.
    Hierbei beobachte ich zum einen genau, was der Körper vorgibt in Form von Spannungen oder Handlungsansätzen, zum anderen versetze ich mich genau in die Situation desjenigen hinein: in sein damaliges Alter, in seine Familiensituation, in die gesellschaftliche Situation, in der

das Ereignis passierte. Dabei stelle ich mir die Frage, was würde z. B. dieses Kind am liebsten tun, wenn es keine Angst bzw. andere Möglichkeiten hätte. Ein dreijähriges Kind, das sich vielleicht auf den Boden werfen möchte oder mit den Füßen aufstampfen will.

3. Sollte dieses Ausagieren symbolisch, das heißt z. B. Schlagen auf ein Kissen, oder real geschehen, d. h. ein realer Kampf mit einem realen Partner.

4. Realitätsnahe Rollenspiele, die als Vorbereitung für die Umsetzung im Alltag dienen.

Die Entscheidung, welche Vorgehensweise sinnvoll erscheint, hängt für mich auch wieder von einer Reihe von Faktoren ab. Häufig bevorzuge ich das symbolische Ausagieren, da es sich ja fast immer um Erinnerungen bzw. Projektionen handelt und es eigentlich nur darum geht, diese Gefühle in ihrer vollen Intensität nochmal zu erleben. – Sich vielleicht innerlich die Erlaubnis zu geben, diese Wut wirklich zuzulassen und sich der (ebenfalls meist projektiven) Angst zu stellen. Um sich dann ganz realitätsgerecht die Frage zu beantworten, was passiert, wenn ich die Wut wirklich in voller Stärke ausdrücke. Um dann aber diese Erlebnisse, diese Erinnerungen ruhen lassen können, sie innerlich an die realitätsgerechte Stelle zu bringen und mit der sonstigen erwachsenen Wahrnehmung verknüpfen.

Der folgende Erlebnisbericht zeigt eine Situation, in der ich mich mit dem Klienten für einen realen Kampf entschieden habe:

Günther, 37 Jahre alt, kräftig, untersetzt gebaut, immer darauf bedacht, in irgendeiner Form seinen Vorteil zu haben. Er kam in Therapie, weil er häufig Magenprobleme hatte. Da er durchaus, wenn auch versteckt immer wieder Aggressionen austeilte, war er nicht sonderlich beliebt in der Gruppe. Die Alpha-Figur in der Gruppe war ein 39-jähriger, ebenfalls muskulöser, aber schlanker Mann mit langen lockigen Haaren, Humor und Charme: Stephan. Zwischen beiden herrschte sehr bald Rivalität, zunächst unterschwellig, dann offen. Je mehr Günther merkte, dass ihm die „Felle davonschwammen" und er nicht mehr viele Chancen der Anerkennung in der Gruppe hatte, desto aggressiver wurde er, allerdings „hinten herum". Er erzählte wie nebenbei in kleiner Gruppe eine Geschichte, in der ein „mieser" Charakter vorkam. Und dabei fiel wohl auch der Satz: „das war nach außen auch so ein flockiger Sonnyboy wie Stephan." Stephan wurde dieser Satz zugetragen, und der stellte Günther zur Rede. Der leugnete aber. Der Konflikt eskalierte, und einige Frauen wollten die Gruppe schon abbrechen. Stephan war jetzt sehr ungehalten und bezeichnete Günther als „sich wichtig machenden Stänkerer", und er verlangte eine offene Auseinandersetzung. Die Emotionen waren insgesamt so stark, die Gruppe so aufgewühlt, dass es mir schwierig schien, die vorhandenen Projektionen aufzulösen. Bevor ein echter Kampf in der nächsten Pause vor der Tür stattfand, schlug ich einen Kampf der beiden vor: beide wollten auch. Der Boxkampf sollte mit dicken Boxhandschuhen (14 Unzen) gekämpft werden, bei dem nicht auf den Kopf geschlagen werden durfte.

Der Kampf begann sehr intensiv: Beide waren fast gleich stark, Stephan auf Grund seiner größeren Körper- und Armlänge leicht überlegen. Vereinbart war, dass bis zur Erschöpfung gekämpft wurde. – Günther kämpfte verbissen, hielt sich aber an die Regeln. Er schnaubte, und manchmal klangen seine Töne verzweifelt, fast nach Weinen. Stephans souveräner Stil war auch nicht mehr vorhanden, er tat sich jetzt hart, die Führung zu bewahren. Da passierte Stephan der Fehler: Ein Schlag kam zu hoch und traf Günther auf die Nase. Beide waren schon müde, und der Schlag war nicht mehr stark gewesen. Es reichte aber, um Günther völlig die Fassung zu nehmen: Seine ganze Verzweiflung brach aus ihm heraus. Er ging auf die Knie, vergrub sein Gesicht in den Boxhandschuhen und heulte, wie eigentlich nur ein kleiner Junge heulen kann: laut und hemmungslos. Stephan stand betroffen daneben, zog seine Boxhandschuhe aus, holte eine Rolle Küchentücher und gab Günther diese Tücher, um Tränen und das Blut aus der Nase abzuwischen. Die Stimmung in der Gruppe war leicht verwandelt: Die negative Stimmung war im Moment nicht wahrnehmbar, dafür sehr viel Aufregung. Der starke und faire Kampf, den Günther geliefert hatte, brachte ihm Anerkennung. Meine Co-Therapeutin Monika, die auch sein Coach für den Kampf war, fragte Günther, wie alt er sich denn jetzt fühlen würde: „Ich weiß nicht – so drei Jahre." Sie fragte weiter, was denn im Moment so schlimm sei: „Das ist so gemein, haut der einfach zu. – Das tut so weh!" – Dann folgte eine Pause und plötzlich richtete Günther sich auf, schaute Monika mit großen Augen an: „Das tut ja auf der Seite weh – meine Nase spür ich gar nicht." Er war wie vom Donner gerührt. Monika ließ ihn nochmal die Augen schließen und schauen, was er vor seinem inneren Auge sah: „Vor mir steht mein Vater und haut zu." Er zog in diesem Augenblick nochmal das ganze Gesicht zusammen, als würde der Schlag gerade eben passieren. Danach sprudelte ganz viel aus ihm heraus: – Wie er es seinem Vater (einem Feldwebel beim Militär) nie recht machen konnte. Die verhasste Erziehungsmaxime seines Vaters hatte er wieder vor Augen: „Wer nicht geschunden wurde, wurde nicht erzogen!" Oder wie es Samstagnachmittag Zimmerkontrolle gab und danach die Freizeit am Wochenende bemessen wurde. Wie er den Wagen seines Vaters putzen „durfte" und „wehe, das war nicht in Ordnung". Und wie er sich geschworen habe, nie so zu werden. Und wie er jetzt mit seinen Kindern öfter solche Probleme habe, dass er zuschlage, weil er sich nicht mehr zu helfen wisse. – Als er die Augen öffnete, saßen er und Monika in einem engen Kreis; die ganze Gruppe hatte sich um die beiden geschart, berührt und ergriffen. Günthers Gesicht hatte etwas Lebendiges bekommen, vielleicht auch durch das verschmierte Blut, das wie eine Kriegsbemalung aussah. Über Günthers Gesicht huschte ein fast scheues Lächeln. Ich fragte Günther, ob er hören wolle, was jeder Einzelne in der Gruppe über ihn denke: Als er zustimmte, ließ ich ihn reihum gehen, sich vor jedem hinknien und zuhören. Ich weiß nicht mehr alle 14 Rückmeldungen. Es war teilweise sehr bewegend, und ich weiß noch die Begegnung mit Stephan: Günther kniete sich vor ihn, Stephan schlug die Augen nieder. Als sie sich anschauten, lächelten beide. Stephan erhob sich leicht, beugte sich nach vorne und umarmte Günther ganz fest. Günther meinte dann mit tränenerstickter Stimme: „Wenn das mein Vater doch nur einmal gemacht hätte." Als Stephan sich für den Schlag entschuldigen wollte, fiel ihm Günther ins Wort: „Jetzt im Nachhinein war das das größte Geschenk, das hat mir wirklich „schlagartig" klargemacht, was bei mir eigentlich los ist." Stephan erzählte dann noch von seinen Gefühlen, wie sie sich im Laufe des Kampfes gewandelt haben. „Jetzt nachdem ich deine Geschichte kenne, nachdem ich mit dir gekämpft habe, empfinde ich echte Freundschaft zu dir. Ich möchte, dass du neben mir sitzt."

Im Laufe der weiteren Arbeit wurde dann deutlich, wie sehr sich Günther immer nach Anerkennung gesehnt hatte, wie er alle möglichen Dinge ausprobiert hat. Letztlich aber hat er nie richtig bekommen, was er wollte. Die beiden Dinge, die noch am ehesten „funktioniert" haben, waren Macht und Aggression in Form von versteckte Drohungen auf der einen Seite, aber auch sich nützlich und, wenn möglich, unentbehrlich machen auf der anderen Seite. Die letztere Strategie ist die dominante Verhaltensweise in seiner Ehe. Wie er in einer späteren Einzelstunde sagte, sei es in dieser Gruppensituation nach dem Kampf das erste Mal in seinem Leben gewesen, dass er sich an echte, für sein Gefühl „bedingungslose" Anerkennung erinnere. Das sei zusammen mit der schonungslosen Rückmeldung über sein vorheriges Verhalten eine Art Wendepunkt in seinem Leben gewesen." Um noch mal auf die Frage zu kommen: warum hier der reale Kampf? – Die Aggression in der Gruppe hatte schon einen Grad von Realität bekommen, die Projektionen hatten sich schon so stark an konkreten Situationen und Personen festgemacht, dass ich keine große Chance mehr sah, diese noch glaubhaft aufzulösen, ohne nicht wirklich in die mittlerweile realen Konflikte einzusteigen. Wichtig scheint mir, dass, wie immer sich auch solche Situationen entwickeln, der Therapeut den Bogen zurück zur Projektion schlägt und auf diese Weise die hinter der vordergründigen Realität wirksamen Kräfte sichtbar werden lässt.

Neben dem Boxkampf gibt es noch eine Reihe anderer Formen realer Auseinandersetzung:

Die therapeutischen Instrumente

Nr. 41: Hahnenkampf

Ziel: spielerisch die eigene Aggression erfahren, in Bewegung kommen
Indikation: bei aggressionsgehemmter, „verhockter" Gruppe
Dauer: 10 bis 20 min
Materialien: -
Raumgröße: -
Bitte bei der Durchführung achten auf: Verletzungsgefahr, z. B. durch rutschigen Boden
Unerwünschte Nebenwirkungen: -
Kontraindikationen: -
Übungsaufbau:
Die Kontrahenten hüpfen auf einem Bein und versuchen den anderen mit den verschränkten Armen wegzuschieben. Meist eher lustiger Verlauf, bei dem sich festgefahrene Stimmung wieder aufhellen kann.

Nr. 42: Stierkampf

Ziel: Umgang mit den eigenen Aggressionen, adäquate Ausdrucksformen finden
Indikation: mit Aggressionen ungeübte Personen
Dauer: 10 bis 20 min
Materialien: -
Raumgröße: -
Bitte bei der Durchführung achten auf: Vorsicht bei Menschen mit empfindlicher Halswirbelsäule
Unerwünschte Nebenwirkungen: -
Kontraindikationen: oberer Bandscheibenvorfall
Übungsaufbau:
Ein „Torero" packt den „Stier" bei den Hörnern, sprich einer hält Stirn und Kopf des anderen fest und der versucht zu schieben. Vorsicht bei Klienten mit empfindlicher Halswirbelsäule! Die Übung kann starke Gefühle mobilisieren bei Menschen, die mit dem „Kopf durch die Wand wollen".

Diese Übung habe ich in einem Seminar von Tilman Moser kennen gelernt.

Nr. 43: Bataka-Kampf

Ziel: in volle körperliche Aggression gehen, sie erfahren und vertraut damit werden
Indikation: bei aufgestauter Aggression, speziell in der Paartherapie
Dauer: 15 bis 25 min
Materialien: zwei Bataschläger
Raumgröße: Minimum 20 qm
Bitte bei der Durchführung achten auf: Regeln vorher genau durchsprechen, evtl. diskutieren, dann genau auf die Einhaltung achten
Unerwünschte Nebenwirkungen: -
Kontraindikationen: nur wenn beide Kontrahenten kämpfen wollen
Übungsaufbau:
Batakas sind speziell konstruierte Schaumstoffschläger, mit denen man sich kaum verletzen, dafür aber total ausagieren kann. Jeder der Kontrahenten bekommt einen Schläger in die Hand, die andere Hand darf nur zur Abwehr benutzt werden. Der Bataka des anderen darf nicht mit der freien Hand festgehalten werden. Der Kampf bis zur völligen Erschöpfung ist auch hier sinnvoll, denn es geht um den Durchbruch auf eine andere Ebene, der sich in der Erschöpfung leichter vollzieht.

Für den Bataka-Kampf gibt es mehrere Variationen:
1. Jeder Kämpfer bekommt zwei Batakas in die Hände (also in jede Hand einen).
2. Beim Kampf mit einem Bataka wird der freie Arm auf den Rücken genommen oder gebunden.
3. Bei starken Kräfteunterschieden können einseitige Handicaps vereinbart werden:
   z. B. Der Stärkere muss auf einem Bein hüpfen oder bekommt den freien Arm auf den Rücken gebunden oder darf eine auf dem Boden gezogene Linie nicht überschreiten.
Ich bin mit solchen Vereinbarungen eher skeptisch, da sie eben meist nicht der Realität entsprechen: eine Frau, deren Mann körperlich stärker ist und der das ausnutzt, ist nun mal schwächer. Da hilft es in meinen Augen nicht viel, so zu tun, als ob alles gleich wäre, sondern sich mit dem Faktum auseinander setzen und andere Wege der Verteidigung und der eigenen Kraft zu suchen. Nur zum Überwinden von nicht der Realität entsprechenden

Barrieren kann es sinnvoll sein. Wenn also derjenige besser kämpfen könnte, wenn er sich trauen würde. Batakas entstanden in der humanistischen Psychologie in den 70er Jahren.

Eine Übung, die eher die lustige, leichte Seite der Aggression hervorbringt, ist der

Nr. 44: Der Bauchsprung

Ziel: spielerisch Aggression austragen, seinen Mut erproben
Indikation: zur Auflockerung blockierter Gruppen
Dauer: 5 bis 15 min
Materialien: -
Raumgröße: der Raum sollte ca. 10 m Länge haben
Bitte bei der Durchführung achten auf: gut erklären und demonstrieren
Unerwünschte Nebenwirkungen: -
Kontraindikationen: -
Übungsaufbau:
Die Kontrahenten stehen fünf bis sechs Meter entfernt, nehmen Anlauf und springen so gegeneinander, dass sich in der Luft nur die Bäuche berühren. Dabei ist die Regel wichtig, dass keine Hände und Arme zu Hilfe genommen werden. Diese Übung erfordert zu Beginn etwas Mut, wirklich mit voller Kraft zu springen, macht dann aber fast allen Spaß und fördert Vertrauen sowohl in den eigenen Körper wie auch in die anderen Teilnehmer.

Dies ist eine Übung, die mehr aus der Männergruppenszene kommt. Ich habe sie bei Dipl.-Psych. P. Schröter kennen gelernt. Gleiches gilt für die nächste Übung:

Nr 45: *Kampf des wilden Mannes*

Ziel: seine Kraft erproben, sich bis an die Grenze fordern
Indikation: hat was von einem Initiationsritus, kann Gruppen enger zusammenbringen
Dauer: 15 bis 30 min
Materialien: -
Raumgröße: -
Bitte bei der Durchführung achten auf: nur mit der flachen Hand schlagen, auf Fairness achten
Unerwünschte Nebenwirkungen: kann Verletzungen geben
Kontraindikationen: gemischte Gruppen
Übungsaufbau:
Der „wilde Mann" steht mit freiem Oberkörper in der Mitte der eng stehenden Gruppe. Er versucht auszubrechen, indem er die anderen so einschüchtert, dass sie ihn durchlassen. Er darf dazu nur seinen Körper, seine Stimme, nicht aber seine Arme einsetzen; er darf springen und rempeln, aber die Arme bleiben möglichst ruhig seitlich am Körper. Auch der Kopf darf nicht als „Rammbock" eingesetzt werden. Die Gruppe darf ihn sehr wohl mit ihren Armen stoppen. Außerdem darf jeder aus der Gruppe mit der flachen Hand auf den Oberkörper des wilden Mannes schlagen. Diese für den „wilden Mann" körperlich sehr auslaugende Übung ist sicher eher in Männergruppen sinnvoll, aber ich habe auch schon in gemischten Gruppen interessante Erfahrungen damit gemacht: Frauen trauen sich oft zunächst nicht zu schlagen, wenn der „Bann" gebrochen ist, kommen oft verborgene Formen der Aggression in Form von sadistischen Impulsen ans Tageslicht, die die jeweilige Frau durchaus erstaunen können. In gemischten Gruppen ist diese Übung einseitig, da eine Frau in der Mitte sicherlich nicht sinnvoll ist.
Nun noch zu jenen Übungen, die nicht so sehr mit dem körperlichen Ausagieren zu tun haben, sondern wo es mehr um realitätsangepasste Formen der Konfliktaustragung geht.

Ein Ritual, das für viele Strategien einen guten Rahmen gibt, ist der

Nr. 46: *„Fair fight for win"*

Ziel: reale Konfliktlösungen mit vielen Interventionsmöglichkeiten
Indikation: bei realen Konflikten alle Möglichkeiten ausloten
Dauer: 15 bis 60 min
Materialien: -
Raumgröße: -
Bitte bei der Durchführung achten auf: -
Unerwünschte Nebenwirkungen: -
Kontraindikationen: wenn massive unbearbeitete Emotionen dahinter stehen
Übungsaufbau:
Dieses Ritual wurde nach meinem Wissen in den 60er Jahren von dem amerikanischen Gruppentherapeuten George Bach für reale Auseinandersetzungen kreiert:
Die beiden Kontrahenten wählen sich je einen „Sekundanten" (wir würden heute auf gut Neudeutsch „Coach" sagen), mit dem sie sich zu jeder Zeit des Streites beraten können. Dafür kann der Streit immer für max. drei Minuten unterbrochen werden. Es dürfen von den Streitenden bzw. deren Sekundanten nicht nur Bedürfnisse, Lösungsmöglichkeiten, sondern auch Streitarten (also z. B. ein Batakakampf) vorgeschlagen werden. Durch die Beratungssituation ist immer wieder Abstand gegeben, was einen eher „vernünftigen" Umgang mit dem Konflikt zulässt.
Dieses Ritual finde ich vor allem dann gut, wenn die emotionale, unbewusste Seite schon bearbeitet wurde und es um reale Klärungen geht. Auch bei anstehenden Konflikten außerhalb der Gruppe (z. B. Ehestreit) kann ein Rollenspiel in dieser Form eine gute Vorbereitung sein.

Nun noch Ideen zum „Containen" von Aggression, die ich manchmal als Übungen bzw. Hausaufgaben gebe:
1. In irgendeiner Form etwas Abstand zu dem Konflikt bekommen. Das bekannte „erstmal tief durchatmen" oder einen kleinen Spaziergang machen oder sogar „eine Nacht darüber schlafen".
2. Sich die Frage stellen, was mir meine Wut im Moment nutzt.
3. Sich fragen, was die Situation lösen könnte.
4. Fragen, ob der Konflikt auch auf einem Missverständnis beruhen könnte und welche Möglichkeiten es zu einem Missverständnis in dieser Situation gibt.

5. Versuchen einen anderen Bezugsrahmen zu finden, z. B. wenn ich 20 Jahre später zurückblicken würde, was würde ich mir dann selbst sagen? (Siehe auch Kanfer, Reinecker und Schmelzer 1990)
6. Gibt es irgendwelche Vorteile, die ich durch diesen Konflikt, diesen Ärger auf weitere Sicht habe?

Mit diesen Anregungen möchte ich hier das Thema Aggression/Wut beenden.

3.2.6 Religion/Spiritualität

Unter dieser Überschrift bringe ich zwei Themen zusammen, die unter bestimmten Blickwinkeln nicht gegensätzlicher sein können. Nehmen wir ethymologische Deutungen des Begriffes Religion, so können wir dem gemeinsamen Inhalt wieder näher kommen: „religio" kommt von „religari" = verbinden, (an Gott) gebunden sein. Die Silbe „re" weist auf das Rückverbunden-Sein hin (wohin auch immer!). Spiritualität leitet sich ab von „spiritus" = der Geist. Was nun mit diesem Geist gemeint ist, darüber finden sich endlose Abhandlungen. In allen religiösen Richtungen zielt der Begriff des „spiritus", des Geistes, auf das Göttliche, das Numinose (Dürckheim, Ausgabe 1994; Hohn-Kemler 1996), auf das, was viele Philosophen und Religionswissenschaftler zwar versuchen zu beschreiben, was sich uns aber immer wieder entzieht oder anders darstellt, je nach Blickwinkel. Spirituelles Sein kann gesehen werden als das Lebendigsein dieses „Spirits" im Menschen. Erst wenn er die Rückverbindung zum Numinosen gefunden hat, wird der Geist lebendig, und dieser Mensch „glaubt" dann nicht nur etwas, er ruht dann lebendig in seinem Sein, er ist spirituell. Hier gibt es nun verschiedene Zugehensweisen:
- Suche ich den Ursprung, jenes Numinose in mir, in meinem evtl. sogar gottgleich gesehenen Inneren oder
- liegt dieser göttliche Ursprung außerhalb meiner selbst und bekomme ich nur Zugang durch die „Vermittlung" anderer, so z. B. der Kirchen, ihrer Dogmen und Überlieferungen.

Man könnte so gesehen fragen, ob irgendwer auf dieser Welt das Monopol für den Zugang zum Göttlichen hat. Wenn wir dies verneinen, darf kein Mensch, keine Institution einen Machtanspruch erheben. Allen exoteri-

Die therapeutischen Instrumente

schen Kirchen gemeinsam ist jedoch gerade dieser Machtanspruch, mal deutlich, mal verschleiert. So verwundert es auch nicht, dass viele spirituelle Gruppierungen gerade bei jüngeren Menschen den traditionellen Kirchen den Rang abgelaufen haben.

Wie soll sich nun die Psychotherapie des Themas der Religiosität und Spiritualität annehmen? Aus welchen Quellen kann sie schöpfen? Es scheint, als hätte die Psychotherapie, ähnlich wie die bestehenden Kirchen, das Spirituelle im Menschen, den mystischen Anteil der Persönlichkeit auch ein Stück weit abgespalten.

Zumindest von Seiten der modernen Psychologie kommt aus Gründen der Wissenschaftlichkeit hierzu keine allgemein befriedigende Antwort (Beten fällt hier unter die Rubrik Entspannung), von Seiten der Psychoanalyse wurden die kirchlichen Systeme demontiert, aber eine Antwort auf religiöse Fragen hat sie letztlich nicht parat (Freud hat die Beschäftigung mit Gott als nicht verarbeiteten Vaterkomplex gedeutet und das gesamte kirchliche System als Neurose in sich gesehen). Dann gibt es da noch einige Ansätze, die man unter dem Oberbegriff einer existenziellen Psychotherapie fassen könnte, wie z. B. Graf Dürckheim (Graf Dürckheim, 1994), der aber seinerseits wieder stark vom Zen-Buddhismus beeinflusst war. Auch die transpersonale Psychotherapie (Grof 1990) ist mehr von Esoterik und östlichen Religionen beeinflusst. So sieht es denn schlecht aus, wenn man als Psychotherapeut lege artis bleiben will. Ich bin jedoch der Meinung, dass es Aufgabe der Psychotherapie ist, diesen, in meinen Augen, wesentlichen Teil menschlichen Seins, mit einzubeziehen. Das bedeutet, dass sich jeder Therapeut damit auseinander setzen sollte, dass eine Theorie und eine Methodik entwickelt werden muss. Dies ist bisher, zumindest in der BRD, nur vereinzelt und zögerlich geschehen. Transpersonale Psychotherapeuten haben sich unter dem Namen „SEN" zusammengeschlossen und versuchen, diesen Bereich der Psychotherapie voranzubringen.

Wie KlientInnen spirituell gefördert werden können, möchte ich in Form einer ganz persönlichen Lösung des Problems darstellen:

Ich bin der Meinung, dass wir uns als Psychotherapeuten beim Herangehen an ein solch schwer fassbares Thema noch in einer sehr guten Situation befinden, gemessen an anderen Berufsgruppen. Denn das Arbeiten mit Klienten ist immer ein höchst individueller Prozess, egal ob es um spirituelle, aggressive oder sexuelle Empfindungen geht. Außerdem wird dieser Prozess in hohem Maße von der Person des Klienten geprägt; Therapie vollzieht sich immer im Dialog. Es gibt in der Psychotherapie in meinen Augen keinen größeren Fehler, als Standardlösungen, „vorgekaute" Gedanken anzubieten, die der Klient doch bitte übernehmen möge. Die Kunst guter, sprich lebendiger Psychotherapie besteht in meinen Augen darin, dass der Klient seine Problemlösungen, seine Entdeckungen und Erkenntnisse „neu" finden, mit ganz eigenen Worten und Gedanken darstellen und beschreiben muss, wenn sie „verwandelnden Wert" haben sollen. Erst dann wird er hoch motiviert bereit sein, innere Veränderung umzusetzen.

Kehren wir mit diesen Gedanken zum religiösen, zum spirituellen Bereich zurück. Ich bin der Meinung, dass das Gesagte hier in besonderem Maße gilt: Die spirituelle, im ursprünglichen Sinne re-ligiöse Erfahrung ist eine ganz individuelle und sollte in eigenen Worten, Bildern und Metaphern des Klienten ganz neu beschrieben werden. Jeder muss quasi sein „Himmelreich" entdecken, ja vielleicht könnte man sogar sagen, erschaffen. Erst dann wird es lebendig, kraftvoll und stimmig sein. Erst dann bewegt es diesen Menschen. Jedes Dogma läuft dieser Neuentdeckung zuwider. Wenn ich mich in der Therapie diesen Bereichen nähere, genügt es in meinen Augen, einfach Raum zu geben, offen zu sein und sanft unterstützend zu begleiten. Ich sollte hier gar nicht als der große Fachmann auftreten, der schon „weiß", – ich würde damit diesen Prozess des Entdeckens und Neuerschaffens nur stören. Der individuelle Schöpfungsprozess wird in jedem Falle tangiert, im Idealfall, wenn kein Machtanspruch dahinter steht, angeregt, befruchtet, sobald aber nur die geringste Machtausübung stattfindet („du sollst meinen Weg gehen", „Niemand kommt zum Vater, denn durch mich …"), empfindlich gestört.

Und doch sollte der Therapeut auch als Wegbegleiter vor „Abgründen" und schwierigen „Strecken auf diesem Weg" warnen und steuern, dann nämlich, wenn echte Gefahr droht. Wenn dieser Mensch z. B. in psychische Mechanismen gerät, die seine Klarheit, seine Eigenständigkeit untergraben. Das psychotherapeutische Instrumentarium hat auch hier Gültigkeit. So scheint es mir wichtig, dass der Therapeut das Integrationsniveau des jeweiligen Klienten berücksichtigt und bei drohender Überforderung und Desintegration der Persönlichkeit eingreift.

Religiosität und Spiritualität brauchen zum einen Sicherheit (zumindest eine subjektive), zum anderen aber auch Rituale, die sozusagen innere Räume bereitstellen, in denen dieser oben angesprochene Schöpfungsprozess stattfinden kann. Dies wäre eigentlich eine essenzielle Aufgabe der Kirchen. Dies ist aber eine Aufgabe, die eigene Erneuerung und Spiritualität, Neuerschaffung zur Vorraussetzung hat. Hier haben die Kirchen als Ganzes gesehen nicht nur kläglich versagt, hier haben sie Un-Heil angerichtet: Ursprünglich vielleicht passende und gute Rituale wurden über Jahrhunderte beibehalten und fixiert, zum Dogma erhoben, und damit wurde ihnen das Leben entzogen. In diesem Moment schwindet der „Spirit" (Laubreuter 1998). Der Machtanspruch hat das spirituelle Sein „abgetrieben".

Kehren wir nun zurück zu unserem Thema der Begleitung in der spirituellen Entwicklung in der Therapie. Aus dem bisher Gesagten ergibt sich hier ein Arbeitsauftrag: Es geht um das Bereitstellen von (inneren) „Räumen", Rituale für den Klienten und mit ihm zusammen kreieren, die Raum lassen für persönliche Gestaltung. In diesem Sinne ist das Folgende zu verstehen: Zwei Elemente scheinen mir wichtig: Stille, Ruhe und Entspannung einerseits und der Atem in unterschiedlicher Form auf der anderen Seite. Der Atem als Erfahrungsweg spielt in vielen spirituellen, religiösen und schamanischen Ritualen eine Rolle, die ich bei den entsprechenden Übungen noch genauer untersuchen möchte.

Ich beginne wieder mit sehr einfachen Übungen:

Nr. 47: Atembeobachtung im Sitzen oder im Liegen

Ziel: innere Ruhe finden, ganz im Augenblick leben
Indikation: zur Einstimmung auf Meditation, zum Ruhe finden
Dauer: 20 bis 60 min
Materialien: gute Sitzgelegenheiten (Kissen), ruhige Musik (z.B. Pachelbel)
Raumgröße: -
Bitte bei der Durchführung achten auf: gutes Raumklima (warm genug), Stille auch von außen, Geschütztheit
Unerwünschte Nebenwirkungen: -
Kontraindikationen: -
Übungsaufbau:
Häufig ist es so, dass ungeübte Personen im Sitzen nicht gut atmen können und dann noch mehr Schwierigkeiten bekommen, den Atem zu beobachten. Daher ist es oft gut, diese Übungen im Liegen zu beginnen. Wichtig ist eine Führung in Richtung Wahrnehmungssensibilisierung, was ungefähr so aussehen könnte:
„Du liegst ganz locker und spürst, wo dein Körper den Boden berührt. – du schließt deine Augen, und wenn dir alles angenehm ist, brauchst du nichts zu verändern, sondern nur innerlich zu beobachten. – Du machst mit deinem Bewusstsein eine kurze Reise durch deinen Körper und nimmst wahr, wo und wie viel Spannung in deinem Körper ist. – Dort, wo du Spannung wahrnimmst, stellst du dir einfach vor, dass allein das Hin-spüren wie eine warme Sonne wirkt, die das Eis zum Schmelzen bringt. – So gehst du vor allem zu den Stellen in deinem Körper, die du kennst, weil hier häufig Spannung sitzt. – Du spürst jetzt nochmal, wie dein Körper auf dem Boden aufliegt, und machst dir ein Bild von der Stimmung, die in dir herrscht. Dann beobachtest du deinen Atem von der Nasenspitze bis in den Bauch hinunter, so weit wie die Bewegung eben reicht. – Du schaust genau hin, wie der Atem fließt, wo er breit, leicht und ohne Widerstände durch-geht und wo es holprig und eng wird. – Beobachte auch das Ende deines Atems genau: Wie hört er auf? – Plötzlich, mit einem Ruck oder sanft, wie wenn er gegen eine Schaumstoffwand drücken würde? – Oder hört er ein-fach auf, ohne Widerstand, endet sozusagen im Leeren? – Wo genau erfolgt die Umkehr zum Ausatmen? – Und wie fühlt sich das Ausatmen an? – Ist es ein Hinauspressen – ein sanftes Verströmen oder eine Art Kollaps, wie wenn man aus einer Luftmatratze den Stöpsel rauszieht? – Lass dich das

Die therapeutischen Instrumente

alles ganz genau wahrnehmen, ohne einzugreifen. – Dann beobachte das Verhältnis von Einatmung und Ausatmung: Welcher Vorgang dauert länger, welcher ist dir vertrauter? – In welchen der beiden Prozesse musst du mehr Energie stecken? – Aus welchem bekommst du mehr heraus? – Gibt es eine Seite in deinem Körper, in der der Atem mehr Platz hat? – Sei ganz aufmerksam und erforsche diese inneren Räume und Abläufe, ohne dich zu verkrampfen: – Du schaust gelöst zu und lässt es geschehen. – Wenn irgendwelche Gedanken auftauchen, die nicht zu dieser Übung gehören, schenke ihnen keine Aufmerksamkeit, sondern lass sie vorbeiziehen wie einen langweiligen Fernsehfilm. – du bleibst ganz bei deinem Atem, wie er in seinem Rhythmus durch deine innere Welt zieht. – Ein – und – aus – und Pause. – (hier Zeit lassen, um diese Erfahrung zu machen, und die Teilnehmer beobachten, ob man als Therapeut irgendetwas entdecken kann, was wichtig ist, z. B. Spannungen im Gesicht oder in den Händen. Diese Beobachtungen kann man dann in Form von allgemeinen Fragen wieder einbringen) – Lass dich von diesem deinem inneren Rhythmus tragen und mitnehmen: Stell dir vor, du liegst im Wasser und die Wellen tragen und schaukeln dich: – Spür, wie dein Atem kommt und geht – ein – und – aus. (Hier kann man eine passende Musik sanft einblenden z. B. aus der Serie Solitudes: Pachelbel – forever by the sea oder auch von Terry Oldfield: Out of the depths.)
Du stellst dich jetzt langsam darauf ein, dass du von dieser Beobachtung deines Atems zurückkehrst: Spür noch einmal, wie sich dein Körper jetzt anfühlt. Was hat sich verändert? Wie könntest du diese Veränderung beschreiben oder malen? Gibt es in dir Bilder, die aufgetaucht sind? Möchtest du sie dir einprägen und sie so mitnehmen? – Lass dir dafür noch die Zeit. – Dann beginne langsam, bewusst ein- und auszuatmen, mache den Atem tiefer und stell dir vor, wie neue Energie in deinen Körper fließt. Durch dieses tiefere Atmen wird dein ganzer Körper wach und lebendig. du beginnst die kleinen Muskeln zu bewegen, dann die größeren. Mit einem der nächsten Einatmungen lässt du auch deine Augen aufgehen. du streckst und dehnst dich und bist wieder ganz in diesem Augenblick hier in diesem Raum.“

Bei diesen Übungen sollte man vorher etwas zum Thema „Einschlafen“ sagen, vielleicht in der Form: „Bitte überprüfe, wie müde du bist. Wenn die Wahrscheinlichkeit besteht, dass du einschläfst, solltest du die Übung lieber im Sitzen machen. Wenn du sie im Liegen machst und doch einschläfst, ist das nicht schlimm, aber etwas schade. Wenn du zu schnarchen beginnen solltest, wird einer von uns dich wecken. Auch das ist nicht schlimm, aber für die anderen eventuell störend."

Mit solchen Übungen kann man die Teilnehmer sehr schön für weitergehende Übungen sensibilisieren und vorbereiten.

Nr. 48: Atemlenkung

Ziel: siehe Nr. 47
Indikation: siehe Nr. 47
Dauer: 20 bis 60 min
Materialien: gute Sitzkissen oder Hocker, ruhige Musik
Raumgröße: -
Bitte bei der Durchführung achten auf: siehe Nr 47
Unerwünschte Nebenwirkungen: -
Kontraindikationen: -
Übungsaufbau:

Diese Übung sollte man im Sitzen machen, entweder im Schneidersitz auf dem Boden mit Kissen oder im Knien (die zen-buddhistische Meditationshaltung) mit einem kleinen Hocker, damit die Durchblutung in den Beinen nicht abgedrückt wird. Auch bequeme Stühle, in denen man aufrecht sitzen kann, eignen sich gut. Vor allem korpulente und ungeübte Teilnehmer haben in der Regel auf dem Boden sitzend keine Chance zu guter Kontemplation; der Körper macht sich zu schmerzhaft bemerkbar.

Diese Übung knüpft direkt an die vorherige an: Im ersten Teil geht es darum, nach einer entsprechenden Einstimmung nicht nur zu beobachten, sondern auch bewusst neue Atemräume zu entdecken und zu nutzen, im zweiten Teil kommt eine Bewusstseinslenkung hinzu, die es uns ermöglicht, Bilder und Vorstellungen mit bestimmten Körperbereichen zu verknüpfen. Ich möchte auch hier wieder die ganze Anleitung wiedergeben: „Du sitzt so aufrecht und gerade wie möglich und so bequem wie nötig. – Du achtest darauf, dass du dich im Rücken nicht verkrampfst, sondern dass du so sitzt, dass du gut ausbalanciert bist und der Körper in sich Stütze findet. – Spür deine Kraft im Becken und lass dich von innen her wachsen und aufrichten. – Schließe deine Augen und wende so den Blick nach innen. – Du nimmst deinen Atem wahr, wie er kommt und geht, so wie die Wellen des Meeres kommen und gehen in ihrem eigenen Rhythmus. – Du schwingst mit und spürst, ob dieser Rhythmus für dich im Moment stimmig ist. – Dann beginnst du langsam, mit jedem Einatmen ein Stück tiefer in deinen Bauch hineinzuatmen. – Jeder folgende Atemzug geht ein klein wenig tiefer. Wenn sich ein Widerstand bemerkbar macht, atme genau in das Zentrum dieses Widerstandes und beobachte, was passiert: – ob er verschwindet, ob Bilder vor deinem inneren Auge auftauchen oder ob du Schmerzen an dieser Stelle bekommst. – Wenn du dann tiefer atmen kannst, geh so weit, dass die Atembewegung deinen Beckenboden berührt und bewegt. – Nimm dieses Gefühl wahr und genieße es. – Dann richte deine Aufmerksamkeit nach oben in den Brustkorb: Wie fließt dein Atem hier – wie weit dehnt sich dein Brustkorb in alle Richtungen? – Beobachte das eine Weile und konzentrier dich dann darauf, speziell in den Rücken zu atmen. – Versuch, die Atembewegung in deinem Rücken wahrzunehmen, und stell dir vor, wie dein Rücken dabei ganz warm und locker wird. – Mit Widerständen gehst du genauso um wie vorher im Bauch: du atmest so lange in das Zentrum des Widerstandes, bis auch da die tiefe Entspannung zu spüren ist, die du von vorher kennst. – Dann gehst du mit deinem Bewusstsein in die Seitenbereiche deines Körpers und versuchst jetzt, den Atem dorthin zu schicken, sowohl im Brust- wie im Bauchbereich. Wenn es dir hilft, lege deine Hände auf die Seiten, um besser zu spüren, ob dort wirklich Atembewegung stattfindet. – Lass dich jedes Mal mit der Einatmung ausdehnen und breiter werden. Versuche hier Raum zu schaffen, dich größer und weiter werden zu lassen. – Mit Widerständen gehst du in der gewohnten Weise um. – (Zeit lassen, eventuell hier eine passende Musik einspielen: z. B. Spiritual environment.)

- Wenn du auch diesen Teil gut geweitet hast und den Atem ohne Anstrengungen dorthin fließen lassen kannst, so versuche nun alle drei Teile miteinander zu verbinden: du beginnst oben im Brustkorb, lässt den Atem in die Seiten strömen und danach in den Bauch bis zum Beckenboden und schaffst dann zum Schluss noch Raum im Rücken. Bei der Ausatmung gehst du den umgekehrten Weg. Stell dir vor, dass der Atem wie eine Welle durch deinen Körper rollt und ihn dabei weit und locker macht." (hier wieder Zeit geben.)

An dieser Stelle könnte man die Übung beenden, wenn nicht genügend Zeit vorhanden ist. Dieses innerliche Raumschaffen sollte als Hausaufgabe gegeben werden, bis die komplette Atmung leicht und gut gelingt. Man kann aber auch an dieser Stelle zum zweiten Teil übergehen:

„Du spürst jetzt wieder in deinem Körper, ob es irgendwo Spannungen gibt. Bitte beobachte auch, ob irgendwo im Körper das Gefühl von Leere oder (zu großer) Fülle herrscht. – Wenn du so etwas beobachtest, so hast du jetzt die Möglichkeit, mit deinem Atem und deiner Vorstellung dies zu verändern: Du versuchst zu diesen Stellen hinzuatmen und dir vorzustellen, dass du in die „leeren" Bereiche hineinatmest und aus der „Fülle" ausatmest. – (Zeit geben) – Wenn sich dein Körper gleichmäßig, ausgeglichen anfühlt, so kannst du diese Atmungssteuerung ebenfalls machen und dir andere Bereiche suchen, so z. B. kannst du dir vorstellen, dass dein Atem in deinen Solarplexus strömt und dort alles ganz warm macht, dass er eine Sonne, die sich dort befindet, zum Strahlen bringt. Ähnliches kannst du mit deinem Herzen oder andern Körperbereichen machen, so wie es sich für dich gut anfühlt. – (Zeit geben) – Wenn du spürst, dass es genug ist, lass alle diese Gedanken sinken, konzentriere dich auf nichts Spezielles mehr und sei nur ganz in diesem Augenblick – (5 bis 10 min schweigend sitzen). – Atme jetzt wieder bewusst tiefer und lass wieder deinen Körper in den Vordergrund treten: Beweg dich, streck und dehn dich, öffne die Augen und sei wieder ganz da."

Solche meditativen Übungen dienen mehr der Verarbeitung und Integration nach intensiver Emotionsarbeit und dem Finden von inneren Bereichen, die über die körperliche Existenz hinaus zu einer vertrauensvollen Verankerung im Leben führen können. Gerade wenn in vorherigen Übungen alte Erinnerungen nochmals aufgetaucht sind und zu einer Verunsicherung, zu neuen Aspekten geführt haben, kann hier der ideale Zeitpunkt sein, dies zu verarbeiten und zu integrieren. In diesem Fall sehe ich auch keine Kontraindikationen.

Ungeübte Menschen tun sich oft schwer damit, längere Zeit ruhig zu sitzen. Gerade bei Anfängern in Entspannung und Meditation ist ein anderer Zugang oft leichter und erfolgreicher: Auch in der Bewegung kann ich ganz versinken, absichtslos werden und so zu anderen Bewusstseinsebenen Zugang bekommen:

Nr. 49: Body-Jazz (nach Gabrielle Roth)

Ziel: Lockerung, Gewahrwerden von Schwachstellen oder Spannungen, mit den verschiedenen Körperbereichen vertraut werden
Indikation: zum Einstieg nach einer längeren Pause, zur Lockerung nach intensiver lang dauernder Arbeit
Dauer: 50 min
Materialien: CD: Initiation von Gabrielle Roth
Raumgröße: min 40 qm, bei ca. 10 TN
Bitte bei der Durchführung achten auf: -
Unerwünschte Nebenwirkungen: -
Kontraindikationen: -
Übungsaufbau:
Zu dieser Übung ist die CD von G. Roth „Initiation" nötig. Auf ihr sind sieben verschiedene Musikstücke zu finden, die für folgenden Ablauf gedacht sind: „Wir werden uns jetzt zur Musik bewegen, so wie es jeder möchte. Lass dich dabei ganz von deiner augenblicklichen Stimmung leiten und tu nur das, was für dich stimmig ist. Sei aber auch kreativ und probier alle Möglichkeiten aus, die dein Körper bietet. Bei jedem einzelnen Musikstück ist ein anderer Körperbereich Zentrum deiner Bewegungen. Wir beginnen mit Kopf und Nacken: du kannst deinen ganzen Körper bewegen, aber jede Bewegung geht von Kopf und Nacken aus. Im zweiten Musikstück sind die Schultern Zentrum der Bewegungen. Bis schließlich beim 7. Musikstück Unterschenkel und Füße im Mittelpunkt deiner Aufmerksamkeit stehen. Lass sonst alles um dich herum versinken; sei ganz Bewegung. Ich werde vor jedem Musikstück den entsprechenden Körperbereich ansagen."
Die einzelnen Bereiche sind:
- Kopf – Nacken
- Schultern
- Wirbelsäule – Rücken
- Arme – Hände
- Becken – Hüften
- Oberschenkel – Knie und als letztes
- Unterschenkel – Füße
Diese Übung eignet sich sehr gut auch zum Auflockern nach längerem Sitzen oder als Vorbereitung für eine längere stille Meditation.

Es gibt noch eine Reihe anderer Bewegungsmeditationen, die aber alle an bestimmte esoterische Richtungen gebunden sind. Der Vollständigkeit halber möchte ich sie erwähnen und es jedem selbst überlassen, wie weit er sich damit näher beschäftigen will:

Nr. 50: Die vier Himmelsrichtungen

Ziel: innere Klarheit und Ruhe, Zentriertheit
Indikation: wenn Stillsitzen noch überfordert und eher zu Zappeligkeit führt.
Dauer: ca. 60 min
Materialien: CD oder MC dieser Meditation
Raumgröße: ca. 40 qm
Bitte bei der Durchführung achten auf: gutes Demonstrieren und Erläutern
Unerwünschte Nebenwirkungen: -
Kontraindikationen: -
Kurze Beschreibung:
Eine sehr „ordnende", klare Bewegungsmeditation aus dem Sufismus (den Mystikern des Islam; sie werden zur Zeit vom offiziellen Islam z. B. im Iran verfolgt). Diese Meditation ist eine Vorbereitung für die Adepten auf den „Tanz der Derwische", jenes unablässige schnelle Drehen um die eigene Körperachse. Die Originalmusik dazu ist nicht öffentlich erhältlich, es gibt mittlerweile aber eine leicht verwandelte Musik auf CD unter dem obigen Titel. In diese Meditation sollte man allerdings eine autorisierte Einführung bekommen.

Weitere Bewegungsmeditationen sind aus der Bewegung um Osho heraus entstanden: Da sie von einer Reihe von Kollegen und auch in psychosomatischen Kliniken benutzt werden, möchte ich sie hier erwähnen:
- die **dynamische Meditation:** eine Abfolge von fünf Einheiten, beginnend mit sehr heftigem Atem (1. Phase) bis hin zu völliger Ruhe (5. Phase). Dauer insgesamt ca. 1 Std.
- die **Kundalini-Meditation:** die Schüttel-Meditation, die ebenfalls in völliger Ruhe endet
- die **Nataraj-Meditation:** eine Tanz-Meditation
- die **Nadabrahma:** eine von Anfang an von ruhigen Bewegungen begleitete Meditation
Wieweit ein Therapeut auf diese Meditationen zurückgreift, muss jeder für sich selbst entscheiden. Vieles war unter heute verbindlichen ethischen Standards für Therapeuten in der Sannjasin-Bewegung nicht in Ordnung; der ganze Rahmen (z. B. Machtausübung in religiösen Gruppierungen)

war fragwürdig. Trotzdem wurden hier von fähigen Therapeuten intensive Techniken und Interventionen entwickelt und gelebt. Wer hier keine Berührungsängste hat, bekommt anregende Werkzeuge an die Hand, die auch in Teilen einsetzbar sind.

Ich persönlich setze in meinen Gruppen immer wieder „große Trancesitzungen" ein, die mit unterschiedlichen Themen, mit Bildern, einer entsprechenden Musikbegleitung zu intensiver „Kontemplation" führen können. Eine Form, die ich bei Jeru Kaball, einem mittlerweile verstorbenen amerikanischen Therapeuten und Meditationslehrer, kennen gelernt habe, möchte ich hier in einem von mir leicht veränderten Wortlaut darstellen (die Originalkassette bzw. CD kann über „The Clarity Project", Bötticherstr. 18, 25980 Westerland/Sylt, Tel: 04651/201088, bezogen werden):

Nr. 51: The quantum light breath

Ziel: ganz den Augenblick erleben, sich mit seinen Lebensgrundsätzen befassen, in einen anderen Bewusstseinszustand gelangen
Indikation: relativ einfacher, sehr effektiver Einstieg in Meditation
Dauer: 70 min
Materialien: gute Sitzmöglichkeiten, CD oder MC der Meditation
Raumgröße: -
Bitte bei der Durchführung achten auf: Ungestörtheit, Ruhe von außen, angenehme Raumtemperatur, auf die Möglichkeit einer Tetanie aufmerksam machen, erläutern, um den Schreck davor etwas zu mildern
Unerwünschte Nebenwirkungen: Hyperventilationstetanie
Kontraindikationen: Epileptiker sollten nicht daran teilnehmen bzw. nur nach genauer Absprache.
Wenn ich den Text hier wiedergebe, so ist mir klar, dass die positive Wirkung nur durch die Gesamtheit von Musik und Sprache möglich ist. Der Text alleine wird viele nicht animieren, damit zu arbeiten. Deshalb kann ich nur empfehlen, diese Meditation erstmal selbst zu erfahren. Zum eigenen Gestalten von ähnlichen Texten halte ich dann aber eine gute Grundlage wie die Vorliegende für sinnvoll und nützlich. Deshalb hier die
Anleitung:
„Es ist gut, sich zu Anfang ein bisschen anzustrengen, das heißt die Luft wirklich voll in deine Lungen hineinzubringen, um deine Kapazität zu spüren. Normalerweise benützen wir nicht unsere volle Kapazität, aber wir wollen es heute machen. – Also, die Luft ganz voll und tief hineinatmen. - Du kannst durch die Nase atmen oder durch den Mund, du kannst das machen, wie du willst. – Die Hauptsache ist, dass du viel Sauerstoff zu dir nimmst. – Jeder Atemzug sollte ganz voll und tief sein. – Nimm deine Gedanken wahr, es ist natürlich, dass Gedanken da sind, aber du weißt auch, dass du diese Gedanken nicht bist. – du brauchst diesen Gedanken keine Energie zu geben, nur einfach „da"-lassen. – dich jetzt ganz auf das Atmen konzentrieren, du nimmst mehr Sauerstoff auf, als der Körper braucht, und dadurch baust du deine Energie auf. – Du kommst immer zurück zum Atmen, du gibst alle deine Intelligenz, alle deine Aufmerksamkeit, alle deine Energie deinem Atem. – Du atmest immer in einen entspannten Bauch hinein, dann versuchst du, deine Lungen ganz voll auszudehnen mit der eingeatmeten Luft.

Die therapeutischen Instrumente

Es ist normal, dass Gedanken da sind, aber sieh ein, dass diese Gedanken Produkt deiner Ratio sind. – Du brauchst ihnen nicht zu gehorchen, aber auch nicht dagegen kämpfen – einfach keine Energie geben – deine Energie geht zum Atmen. – Du baust deine Energie auf – du wirst dann dieser Energie vertrauen. – Es ist deine Energie, und du weißt, dass du ihr vertrauen kannst. (erstes Musikstück) Immer zurück zum Atmen kommen. – Ganz voll und tief atmen. – Ganz voll und tief atmen.

du atmest in einen entspannten Bauch hinein, du fühlst deinen Bauch ganz entspannt vor jedem Atemzug. – Sieh ein, wie wichtig jeder Atemzug ist. – Aus jedem Atemzug kommt neues Leben. – Jeder Atemzug bringt neue Vitalität, neue Energie – jeder Atemzug reinigt dich – mit jedem Atemzug expandierst du.

Ganz voll und tief einatmen. – Immer zurück zum Atmen kommen. – Einsehen, dass du nicht unbedingt diesen Gedanken nachgehen musst. – Du brauchst auch nicht mit ihnen zu kämpfen, du kannst sie einfach da lassen und dich auf das Atmen konzentrieren. Du wirst deine Energie aufbauen durch das Atmen. – Je tiefer und voller du einatmest, desto stärker wird dein Erlebnis sein. – Ganz voll und tief atmen – sogar wenn du Körpergefühle hast, die du nicht kennst – das erlauben – das akzeptieren und weiter atmen. – Es kann sein, dass später Erinnerungen da sind oder Gefühle – das auch erlauben – das auch akzeptieren. – Ganz konzentrieren. – Du baust deine Energie auf. – Mit jedem Atemzug expandierst du dein Energiefeld. – Mit jedem Atemzug verstärkst du dein Energiefeld. (neues Musikstück)

Es kann sein, dass du das Gefühl bekommst, dass du lachen musst oder weinen musst, oder andere Gefühle sind da – alle solche Gefühle erlauben und akzeptieren – aber keine Energie geben.- Du gibst alle deine Energie zum Atmen. – Du wirst diese Gefühle nicht unterdrücken und ihnen gleichzeitig einfach keine Energie geben. – Mit jedem Atemzug öffnest du dich zum Leben, – du öffnest dich mit jedem Atemzug zu deinem eigenen Leben, – du atmest dein eigenes Leben ein mit jedem Atemzug.

Immer zurück zum Atmen kommen, deine Energie immer weiter aufbauen. – Ganz tief entspannt in den Bauch hineinatmen. – Jeder Atemzug bringt neues Leben, bringt Vitalität, bringt Gesundheit, jeder Atemzug reinigt dich, jeder Atemzug expandiert dein Energiefeld, außerdem atmest du dein eigenes Leben ein mit jedem Atemzug. – Dich immer öffnen – ganz voll und tief atmen. – Das Leben eintrinken – einatmen – dich expandieren lassen – alles erlauben – alles akzeptieren, das Leben eintrinken, – das Leben einatmen – deiner Energie vertrauen – immer zurück zum Atmen kommen – immer voll und tief atmen.

Dich immer weiter öffnen, das Leben eintrinken, das Leben einatmen – alles erlauben, alles akzeptieren – immer zurück zum Atmen kommen. – Dich weiter öffnen – voll und tief einatmen.

Ganz voll und tief atmen. – Das Leben eintrinken – das Leben einatmen. – Deine Lungen ganz voll atmen. – Dich weiter öffnen, die Lungen mit Luft füllen – mit Leben füllen. – Immer weiter atmen – alles erlauben, – alles akzeptieren – immer zurück zum Atmen kommen. – Ganz voll und tief atmen. Ganz voll und tief atmen.

Alles erlauben – alles akzeptieren – immer zurückkommen zum Atmen.- Immer dabei bleiben – du baust deine Energie auf – du atmest jetzt ganz kräftig. – (neues Musikstück)

Jetzt ein paar Minuten so kräftig und so voll atmen, wie du überhaupt kannst. – Ganz kräftig atmen – ganz kräftig atmen.- Alles erlauben – alles akzeptieren. – Ganz kräftig atmen.

– Ganz voll und tief atmen. (das dauert ca. 5 min)

Jetzt den Bauch entspannen. – Bauch entspannen. – Ganz langsam atmen, nochmal ganz voll, ganz tief atmen, du atmest in einen ganz entspannten Bauch hinein. (neues Musikstück)

– Stell dir vor, du sitzt vor einem Sonnenaufgang – der Himmel wird immer heller – die Sonne kommt hoch – über den Horizont – spür diese Energie – diese neue Energie – dieses Aufwachen – diesen Anfang von neuem Leben. – Atme es ein. – Atme es ein – ganz voll und tief atmen. – Langsam – voll und tief atmen – dich öffnen! – Dich öffnen!

Immer auf das Atmen konzentrieren, nicht auf die Musik, nicht auf meine Stimme. Weiter atmen – voll und tief das Leben einatmen – dich immer öffnen zu diesem Augenblick. – Spür die Sonne jetzt – höher am Himmel – ganz warm, freundlich. – Du atmest diese Wärme ein, du atmest dieses Licht ein. – Weiter atmen – auf das Atmen achten. (neues Musikstück)

Weiter voll und tief atmen. – Immer auf das Atmen achten – nicht auf die Musik – nicht auf meine Stimme.

Spür dich jetzt voll von Kraft, voll von Energie, voll von Leben. – Spür das Wunder, das du bist. – Und diese Kraft noch verstärken mit jedem Atemzug. – Genieß deine Macht – deine Kraft – dein Können. – Öffne dich. – Atme. – Das Leben genießen – atmen – dich öffnen.

– Immer weiteratmen. – Weiteratmen, – weiteratmen. – du atmest tief in deinen Bauch hinein – atme jetzt auch in dein Herz hinein.
- Lass dein Herz sich öffnen, zu deinem eigenen Leben – zu dir selbst.
Öffne dein Herz zu dir selbst – und weiteratmen. – All die Gefühle erlauben, aber zurück zum Atmen kommen – konzentriere dich auf das Atmen. – Weiteratmen. – Nicht in deine Gefühle hineinsteigern – die erlauben und akzeptieren, aber zurück zum Atmen kommen. Diesen Emotionen und Gefühlen nicht Energie geben. – Weiteratmen. (neues Musikstück).
Jetzt ein bisschen langsamer atmen, ein bisschen weicher und sanfter. Aber immer weiteratmen und auf das Atmen achten. – Du bist immer noch dabei, alte Sachen loszulassen, also immer Acht geben auf das Atmen. (neues Musikstück)
Gib dir jetzt die Erlaubnis, deine Schönheit und die feineren Aspekte von dir jetzt zu spüren. Diese feinen Eigenschaften, die du hast – die du sehr oft vergisst. – Spür, wie die Musik diesen Teil von dir spiegelt.
Immer weiteratmen, – die Sachen, die eventuell immer noch hochkommen, erlauben, aber keine Energie geben. – du bleibst auf das Atmen konzentriert. Das Atmen ist Jetzt – das Atmen ist die Wahrheit – ist die Gegenwart, diese Gedanken kommen aus der Vergangenheit, diese Gefühle kommen aus der Vergangenheit, die längst tot ist, längst vorbei ist. – Diese alten Sachen sind alle harmlos, wenn du es nur sehen könntest. – Du kannst dich von diesen alten Sachen befreien, wenn du ihnen einfach keine Energie gibst und gleichzeitig nicht dagegen kämpfst, sondern dich auf die Gegenwart, auf das Atmen konzentrierst. (neues Musikstück)
Du hast deinen Körper erfrischt – du hast deine Seele erneuert. – Du hast alte Sachen von deinem Unterbewusstsein losgelassen, sogar wenn du nicht weißt, was das war. – Du fühlst dich ganz neu – ganz wach – irgendwie leichter – sauberer. – Du hast das Gefühl, dass du selbst irgendwie mehr präsent bist – dass du mehr da bist – dass du echt – du da bist. – Weil du die alten Sachen losgelassen hast – fühlst du dich klüger – weiser – liebevoller.
– Du schaust dein Leben an. – Du überlegst, ob du mit deinem Leben zufrieden bist – ob du machst, was du wirklich willst. – Ob du deinem Ziel näher kommst und ob es Änderungen in deinem Leben geben soll. – Sind deine Prioritäten in Ordnung? – Bist du dir immer noch klar darüber? – Du kannst diese Zeit ausnützen, weil du jetzt so klar bist. – Mit dir selbst zu reden – dir selbst eine Antwort zu geben – dich selbst zu unterstützen. (ca. 3 min)

– Jetzt stell dir vor, dass ein großes Licht von deinem Herzen kommt. – Dieses große Licht wird immer kräftiger und kräftiger, – bis dein ganzer Körper von diesem Licht umarmt ist. – Lass dich von diesem Licht umarmen, streicheln, unterstützen – erlaub dir selbst, dich zu lieben – dir so viel Liebe zu geben. – Du gibst dir selbst so wenig. – Lass dieses große Licht dich nähren – unterstützen – wärmen. – Und denk oft daran, was für ein wunderschöner Mensch du bist, und sieh ein wie du auf dich achten – für dich selbst sorgen kannst – sieh ein, dass du jetzt ein starker erwachsener Mensch bist, und all die alten Kindheitsdinge kannst du fallen lassen, loslassen. – Du bist nicht mehr das Kind, das du einmal warst. – Und all die alten Strategien gelten nicht mehr, du brauchst sie nicht mehr. – Jetzt kannst du ohne sie freier leben. – Jeden Augenblick für sich wahrnehmen und dich selbst in der Gegenwart erfahren.

In dem Augenblick – jetzt – stell dir vor – ein Leben, wie du es haben willst. – Stell dir vor, das Leben, wie es aussehen kann. – Mit deinem inneren Auge, sieh dich selbst in deinem Leben, – wie offen – wie stark – wie schön du bist. – Und heute hast du eine Möglichkeit, einen Schritt näher zu diesem Bild zu kommen. Du brauchst die Gelegenheit nur wahrzunehmen.

Nicht den alten Gewohnheiten nachgehen, sondern diesen neuen Weg gehen. – Habe den Mut immer was Neues auszuprobieren. – Den neuen Weg zu finden, und freu dich auf das Unbekannte.

Schau überall hin, um zu sehen, ob es noch etwas gibt, was du dir selbst sagen willst.

Bleib sitzen, so lange wie du willst. – Aber wenn du bereit bist, kannst du aus der Meditation herausgehen."

Es werden in diesem Ablauf sehr unterschiedliche Musikstücke (von Spiritual Environment bis zum Adagio von Albinoni) gespielt. Jeru nannte diese Form der meditativen Versenkung „Quantum light breath". Er hat sie zwar in der äußeren Form immer wieder ähnlich gestaltet, aber die Themen, die Zeit und die Musik variiert – das Ritual war nie das Gleiche. Die Atmung wird in dieser Meditation zum tragenden Element: zuerst Veränderung provozierend, dann tragend und Halt gebend, zum Schluß als Kern der Kontemplation.

Ich habe seither einige solcher Meditationen selbst kreiert und gesprochen. Meine Erfahrungen damit sind ermutigend: Gerade als Höhepunkt, als verdichtetes Zentrum im Ablauf der Gruppe kann eine solche geführte Meditation nicht ganz klare Themen nochmal unter einem neuen Gesichtspunkt erscheinen lassen und so für eine Lösung öffnen. Ich empfehle jedem Therapeuten, der diese Form intensiver einsetzen will, sich mit Form und Struktur vertraut zu machen. Auch die eigene Erfahrung, das eigene Wachsen damit sind in meinen Augen eine Vorraussetzung dafür, dass ich selber eine solche Meditation aus der Situation heraus sprechen kann und sie entsprechend den Themen, der Zeit und der Musik genau auf die Gruppensituation zuschneiden kann. Dies braucht meiner Erfahrung nach allerdings einige Übung und ein intensives Einlassen auf diesen Bereich.

Nach diesen Mischformen von Meditation und Therapie gibt es natürlich noch die klassischen Meditationsformen aus Buddhismus und Hinduismus: Sitzen und Stille oder wie es in den Upanishaden, den heiligen Schriften für Yogis, beschrieben wird: das Halten einer Gedankenwelle in der „Denksubstanz" für eine lange Zeit (indische Zeitangaben). Oder wie es der indische Weise Ramana Maharshi bildhaft formulierte: Erst wenn der See des Denkens völlig still geworden ist, kann sich der Himmel der höheren Existenz in ihm ohne Verzerrung spiegeln. Die Wirkungen solcher tiefen Meditationen sind gerade auch von Neuro-Psychologen intensiv untersucht worden, und man fand eine Reihe positiver Auswirkungen auf den Organismus, so wie sie auch in einem therapeutischen Prozess wünschenswert wären: Ausbalancierung von Nervus sympathicus und Nervus vagus mit all den damit verknüpften Funktionen wie Atmung, Herzfrequenz, Blutdruck, Muskelspannung, Verdauung usw.

Wie immer nun dieses „Raumgeben" für innere Prozesse ausschauen mag, scheint es mir wichtig, auch nach solchen Übungen viel Raum und Zeit zu lassen für die weitere Verarbeitung: Bilder malen, Gespräche führen, lange Spaziergänge usw.

Zum Abschluss dieses Kapitels möchte ich gerne wieder Auszüge von Gesprächen nach einer solchen Meditation wiedergeben:

- Monika, 32 Jahre, ist in der Gruppe, weil sie den Tod ihres sieben Monate alten Sohnes, der vor 1,5 Jahren an einer angeborenen Herzschädigung gestorben war, noch nicht verwunden hatte: „Ich bin jetzt richtig leicht: ungefähr in der Mitte der Quantum light, in dem Stück nach dem Sonnenaufgang (ich hatte da die Originalversion gespielt) bin ich meinem kleinen Fabian richtig begegnet, und es war, als würde er mich trösten, ohne Worte, aber irgendwie ganz deutlich. Ich hatte das Gefühl, dass wir uns seit seiner Geburt noch nie so nahe waren, wir haben jetzt eine richtige Verbindung, und es ist gar nicht mehr so schlimm, dass er gegangen ist. Irgendwie hat sich meine Vorstellung von Gott verändert. In der Kindheit habe ich ihn immer als alten Mann mit weißem Bart gesehen. Als ich älter wurde, wusste ich zwar, dass das so nicht stimmen kann, aber da war kein anderes Bild. Ich war wirklich Gott-los. Und wie das mit Fabian passiert ist, habe ich doch immer noch diesen alten Gott angeklagt, warum er das zugelassen hat, und mich aber gleich wieder für blöd erklärt. Heute habe ich Fabian, mich und alle anderen als Lichtpunkte in einem unendlich großen Netz gesehen – jeder Knoten im Netz war ein Mensch, jeder war an seinem Platz, und jeder hatte irgendwie sein Schicksal. Und auf einmal hab ich begriffen, das alles zusammen, das ist Gott. Da bin ich ein Teil davon und der Fabian auch, und so sind wir verbunden, und jetzt kann ich ihn loslassen, weil er ist ja nicht verloren, er ist ja auch noch immer in diesem Netz. – Oh, das ist gut, ich bin so dankbar, dass ich das sehen durfte."

- Hermann, 63 Jahre, ist an Prostatakrebs erkrankt. Im Moment ist die Situation objektiv zwar gut: Die erste Untersuchung ein halbes Jahr nach der Operation ist ohne Befund. Die Ärzte haben ihm Mut gemacht, aber das Ganze hat ihn völlig aus der Bahn geworfen: „Ich hab im letzen halben Jahr oft mit meinem Schicksal gehadert. Da schuftest du ein Leben lang, gehst in Rente und willst vom Leben noch was haben und liegst dann acht Wochen nach deinem letzten Arbeitstag auf dem Op-Tisch. Ich war nur verzweifelt. An Gott habe ich schon vorher nicht mehr so recht geglaubt. Aber wenn so etwas passiert, da erlebst du dich nur ungerecht behandelt, und wenn das ein Gott zulässt, was ist das dann für einer? Heute in dieser Meditation habe ich mich, zum ersten Mal seit der Diagnose, wieder ganz im Augenblick gefühlt, und ich hab gemerkt, dass eigentlich nur dieser Augenblick jetzt wichtig ist. Und da hab ich auch zum ersten Mal seit diesem schrecklichen Moment gespürt, dass dieser Augenblick jetzt gut ist: Ich fühl mich gesund und kräftig und was sein wird und sein könnte, es ist eigentlich unwichtig, wenn's jetzt gut ist. Und jetzt hab' ich wieder den Mut, meine geplante Reise nach Mexiko zu machen, und ich werde gleich nächste Woche buchen – und ich werde es doppelt genießen, jeden Moment für sich, so wie der, das da sagt! Das finde ich ein Riesengeschenk, mit dem ich nicht gerechnet hatte."

- Ines, 28 Jahre, sehr hübsch und sportlich, Krankenschwester von Beruf, hatte vor einem halben Jahr einen schweren Motorradunfall und wird bleibende Schäden davontragen: nicht mehr voll bewegliches, leicht verkürztes Bein mit derzeit noch ziemlich großen Narben: „Mir geht's ähnlich wie Hermann, ich wollt' mich schon umbringen. So konnte ich mir mein Leben gar nicht mehr vorstellen. Und irgendwie hab' ich mich von einer Reha zur anderen geschleppt und die Nachoperation über mich ergehen lassen. Einmal wäre mir beinahe noch mal ein Unfall passiert, als ich bei meinem Freund im Auto mitgefahren bin. Mein Freund war ganz käsweiß – ich hab nur gesagt: Na und? Es wär mir grad recht gewesen. Und dann hab ich mich wieder gehasst, weil ich so undankbar war: Ich lebe und habe einen ganz lieben Freund, der zu mir steht. Aber irgendwie ging's mit dem Mutfassen nicht. Und heute, ich weiß eigentlich gar nicht wie, aber da war so ein Gefühl, zu wissen, warum ich auf der Welt bin. Und irgendwie hab' ich zum ersten Mal über mich lachen können – als ob die Welt eine einzige Miss-Universum-Wahl sei. Es war, als hätte ich begriffen, was ich zu lernen hatte. Irgendwie fühle ich mich um Jahre älter und reifer."

- Sandra, 41 Jahre, zwei Kinder, frisch von ihrem Mann geschieden, der sie wegen einer anderen Frau verlassen hatte: „Das mit der Scheidung, das ist ja jetzt schon o.k. Er war ja auch nicht der einfachste Mann, um mit ihm zusammenzuleben. Aber dass die andere besser sein soll als ich , das hat mich gewurmt, das hat mich nicht losgelassen. Und immer wenn ich vorm Spiegel gestanden bin, dann kam so 'n Hass auf mein faltiges Gesicht und meinen Hängebusen. Naja, wenn du zwei Kinder ganz lang gestillt hast, dann ist es da halt nicht mehr so knackig. Und dann hab ich mir eingeredet, dass ich doch noch ganz schön fit bin, aber irgendwie half das alles nichts: Ich wurde richtig depressiv und hab mir vom Hausarzt schon mal 'n Mittel verschreiben lassen. Und jetzt nach dieser Erfahrung stehe ich hier und hab mich wieder richtig gerne. Ich hab auf einmal die vielen schönen Seiten von mir sehen können und was im Leben eigentlich wichtig ist und dass ich ohne diese Trennung nicht zum Yoga und zur Meditation gekommen wäre. Da wäre ich als die Direktorengattin mit Kaffeeklatsch und Rezepte Austausch so ziemlich flach vor mich 'hingedümpelt'. Schön, mich so anders zu sehen."

- Hans, 29 Jahre, gerade mit dem Studium fertig, hat seit dem Tod seines Vaters vor einem Jahr starke Rückenschmerzen: „Meine Rückenschmerzen sind zwar noch nicht weg, aber leichter. Es war in der Meditation, als hätte nicht Jeru gesprochen, sondern mein Vater: Ich hab total heulen müssen (die Tränen fließen schon wieder), da war so viel Wärme und Anerkennung, mein ganzer Rücken wurde warm, obwohl er sich vorher nicht kalt angefühlt hatte. Wenn er doch nur in Wirklichkeit auch so gewesen wäre! Aber manchmal hatte er ja so was Verschmitztes, Lockeres. Dadurch, dass die Stimmen irgendwie Ähnlichkeit hatten, war er für mich ganz nah da, und es war so gut. Ich hab mir dann zwar auch gesagt, dass ich jetzt spinn und das doch gar nicht stimmt, aber das hatte gar keine Kraft: Die Gefühle waren viel stärker, und ich hab mir von ihm richtig den Rücken gestärkt gefühlt. Jedes Wort war wie Balsam da hinten. Ich bin ganz neu und so stark wie noch nie. Nächste Woche habe ich ein Vorstellungsgespräch, da hatte ich ziemlich Bammel davor. Jetzt habe ich das Gefühl, dass mein Vater und der Opa hinter mir stehen, und das ist ein starkes Gefühl." Dazu muss ich als Therapeut noch ergänzen, dass am Nachmittag, also ca. drei Stunden vorher, eine Familienaufstellung durchgeführt wurde, in der als Idealbild dieses Gestütztwerden von Vater und Großvater erarbeitet worden war.

3.3 Identität: Wer bin ich? Wo komme ich her? Wo gehe ich hin?

Diese Sinnfragen schließen sich nahtlos an das Thema Religion und Spiritualität an. Und wieder gilt: Jeder kann nur seine ganz individuellen Antworten finden. Die meisten schon gedachten, gefundenen Antworten passen nur begrenzt und je konkreter solche vorgefertigten Antworten werden, desto banaler erscheinen sie. Nicht die richtigen Antworten geben ist hier die Aufgabe für den Therapeuten, sondern die richtigen Fragen stellen.
Am Beginn dieser Thematik steht genaue Familienforschung über mehrere Generationen, um sozusagen die äußere, faktische Grundlage für diese Fragen zu schaffen:

Nr. 52: Familienstammbaum

Ziel: Klärung der Frage: Wo komme ich her? Wie schaut meine Basis aus?
Indikation: Klärung vor Beginn psychologischer Arbeit
Dauer: Hausaufgabe, die Tage dauern kann
Materialien: alte Urkunden, Gespräche mit Verwandten
Raumgröße: -
Bitte bei der Durchführung achten auf: Übersichtlichkeit
Unerwünschte Nebenwirkungen: -
Kontraindikationen: -
Übungaufbau:
Diese Übung gebe ich regelmäßig vor Beginn einer Therapie als Hausaufgabe. Wichtig ist mir, dabei auch Genaueres über das Leben, die Persönlichkeit und das Sterben der Vorfahren zu erfahren. Auch besondere Ereignisse in früheren Generationen sollten erforscht und geklärt werden: ungewöhnliche Lebensweisen, Abgänge, Totgeburten, schwere Krankheiten, lebensbedrohliche Erlebnisse, weggegebene Kinder, Auswanderungen (z. B. nach Übersee), Heimatverlust, Selbstmorde, Morde, unrechtmäßige Aneignung von Erbe, Verbrechen, besondere Abstammung (z. B. jüdisch), Aussenseiterpositionen, Inzest und Missbrauch.
Ich lasse diesen Stammbaum auf ein großes Papier (mindestens DIN A 2) aufmalen und schreiben. Dieses Papier soll mitgebracht und erläutert werden. Damit ist dann eine gute Grundlage für eine Familienaufstellung gegeben. Manchmal ergeben sich auch ohne spezielle Aufarbeitung wesentliche Erkenntnisse nur durch das Zusammenfügen einzelner „Bausteine".
Diese Aufgabe ist ein wichtiger Teil jeder systemischen Therapie.

Der nächste Teil ist ein ebenfalls sehr ausführlicher

Nr. 53: Lebenslauf

Ziel: Klärung, was in meinem Leben passiert ist, wo Unklarheiten sind
Indikation: Einstieg vor Beginn jeder therapeutischen Arbeit
Dauer: kann Stunden und Tage dauern
Materialien: Urkunden, Fotos, Tagebücher, Gespräche mit Eltern und Geschwistern
Raumgröße: -
Bitte bei der Durchführung achten auf: Genauigkeit und Übersichtlichkeit.
Unerwünschte Nebenwirkungen: -
Kontraindikationen: -
Übungsaufbau:
Dieser sollte schon vor der Geburt mit Besonderheiten der Schwangerschaft beginnen, über die Umstände der Geburt weitergehen zu frühen Gesetzmäßigkeiten in der Herkunftsfamilie. Hier gebe ich als Anregung ein Schema vor, das die Klienten nutzen können. Folgende Fragen sind hier aufgeführt:
- Verlauf „deiner" Schwangerschaft?
- Umstände und Verlauf deiner Geburt?
- In welche familiäre Situation wurdest du hineingeboren?
- Dein Vater: Alter, Beruf, Wesen und Persönlichkeit, deine Beziehung zu ihm damals und heute. evtl. sein Tod und dein Erleben dabei?
- Deine Mutter: die gleichen Fragen wie beim Vater
- Deine Geschwister: Geschlecht und dann die wie beim Vater
- Besondere Ereignisse, die dich geprägt haben? Z. B. dein Vor-, aber auch dein Familienname?
- Die Atmosphäre in der Familie?
- Welche Person hat dich in deiner Kindheit am meisten geprägt? Wie?
- Wie wurde das Thema Sexualität in der Familie gehandhabt?
- Wie ist heute dein Verhältnis zur Sexualität? Schuldgefühle? Intensität und Zufriedenheit?
- Wie ist dein Verhältnis zu deinem Körper? Gab es da starke Veränderungen im Laufe der Zeit?
- Deine Erlebnisse mit Gleichaltrigen: Kindergruppe, Kindergarten, Schule?
- Deine Erfahrungen mit der Berufswelt?
- Besondere Krankheiten, Auffälligkeiten und Unfälle?

- Wie erging es dir mit Beziehung, Liebe und Partnerschaft?
- Kannst du leicht Beziehungen knüpfen? Hast du einen großen Freundes-
  kreis, ein stabiles soziales Netz?
- Kannst du Freundschaften leicht halten?
- Hast du eigene Kinder? Wie geht es dir damit? Fühlst du dich wohl in der
  Vater -/Mutter Rolle?
- Wie verbringst du hauptsächlich deine Freizeit? Hobbys, besondere Fä-
  higkeiten?
- Bemerkst du an dir Suchtverhalten?
- Hast du schon einmal an Selbstmord gedacht oder es schon versucht?
- Gab es schreckliche Zeiten in deinem Leben? Wie kam es dazu? Was war
  dein Anteil daran?
- Welches sind deine wichtigsten Werte und Grundsätze?
- Wie ist heute dein Verhältnis zu Religion und Spiritualität?
- Gibt es in deinem Leben noch unerfüllte Wunschträume? Welche?

Anhand dieser Leitfragen sollten zwei bis drei Seiten Lebenslauf kein
Problem sein, den ich dann mit dem Klienten durchgehe. In längeren Gruppen lasse ich diesen Lebenslauf vor der Gruppe darstellen, wenn die Klienten arbeiten wollen. Wenn ein Teil der Gruppe bzw. alle einen solchen Lebenslauf verfasst haben, bietet sich folgende aktive Phantasiereise an:

Nr. 54: Traumreise durch dein Leben; mit Bewegung

Ziel: das bisherige Leben nochmal plastisch zu erleben und verstehen lernen, warum es so und nicht anders ist.

Indikation: Mut machen, sein Leben in die Hand zu nehmen und zu erkennen, dass niemand anders etwas verändern kann

Dauer: 2 bis 3 Std.

Materialien: Matten oder Decken zum Liegen, 5 bis 6 CDs

Raumgröße: je Teilnehmer 2 bis 3 qm

Bitte bei der Durchführung achten auf: Ungestörtheit und Ruhe von aussen, warme Temperatur

Unerwünschte Nebenwirkungen: -

Kontraindikationen: -

Nötig dafür: ein genügend großer Raum und eine Musikanlage sowie ca 10 verschiedene CDs mit Musik. Jeder Teilnehmer sollte eine Matte zum Liegen haben. Die Raumtemperatur sollte so warm sein, dass alle ohne Decke liegen können.

„Such dir einen Platz, an dem du dich wohl fühlst, und leg dich auf deine Matte. Mach es dir ganz bequem und schau, ob dich noch irgendetwas stört. Du kannst es jetzt noch ändern.

Dann lass alles los und schließe deine Augen. Richte deinen Blick nach innen und geh mit deinem Bewusstsein durch deinen Körper: Spür dein Gesicht, deine Kopfhaut und den Nacken. Stell dir dabei vor, dass dein innerer Blick die Fähigkeit hat, alles ganz warm und locker zu machen. – Geh dann weiter den Rücken hinunter und lass diese Wärme auch nach den Seiten hin ausstrahlen. – Du wirst dir so deines ganzen Brustkorbes bewusst und kannst ihn noch mehr loslassen. – Der Atem hebt ihn ganz von alleine – du brauchst nichts dafür zu tun. – Auch dein Bauch hebt und senkt sich im Rhythmus deines Atems sanft, ohne dass du irgendetwas tun oder kontrollieren musst. – Dein Becken liegt ganz breit und schwer auf dem Boden, und du gibst dich dem Gefühl hin, dass alles ganz locker und warm ist und genießt es. – Die großen Muskeln deiner Oberschenkel scheinen richtig auseinander zu fließen – du lässt es zu und verstärkst diese Empfindung durch die Vorstellung, dass dein Blut noch mehr Wärme und Lockerung dorthin bringt. – Unterschenkel und Füße werden von diesem warmen Strom miterfasst, und du genießt diese sich immer weiter ausbreitende Lockerung. – Dann gehst du vom Bewusstsein her nochmal zum

Nacken und stellst dir vor, dass dort eine ganz warme Kugel liegt, die deinen ganzen Nacken strahlend warm macht. – Diese Wärme lässt du ausstrahlen in die Schultern und weiter in die Arme bis in die Hände. Arme und Hände liegen ganz bequem auf der Unterlage und werden nun auch lockerer und wärmer.

Du spürst jetzt nochmal deinen Atem und lässt ihn in seinem Rhythmus durch deine inneren Räume ziehen. Du steuerst oder kontrollierst nichts, du bist nur in deinem Bewusstsein und schaust zu, was sich ereignet. du lässt es geschehen und genießt diesen Zustand, so gut du kannst. – Und in diesem Beobachten ziehst du dich mehr und mehr von deinem Körper zurück. – Du überlässt deinen Körper jetzt für eine Weile sich selbst und fühlst die Freiheit, mit deinem Bewusstsein gehen zu können, wohin du auch immer willst.

So möchte ich dich jetzt einladen zu einer Reise besonderer Art: du wirst hierbei die Gelegenheit haben, dir dein Leben noch einmal anzuschauen. Und du kannst nochmal schauen, ob es stimmig war und was dich so hat handeln lassen. Und du kannst dich entscheiden, bestimmte Lebenshaltungen zu verändern, um zu einem Leben zu kommen, das deinem inneren Wesen, deiner inneren Realität mehr entspricht.

Stell dir nun vor, dass du im Bewusstsein diesen Raum verlässt, die Straße vor dem Haus entlanggehst, bis du den Ort hinter dir gelassen hast. – Du gehst weiter über Wiesen und Felder und durch einen kleinen Wald. – Du nimmst alle Geräusche, alle Düfte ganz genau wahr, und du spürst den Luftzug auf deiner Haut. – Du bemerkst, wie die Luft im Wald frischer und kühler wird – und so gelangst du zu einer kleinen Lichtung. – Vor einer großen Birke ist der Boden ganz weich und glatt, und du legst dich dorthin, um ein wenig auszuruhen. Du schließt deine Augen, du wirst müde und schläfst ein. – Du lässt es geschehen und du bekommst das Gefühl, tiefer zu sinken und in eine andere Welt zu gelangen. – Diese Welt ist nochmals anders und gleichzeitig in einer bestimmten Weise sehr vertraut. – Du nimmst schemenhaft wahr, dass du auf einem Feld stehst. – Du siehst in einiger Entfernung ein altes Haus vor dir stehen. – Du gehst hin: – Es ist anscheinend im Moment nicht bewohnt. Die Tür steht offen und – du gehst hinein. – Das Erste, was dir auffällt, ist eine lange Treppe, die nach unten führt. – Vielleicht zögerst du etwas, die Treppe hinunterzugehen und du schaust sie dir genau an: Da bemerkst du, dass diese Treppe die Treppe deines Lebens ist, dass sie dein Leben darstellt. – Jede Stufe symbolisiert ein

Jahr in deinem Leben, und du hast nun die Möglichkeit, diese Stufen hinunterzugehen und so noch einmal deinem Leben zu begegnen.

– Wenn du dich entschieden hast, dann beginne, Schritt für Schritt die Stufen nach unten zu gehen. Je weiter du nach unten kommst, desto dunkler wird die Treppe, und die letzten Stufen kannst du im Moment nicht sehen. – Aber es kann dir nichts anderes begegnen als das was du schon kennst. – Es ist dein Leben – du kannst so schnell oder so langsam gehen, wie du willst – oder auch stehen bleiben und dich umschauen und genau hinsehen, was an diesem Punkt geschehen ist. Entscheide du selbst, wie du gehen willst.

Hier muss der Therapeut entscheiden, ob er sich für eine Weile ganz ausklinkt und jeden seinen eigenen Prozess machen lässt, mit der Gefahr, dass es zeitmäßig sehr auseinander driftet. Dies ist vor allem ein Problem, wenn sehr unterschiedlich alte Menschen dabei sind; ich hatte schon Spannweiten von 40 Jahren. Mein Weg ist meist, dass ich punktuell führe und dann wieder längere Pausen mache, also etwa so:

„Du bist jetzt schon eine Weile in deinem Tempo gegangen, vielleicht bist du erst in deinem 30. Lebensjahr, vielleicht aber auch schon beim 20. – Schau dich um, wo du gerade bist und ob es hier interessant ist. – Wenn nicht, gehe weiter, bis ein Punkt kommt, wo du verweilen möchtest: Vielleicht ist es dein Schulabschluss, vielleicht deine erste Arbeitsstelle. Schau dich genau um, was du alles sehen kannst: – Wie bist du gekleidet? – Welche Frisur trägst du? – Welche anderen Menschen sind mit dir?

Was fühlst und denkst du? – Und wenn du genug gesehen hast, dann geh weiter in deinem Tempo, bis du wieder an einem wichtigen Wegepunkt angelangt bist: – vielleicht deine erste große Liebe, vielleicht deine Pubertät: – Was hattest du für Freunde – für welche Musik hast du geschwärmt – welche Hobbys hattest du? – Und dann geh wieder weiter: Irgendwann kommst du zu deinem ersten Schultag: Erinnerst du dich noch an Details? – Oder kannst du nicht mehr so gut sehen, was war? Schau das kleine Mädchen, den kleinen Jungen an – und lass dich von ihm, von ihr anschauen: Wie siehst du aus – aus der Sicht des kleinen Kindes, das du einmal warst. Was denkt, was fühlt das kleine Mädchen, der kleine Junge, wenn er dich sieht – so wie du heute bist, wie du heute fühlst, wie du heute dein Leben gestaltest? – Bist du die erwachsene Person geworden, mit der der kleine Junge, das kleine Mädchen zufrieden, in Übereinstimmung ist? – Dann geh weiter zurück – Kindergarten … Schau dich um, ob es da noch etwas zu sehen gibt oder ob es schon völlig dunkel ist in deiner Erinnerung. – Wenn du nichts mehr sehen kannst, dann geh ruhig weiter, und bei den letzten Stufen ist möglicherweise keine Erinnerung mehr da; du tastest dich wie im Dunkeln voran. – Dann bist du am Boden angelangt. – Es fühlt sich feucht und warm an – es ist nicht viel Platz, und du legst dich hin und ruhst etwas aus. du fühlst dich völlig geborgen. (Hier kannst du eine längere Pause machen, evtl. passt von der Musik her „Out of the depths" von Terry Oldfield sehr gut – ruhige, einfache Musik mit Walgesängen dazwischen, was das Ganze verfremdet, ohne unheimlich zu wirken.) – Du merkst, wie auch diese Zeit vergeht, und es kommt etwas Neues auf dich zu: (spätestens hier die Musik ausblenden; evtl. andere Musik) Du wirst bewegt, du rutschst weiter – es wird immer enger und intensiver – du bewegst dich auf etwas völlig Neues zu – es wird noch enger – und gleichzeitig heller und – schließlich bist du auf der „anderen Seite" – leicht, hell, völlig andere Geräusche. (hier evtl. Musik einblenden; sehr gut eignet sich für mein Empfinden Back to the earth – rivers of life und hier gleich das erste Stück – Aurora magica) – Spür, wie es sich anfühlt hier zu sein. – Nimm einen tiefen Atemzug: Wie ist das – zu atmen? – Wie riecht die Luft, die du einatmest? – Was ist alles zu spüren? – Wie ist das Gefühl auf der Haut? – Was kannst du sonst noch wahrnehmen? – Fühle deinen Körper – spüre, wie schwer dein Kopf ist, wenn du versuchst, ihn zu heben. – So lass ihn liegen und drehe ihn nur leicht hin und her. – Wie geht es dir, einfach nur so zu liegen? – (hier viel Zeit lassen) – Dann merkst du vielleicht, wie du dich mehr bewegen willst: (Wenn du merkst, dass manche das nur in der Vorstellung machen, sprich das nochmal ganz deutlich an, dass sie es wirklich tun sollen.) Und du beginnst, Arme und Beine anzuziehen und wieder auszustrecken. – Du beginnst, deinen Köper hin und her zu schaukeln, und kommst irgendwann seitlich zu liegen. – Du entdeckst immer neue Bewegungen und neue Körperhaltungen – es ist ein Spiel mit deinem Körper. – Dann beginnst du dich weiterzudrehen und du liegst jetzt auf dem Bauch. – Wie schaut die Welt so aus? – und wieder beginnst du, Arme und Beine anzuziehen, dieses Mal so, dass deine Beine unter deinen Körper kommen – und – Signal für Pause, Zeit lassen – dann beginnst du, dich langsam mit den Armen hochzustemmen, und hebst so den Köper vom Boden ab. – Du merkst das große Gewicht deines Körpers, aber du spürst auch, wie viel Kraft du hast. – Du gehst noch einmal zurück und kauerst dich hin und ruhst dich aus. – Doch dann drückst du dich wieder hoch und diesmal auch mit den Beinen, sodass du im Vierfüßlerstand bist. – Du merkst auch, wie sehr du Gleichgewicht halten musst und wie ganz neue Muskeln angespannt werden. – Du lässt deinen Bauch nach unten durchhängen – und machst dann wieder einen Katzenbuckel, ein paar Mal im Wechsel, und du genießt die Beweglichkeit deines Körpers. – Du machst so im Knien, auch ein paar Schritte nach vorne und wieder zurück. – Du beginnst dann die Knie vom Boden abzuheben, indem du dich mit den Füßen nach vorne bewegst und die Hände am Boden verankert lässt. – Dein Po schiebt sich nach oben und ist jetzt die höchste Stelle deines Körpers. – Spür auch hier wieder, wie viel Kraft das braucht und wie viel Balance. – Du bringst jetzt deine Beine mehr und mehr unter deinen Körper, sodass sie dich zu tragen beginnen – und schließlich stehst du mit leicht gebeugten Beinen, und die Hände am Boden sorgen nur noch für das Gleichgewicht (diese Haltungen sind bekannt als Basispositionen der Bioenergetik). – Du schwankst leicht hin und her – bringst mal mehr Gewicht auf den Vorderfuß, mal mehr auf die Fersen und beobachtest, wie sicher du dich jeweils fühlst. – (hier Zeit lassen zum Ausprobieren) – Dann beginnst du langsam mit den Händen an deinen Beinen hochzukrabbeln und dich so aufzurichten – langsam kommst du höher, – du achtest immer wieder auf dein Gleichgewicht – dass du ganz in deiner Mitte bist – und schließlich stehst du ganz gerade – ganz aufrecht, und du pendelst leicht hin und her und kommst so genau immer wieder zu deinem Mittelpunkt. Da, wo du im Lot stehst, ist der Punkt, an dem du die wenigste Kraft brauchst, um aufrecht zu sein. – Du genießt es, so groß zu sein und so in der deiner Mitte zu stehen. – Du schaust umher und wirst dir dabei deiner Größe nochmal deutlich bewusst. – Dann wendest du den Kopf nach oben und schaust, was über dir sein könnte: – Du beugst dazu den Oberkörper etwas nach hinten, schiebst dein Becken nach vorne, ohne im Kreuz abzuknicken, beugst die Knie leicht und hebst die Arme nach oben (diese Haltung ist in der Bioenergetik Stressposition II) – du atmest tief in deinen Bauch und öffnest dich nach oben mit deinem Körper. – Es ist, als würdest du dich als Kind zu Mama oder Papa nach oben strecken. Aber vielleicht ist es auch wie ein Sichöffnen zu größeren Mächten – Schau was du für Bilder, für Gefühle dabei hast, atme tief und lass alles zu. (hier wieder 4 bis 5 min Zeit lassen) – Dann komm wieder zur Geraden und genieße das Stehen im Lot, deine Größe, dein Gleichgewicht. – Und danach beginn langsam die ersten Schritte zu machen: Winzig kleine Schritte,

Die therapeutischen Instrumente

Millimeter nur, um im Gleichgewicht zu bleiben. – Spür in deinem Körper, wo du deinen Schwerpunkt erlebst? – Geh mit deinem Bewusstsein in dein Becken und spür, ob hier ein Platz sein könnte, der dein Schwerpunkt ist. – Wenn du einen Punkt in dir gefunden hast, der sich wie dein Schwerpunkt anfühlt, dann beginne jeden Schritt, jede Bewegung, die du machst, aus diesem Zentrum heraus zu tun. – Wenn du etwas sicherer geworden bist, kannst du etwas größere Schritte machen – mach die Schritte aber immer noch ganz langsam, wie in starker Zeitlupe. – Ein Schritt dauert vielleicht eine halbe Minute – (dazu gibt es wieder eine sehr passende Musik: „Structures from silence" von Steve Roach) – Sei ganz in diesem Augenblick und spür, wie jeder Schritt ein Augenblick in deinem Leben ist und nicht wiederkehrt. – Sei ganz in diesem Moment – jeder Schritt, den du getan hast, kommt so nicht wieder. Jede Sekunde, jede Minute, die vorbei sind, werden zu Vergangenheit, die nie zurückkehrt, nicht mehr lebendig, nicht mehr real ist. Spüre diesen Augenblick und sei dir dessen ganz bewusst. – (hier viel Zeit lassen, den Augenblick erfahren lassen. Das Musikstück dauert 28 Minuten; mindestens die Hälfte der Zeit gehen lassen) – Immer wieder aus deinem Zentrum im Bauch herausgehen – dich in dieser Mitte spüren. – (Ende der Musik) – Dann gehst du langsam schneller, versuchst dabei aber nicht dein Zentrum zu verlieren. – Deine Schritte werden immer schneller. – Das Leben mit seinen Anforderungen kommt auf dich zu, du musst schnell sein – und deine Schritte werden immer schneller. – Und du versuchst immer noch aus deinem Zentrum im Bauch herauszugehen. Und du wirst noch schneller und weichst den anderen aus deinem Bauch heraus aus (ich lasse sie dabei so schnell gehen, dass im Gehen keine Steigerung mehr möglich ist, die nächste Stufe wäre Rennen). – (ca. 3 bis 5 min) – Dann wirst du wieder langsamer – sammelst dich wieder und gehst nochmals ganz bewusst in deinen Bauch und lässt deine Schritte von dort her kommen.

(hier dann evtl. Musik: „Romances" von M. Hoppe)

Du richtest jetzt deinen Blick auf die anderen Menschen, die hier mit dir sind: – Du nimmst sie ganz bewusst wahr – du gehst langsam umher und schaust, was du sehen kannst, wenn du ganz bewusst schaust. Schau in die Gesichter, in die Augen und lass dich anrühren von dem was du da siehst. – Wenn du magst, bleib vor Einzelnen stehen und schau länger. – Lass alle Bedürfnisse und Gefühle da sein. – Wenn es für dich passt, so komm dem anderen näher, berühr ihn, drück das aus, was dich im Moment bewegt.

Spür, was dein Herz sagt und nimm dir Zeit für diese Begegnungen. (die CD dauert ca. 50 min, alle Stücke sind für diese Begegnung gut und zwischen 3 und 7 min lang; wenn es passt, lasse ich 4 bis 5 Stücke spielen, ich nehme also etwa 20 min Zeit für diese Begegnungen, die meist sehr innig sind.) – Dann beende die jetzige Begegnung in deinem Tempo und kehre wieder zu dir in dein Zentrum zurück und nimm die Bilder und Gefühle, die jetzt in dir sind ganz bewusst war. – So war, – so ist dein Leben – und – du bist der, der dieses Leben gestaltet, der aus dem, was das Schicksal bringt, das macht, was du dein Leben nennst.

Deine Traumreise ist hier in diesem Moment zu Ende, bleib noch etwas in diesem Augenblick, in dieser Stimmung, ob allein oder zu zweit, wenn du magst, setz dich hin und schreib auf was dir wichtig ist, oder geh nach draußen oder tu sonst, wonach dir zumute ist."

Und auch Sie, liebe Leserin, lieber Leser sind jetzt wieder ganz hier im Augenblick. Vielleicht sind Ihnen beim Lesen Ideen gekommen, wie die Gestaltung in Ihrer Weise aussehen könnte, vielleicht haben Sie auch selber Gefühle und Bilder bekommen, die Sie noch verdauen möchten.

Ich habe diese Traumreise selbst entwickelt. Meist mache ich danach eine längere Pause (häufig mache ich diese Traumreise am Vormittag und das Ende ist dann die Mittagspause) und danach folgt eine Runde zum Austausch, was jeder erlebt hat und wo er innerlich jetzt gerade steht. Auf so eine Runde möchte ich Sie jetzt noch mitnehmen:

- Margit, 37 Jahre, geschieden, eine Tochter, kommt in Behandlung wegen depressiver Verstimmungen: „Mir wurde in der Traumreise nochmal so klar, wie viele Chancen ich in meinem Leben hatte und wie viele ich vertan habe. Und der Grund war immer Angst – Angst in jeder Form: Angst, was falsch zu machen, Angst, einen Streit zu kriegen, Angst, schief angesehen zu werden, usw. Wenn ich mich dann so verhalten habe, wie es mir die Angst diktiert hat, dann ist früher oder später meist das passiert, was ich eigentlich vermeiden wollte. Und das hat schon sehr früh in meiner Kindheit angefangen. Ich wollte bei Mama und Papa gut dastehen, und dadurch habe ich den Neid der Geschwister abbekommen, die dann alles gemacht haben, dass ich nichts oder nicht viel bekommen habe. Wir haben uns dann oft gestritten, und gerade meine ältere Schwester hat mich dann immer als die Böse hingestellt. Wir wurden dann immer beide bestraft. Und so ging das in meinem Leben eigentlich weiter. Es ist ein ewiger Kampf

Die therapeutischen Instrumente

gewesen bis jetzt. Ich bin's leid, bin so müde von diesem Kampf – und mir ist heute klar geworden: das ist meine Depression. Ich mag endlich nicht mehr mich nach meiner Angst richten, ich möchte einfach das tun, was für mich in diesem Moment stimmt. Und da war die Situation mit der Begegnung, so gegen Ende der Traumreise – ich bin vor Heiner gestanden und hab gemerkt, wie sehr ich ihn mag. Früher hätte ich mich nie getraut, das einfach zu sagen, denn er könnte ja denken, was ist denn das für eine. Und jetzt hab ich's ihm einfach direkt gesagt und ihn umarmt. Und da hat er mir auch gesagt, wie lieb er mich hat, und jetzt ist das wunderschön (sitzen nebeneinander). Und egal was da jetzt daraus wird, mir ist klar geworden, wie ich mir immer wieder mein Leben verbaut habe und ins Leid gekommen bin. Jetzt habe ich gespürt, wie es sich anfühlt, wenn man's anders macht. Und das ist das Wichtigste, was ich hier gelernt habe."

- Heiner, 41 Jahre, geschieden, arbeitslos, hoch verschuldet. Hat in einer manischen Phase sein ganzes bisheriges Leben zerstört: berufliche Existenz, Ehe (die allerdings schon vorher massiv kriselte und ein wesentlicher Auslöser für die Manie war), Freundeskreis und sein Selbstwertgefühl:

„Es ist ja schon irre, sich sein Leben nochmal so anzuschauen und zu sehen, wie nichts bedeutungslos ist und alles ineinander greift. Ich war so verunsichert, dass ich eine Krankheit habe, die halt immer wieder kommt. Jetzt ist mir so deutlich geworden, dass ich in der Krise eine Tendenz habe, nicht hinzuschauen, immer mehr zu tun, zu arbeiten wie bescheuert, hektisch zu werden und schließlich als Endergebnis wirklich „verrückt" zu sein. Und mir wurde klar, dieses Verrückt-sein, ist wirklich ein Weg-gerückt-sein aus meiner Mitte. Und die hab ich heute so deutlich gespürt – und auch den Weg dahin, dass ich weiß, ich bin dieser „Krankheit", nein dieser Bereitschaft in mir, „mich zu verrücken", nicht einfach ausgeliefert. Und ich hab mir vorgenommen, ein Leben aus der Mitte, die ich heute entdeckt habe, heraus zu führen. Das mit dir, Karin ist wunderschön, aber ich muss aufpassen, denn wenn mich jemand „verrücken" kann, dann sind das Frauen, und von daher möchte ich da sehr vorsichtig sein, auch wenn's wunderschön ist, deine Zuneigung zu spüren."

- Maritta, 22 Jahre, Ex-Fixerin, die nach längerem Klinikaufenthalt zu mir kam, um im Alltag nicht wieder zu „versumpfen", wie sie es nennt. Sie stammt aus einem sog. guten Elternhaus (Vater ist Arzt und Professor an einer Hochschule). Die Geschwister sind alle „was geworden" (so ihr Ausdruck), nur sie nicht. „Mitten drin in der Traumreise, wie ich da so die

Treppen runter bin, hey, das war so heftig, wenn ich da Stoff gehabt hätte, ich wär wieder voll drauf abgefahren. Und da ist mir klar geworden, ich war zwar jetzt ein halbes Jahr in der Klinik, und das war schon gut, aber wirklich weg bin ich da noch lange nicht. Und dann danach, nach meiner Geburt, ich hab gemerkt, das Grundgefühl in meinem Leben war Einsamkeit und Langeweile. Ich hab immer gewartet, bis es vorbei ist und was Neues kommt. So war das schon immer bei mir. Ich war die Jüngste und Arbeit und „Gut-sein" war bei uns zu Hause das Wichtigste. Ich hab einen großen Abstand zu meinen Brüdern. Und bei Tisch wurde immer was geredet, was ich nicht verstanden habe und auch gar nicht verstehen wollte. Und wie das mit dem „Ganz-langsam-Gehen" dann kam und diese irren Klänge dazu und wie du sagtest, dass kein Schritt mehr wiederkommt, da hab ich eine Gänsehaut gekriegt und mir wurde klar, wie ich mein Leben verplempere. Und da wurde mir auch klar, immer wenn ich mir einen Schuss gesetzt habe, dann war ich ganz im Augenblick, und wenn dann der Film ablief, dann war's auf einmal nicht mehr langweilig. Und ich hab gemerkt, für dieses Gefühl, ganz da zu sein, keine Langeweile zu haben, dafür riskier ich alles, auch mein Leben. Und wie du das alles so gesagt hast, da war ich plötzlich ganz da, und das ohne Fixe – du, das war gigantisch. Es ist jetzt, als würde mich das Leben einfach so, wie es ist, wieder interessieren. Wenn das so bleibt, dann bin ich weit gekommen an diesem Wochenende."

- Saskia, 42 Jahre, ledig, Redakteurin, ist in den letzten Jahren zunehmend in Zustände geraten, die dem Psychotischen sehr nahe oder auch manifest psychotisch sind. Sie ist zeitweise auch suizidal, meint aber, dass sie zu feig dazu sei. In solchen Zuständen spielt dann auch Alkohol eine Rolle, wofür sie sich dann wieder abgrundtief hasst. Besonders stark wurden diese Zustände, in denen sie leicht bis deutlich wahnhaft wird, nach dem Tod ihrer Mutter. Sie hat in Absprache mit den Klinikärzten an der Gruppe teilgenommen:

„Jetzt wurde mir ganz klar, wo das alles angefangen hat – wie meine Mutter immer betrunken rumgegangen hat, und ich als älteste der Geschwister an ihrer Stelle alles machen musste. Das wusste ich vorher schon. Was mir jetzt neu klar geworden ist, dass ich mich da, wie in einer verkehrten Welt gefühlt habe: Die Mutter lag wimmernd umher, und ich musste sie beruhigen, alles aufräumen und kochen. Irgendwie wurde da alles so irreal, und manchmal hab ich gedacht, die macht sich's leicht, schüttet sich einfach zu und die anderen machen dann schon. Und dieses Irreale in meinem Leben, das hat sich da festgesetzt, und wenn ich das alles so mit Abstand anschaue, dann denke ich, das muss doch gar nicht sein. Aber wenn ich's dann ändern will, dann hab ich so viel Angst, dass ich es nicht schaff. Ich will jetzt mal den verdammten Alkohol weglassen, und ich geh zu ganz normalen Sachen wie Fitness, da müsste dieses Irreale doch mal weggehen."

Nachbericht dazu: Sie hatte relativ bald nach der Gruppe eine starke Krise, die wieder zur stationären Aufnahme und hoher Medikamentendosierung führte. Danach hat sich ihre Situation allerdings in starkem Maße sukzessive verbessert. Auf Grund der kurzen Zeit ist ein abschließendes Urteil noch nicht möglich. Es gibt aber Anzeichen dafür, dass eine Umstimmung stattgefunden hat.

Eine solche Phantasiereise bringt in relativ kurzer Zeit einen gefühlsmäßigen Überblick über das bisherige Leben und macht deutlich, welche Entscheidungen getroffen wurden und wie sich das Leben so und nicht anders entwickelt hat. Danach gebe ich, wenn genügend Zeit ist, gerne die Übung:

Nr. 55: Visionssuche

Ziel: Klärung, wohin das Leben führen soll, welche Ziele verfolgt werden, welche Strategien den neuen Zielen entgegenstehen
Indikation: wenn wesentliche Probleme durchgearbeitet sind und neue Aspekte integriert werden sollen
Dauer: 2 bis 3 Std. und länger
Materialien: möglichst unberührte Natur
Raumgröße: -
Bitte bei der Durchführung achten auf: gut vorbereiten
Unerwünschte Nebenwirkungen: -
Kontraindikationen: -
Übungsaufbau:
Dies ist eine abgewandelte Kurzfassung der „Vision Quest", wie sie Steven Foster und Meredith Little in den letzten 25 Jahren entwickelt haben.
Dieses große Ritual wird ausführlich beschrieben in dem Buch von Koch-Weser & G.v. Lüpke (2000).
Folgende Anweisungen und Regeln gebe ich meinen Klienten auf den Weg:
„Geh jetzt allein in den Wald zu einem Platz, wo du nichts mehr oder nicht mehr viel von menschlicher Zivilisation mitbekommst. Wenn du magst, nimm eine alte Decke, ein Blatt Papier und ein paar Kreiden mit. Stell dir auf dem Weg folgende Fragen: Wer bin ich? Was möchte ich wirklich mit meinem Leben anfangen? Mit welchen inneren wie äußeren Gaben bin ich in meinem bisherigen Leben beschenkt worden? Wie nutze ich sie? Lass dich auf deinem Weg treiben, gehe absichtslos. Halte auf dem Weg zu „deinem Platz" die Augen offen für kleine Gegenstände (z. B. Wurzeln, Federn, Äste u. Ä.), die dich faszinieren bzw. deine Aufmerksamkeit irgendwie fesseln, und wenn du etwas findest, nimm es mit. Suche dir dann einen Platz, an dem du dich wohl fühlst, und richte den Platz so her, dass du dort sitzen kannst. Gestalte den Platz so, dass es dein Platz wird, an dem du dich geborgen und sicher fühlst. Lege die mitgebrachten Gegenstände vor dich, betrachte sie und versuche zu spüren und zu ergründen, was sie mit dir zu tun haben bzw. weshalb sie dich faszinieren. Stell eine Beziehung zu dir her, also z. B. eine Nuss, die außen zwar hart, innen aber weich ist; so wie du dich vielleicht auch empfindest. Lass dir dabei Zeit und nimm auch die Umgebung wahr. Wenn es dir sinnvoll erscheint, schließ die Augen und schau nach innen. Du kannst aber auch deine Empfindungen auf dem Blatt

Papier in einer Zeichnung zum Ausdruck bringen. Lass dich darauf ein, bis es Zeit zur Rückkehr ist. Dann versuche das Erlebte in (bildhafte) Worte zu fassen. Verabschiede dich von deinem Platz und bring dein Symbol, deinen Gegenstand mit."

Wenn zur vereinbarten Zeit alle wieder da sind, lasse ich Triaden bilden, in denen jeder mindestens 30 Minuten Zeit hat, von seinen Erfahrungen zu berichten. Nach dem Bericht geben die Zuhörer ihre Wahrnehmung zu dem Erzählten wieder. Wichtig ist dabei vor allem die Frage: Kannst du mit dem Erlebten, mit dem, was sich für dich jetzt herauskristallisiert hat, in deinem Leben wirklich etwas anfangen, verändern?

Danach gebe ich in der Regel als Hausaufgabe, die gefundenen Ideen bzw. die Vision in konkrete Schritte für das Leben umzusetzen mit kurz-, mittel- und langfristigen Zielen.

Bei all diesen Zielen sollte aber der größere Rahmen, die Endlichkeit unseres Daseins nicht aus den Augen verloren werden: Der Tod, das Sterben ist nicht eine Panne des Lebens, sondern ein unabänderlicher Bestandteil. Wer Angst vor dem Tod hat, hat auch Angst vor dem Leben. Wolf Büntig hat sich in seiner Arbeit mit Krebspatienten intensiv mit diesem Thema auseinander gesetzt und eine Phantasiereise zum Thema „Sterben" auf Kassette herausgebracht (1989; erhältlich bei Zist, 82377 Penzberg). Ich benutze sie gerne, wenn dieses Thema ins Zentrum der Aufmerksamkeit rückt.

Wenn das Thema „Tod" ins Zentrum rückt, mache ich auch gerne folgende Übung:

Nr. 56: Deine eigene Grabrede

Ziel: Klärung der wirklich wichtigen Strategien und Grundsätze
Indikation: gegen Ende therapeutischer Arbeit, um wesentliche Punkte zu setzen
Dauer: Erarbeitung: mehrere Stunden, Vortrag: max 10 bis 15 min, Nachbesprechung: bis zu einer Stunde
Materialien: Papier und Stifte
Raumgröße: -
Bitte bei der Durchführung achten auf: genaue Anweisung
Unerwünschte Nebenwirkungen: -
Kontraindikationen: -
Beschreibung:
Jeder soll bis zur nächsten Stunde oder bis zum nächsten Tag eine Grabrede verfassen, wie sie an seinem eigenen Grab gesprochen werden soll. Was soll alles gesagt und was soll nicht gesagt werden? Was entsteht für eine Rede, wenn sie ganz ehrlich und nicht geschönt ist?
Wer an diesem Punkt arbeiten will, liest seine Rede vor und bezieht dazu Stellung: Stimmt diese Rede schon heute so? Was muss ich in meinem Leben noch verändern, damit sie stimmt?
Diese Übung bildet oft auch einen starken Abschluss dieses Themas, da sie auch wieder ins Leben, in konkrete Schritte zurückführt.
Wer noch weitere Anregungen möchte, um Rituale zu kreieren, kann in dem Buch von O. van der Hart (1982) nachlesen.

3.4 Höhepunkte im Gruppenverlauf und die Aufgabe des Therapeuten dabei

Höhepunkte in der Dramaturgie einer Gruppe kann ich als Therapeut nicht „machen". Wenn die Gruppe von ihrer Dynamik her stimmig ist, entstehen solche Höhepunkte fast von selbst, bzw. die Gruppe nutzt die vorhandenen Möglichkeiten aus, und daraus gehen dann diese sehr intensiven emotionalen Situationen und Stimmungen hervor, die sich als Höhepunkte heraus kristallisieren. Anders herum gesagt: Ich habe keinen direkten

Einfluss auf die Stärke und „Tiefe" der Emotionen, kann aber sozusagen in der Peripherie sehr viel tun, dass es sich ereignet. Einige Punkte habe ich schon in Kapitel 1 und auch 2 beschrieben. Der vielleicht wichtigste Punkt im Verlauf der Gruppe ist, dass jeder Einzelne möglichst früh im Verlauf unmittelbar erfährt, wie sich jene andere Ebene anfühlt, auf die wir uns zu begeben versuchen, um Veränderungen zu erreichen. Es ist eine Ebene, die weiter weg von der „Erwachsenenebene", näher an der unbewussten Ebene ist, oder wie in Kap. 2 beschrieben, die wahrscheinlich im Bauch und tiefer liegenden Hirnarealen lokalisiert ist, wie wir sie z. B. im Halbschlaf erleben können. Dies wird oft in Klientenaussagen ausgedrückt, z. B.: „Mein Verstand fand das völlig verrückt, ich hatte das Gefühl, ich spinn, aber das Gefühl war da und es war stärker." Es ist die Ebene, die wir normalerweise auch als strikt privat, ja intim ansehen, so z. B. wenn Eva sagt „sie könne sich doch jetzt nicht so aufführen". – Dann ist damit genau diese private, intime Sphäre gemeint, die die wenigsten öffentlich preisgeben wollen, die aber innerhalb der Gruppe preisgegeben werden muss, wenn stark emotionale Arbeit möglich werden soll. Diesen Punkt sollte der Therapeut innerlich als Forderung an die Gruppe klar vor Augen haben und das in den unterschiedlichsten Formen vermitteln. Er sollte sich dabei auch klar sein, wie weit er gehen will (siehe z.B. Kapitel „Sexualität"). Unbewusste oder halbbewusste Barrieren wirken in diesem feinen Spiel der Kräfte, bei der immer größeren Sensibilität der Gruppenteilnehmer sehr stark und wie von selbst: Bestimmte Situationen „ereignen sich dann ganz einfach nicht". In einer Supervision äußerte eine junge Kollegin, dass sie das gar nicht verstünde, bei mir würde so viel mehr passieren (sie hatte bei mir hospitiert) als in ihren Gruppen, obwohl sie fast dieselben Übungen gemacht hätte (sie hatte auch die Texte gut vorbereitet). In dem folgenden Gespräch wurde dann sehr schnell klar, wie viel Angst sie hatte, allein verantwortlich mit solch hochemotionalen Situationen konfrontiert zu sein.

Die Teilnehmer an einem solchen Therapieprozess müssen deshalb gefordert sein und spüren, „wo es lang geht". Das kann auch bedeuten, dass ich Einzelne speziell ansprechen muss, unter Umständen auch fordernd. In welcher Form ich das tue, hängt von meinem Wesen (was zu mir passt) und von der Gruppe ab. Die Teilnehmer müssen dann aber auch erleben, dass es möglich ist, diese Gefühle zuzulassen, und nicht wie viele zu Anfang befürchten, dass so was im „Irrenhaus" endet. Hier komme ich auch wieder auf den Begriff der gesteuerten Katharsis zu sprechen: die „andere, innere Welt" muss durch das Setting, die Interventionen des Therapeuten und auch durch das Geborgensein in der Gruppe „heimelig" werden. Die Teilnehmer müssen spüren, dass ihre Gefühle willkommen sind und der Therapeut ruhig, verständnisvoll und ohne eigene Angst damit umgeht. Viele Klienten haben den „Rückbezug", das Verständnis für die eigenen Gefühlsebenen oft regelrecht verloren und müssen wieder erleben, wie sich das anfühlt, „dort zu sein" und damit umzugehen. Erst im Laufe der Zeit stellt sich bei den meisten Klienten ein Gefühl der Sicherheit ein, wenn sie in diesen Bereichen sind. Wenn die Mehrzahl der Gruppenteilnehmer in dieser Sicherheit bezüglich der eigenen Gefühle verankert ist, ist die Zeit reif für Höhepunkte. Erst dann wagen sich die meisten Teilnehmer aus ihren „Burgen" heraus und „riskieren sich". Ein zweiter Punkt, der dann wichtig wird, hat mit dem Aktivierungsniveau der Einzelnen wie der ganzen Gruppe zu tun. Wie schon in Kapitel 2.5.1 angeklungen, muss das Aktivierungsniveau zur Situation passen. In der humanistischen Psychotherapie sprechen wir von „Gruppenenergie", was genau diesen Punkt meint. Oft ist die Gruppe zwar offen genug, aber die Gruppenenergie reicht nicht mehr, um nochmal in starke emotionale Prozesse einzusteigen. Hier sollte der Therapeut schnell reagieren:

- kürzere Pause machen und in der Pause z. B. zum Tanzen animieren, indem der Therapeut „mitreißende", aber nicht oberflächliche Tanzmusik (manche Indianertänze eignen sich dafür; siehe Musikvorschläge: Medicine wheel) auflegt. Das ist dann angesagt, wenn der Gruppenprozess schon sehr lange und ohne Pausen durchlaufen worden ist, einiges sich ereignet hat, das aber nicht besonders aufregend und eher kräftezehrend war.

- längere Pause machen (mehr als halbe Stunde) und den Teilnehmern eine Einzelaufgabe, eventuell draußen im Freien geben (z. B. „Suche im Wald einen Gegenstand, der deine jetzige Stimmung gut symbolisiert"). Diese Intervention ist dann sinnvoll, wenn bei einer Arbeit sehr deprimierende oder sonst wie aufwühlende Ereignisse zu Tage kamen (oft bei Missbrauchsthemen oder auch dem Tod von Kindern), das Thema für den Arbeitenden zwar abgeschlossen werden konnte, doch bei einigen anderen innerlich viel aufgewühlt hat. Dazu mehr im nächsten Kapitel.

- „Blitzlicht" bzw Rückmelderunde mit dem Thema „Wie fühle ich mich gerade?" Zu dieser Intervention rate ich, wenn der Therapeut der Meinung ist, dass eigentlich genug Energie vorhanden sein müsste, d. h., wenn er die „Schlaffheit" der Teilnehmer nicht versteht. In diesen Situationen „steckt oft was im Busch": Gefühle wurden nicht ausgedrückt, jemand fühlt sich nicht gesehen, ein wichtiges Thema wurde abgewürgt (Aggression und Sexualität sind Themen, bei denen das nur zu leicht passiert) oder nicht zu Ende diskutiert. Kurzum ein Konflikt ist am „Schwelen".

Ich muss als Therapeut also sehr genau das richtige Maß an Stimulation, aber auch die nötige Sicherheit (was wieder beruhigt) geben, damit sich die Mitglieder der Gruppe aktiviert und angesprochen fühlen. Um eine Metapher zu gebrauchen: Wie beim Autofahren gibt es eine ideale Geschwindigkeit und eine ideale Linie, um eine Kurve zu durchfahren, beides muss der Fahrer im Heranfahren an die Kurve und auch in der Kurve permanent optimieren.

In der Einzeltherapie muss ich nur auf das Aktivierungsniveau von mir und einem Klienten achten, in der Gruppentherapie kann ich meist nur einen relativ optimalen Weg gehen, denn dass alle völlig gleich schwingen, kommt nur sehr selten vor. Trotzdem kann es hier gute Annäherungen geben, sodass ich häufig von Gruppenstimmung oder Gruppenenergie sprechen kann und die Gruppe dann auch wie „eins", wie einen Organismus behandeln kann.

Ich kann es auch von der anderen Seite her definieren: Ein Höhepunkt ist für mich dann gegeben, wenn möglichst viele Teilnehmer sich zur gleichen Zeit in intensive emotionale Prozesse begeben und (mehr oder minder) selbstständig durchgehen können. Wenn das passiert, kann es so etwas wie einen „Quantensprung" auf psychischer Ebene geben: Die einzelnen Prozesse geraten untereinander in Synergie, und jeder Einzelne erreicht Ebenen, bzw. Lösungsmöglichkeiten, die er sonst nicht hätte erreichen können.

Wichtig ist, dass ich als Therapeut die Zeit im Auge habe und ein Gefühl dafür entwickle, wann es in etwa zu solch intensiven Prozessen kommen kann bzw. wann ich Übungen ansetze, die dies ermöglichen. Denn es ist sehr wichtig, den richtigen Zeitpunkt zu spüren: Nicht zu früh, nicht zu spät.

Eine weitere wichtige Aufgabe dabei für den Therapeuten ist das Zeit-Management des Einzelereignisses: Jeder Höhepunkt sollte genügend Zeit haben. Gerade auch das Nacharbeiten, das Ausklingenlassen gehört mit dazu und ist sehr wichtig. In meinen Wochenendgruppen arbeite ich nicht nach einer bestimmten Zeit, sondern nach Motivation und wirklicher Bereitschaft. So habe ich hier mehr Spielraum und kann die Gruppe sich entfalten lassen. Das kann aber bedeuten, dass eine Gruppe bis 1.00 Uhr nachts dauert.

Bei fortlaufenden Abendgruppen muss ich meine Dramaturgie auf die Abfolge der einzelnen Sitzungen abstimmen. In Zeiten zwischen Unterbrechungen durch Ferien oder Feiertage, wo auch alle Teilnehmer da sind, kann ich aufbauen, und wenn ich's gut „getimed" habe, ereignen sich solche Höhepunkte, bevor die Unterbrechungen kommen.

Nach solchen Höhepunkten habe ich das Thema Integration vor Augen, denn in den meisten Teilnehmern herrscht nicht das für sie übliche arousal-Niveau vor, vielmehr ist einiges in Aufruhr. Dafür Zeit lassen und geeignete Übungen anbieten ist jetzt nötig und sinnvoll.

3.5 Integration

Was hier notwendig ist, kann je nach Situation und Person sehr unterschiedlich sein. Deshalb möchte ich im Folgenden eine Vielzahl von Übungen mit den unterschiedlichsten Zielrichtungen darstellen. Diese sollten auch anregen, je nach Situation neue Übungen zu schaffen, wenn es die Situation erfordert.

Wenn mir als Therapeut klar ist, dass die Problemverarbeitung für jeden Einzelnen zu einer guten, d.h. realistischen und sinnvollen Integration gekommen ist, so ist Pause machen sicherlich gut. Dabei sollte ich darauf achten, dass sich niemand in einem Zustand befindet, der bei Nicht-Bearbeitung ins Unproduktive oder ins Unkontrollierbare abrutschen kann. Meist gebe ich kleine Aufgaben in diesen Pausen, wo entweder jeder für sich oder mit noch maximal einer weiteren Person zusammen ist. Das kann sein:

- Spaziergang in der Natur und schweigen, auch wenn du Menschen triffst.

- Spaziergang und einen Ort suchen, an dem du dich wohl fühlst.

- In der Natur sein und einen Gegenstand suchen, der dir irgendwie helfen könnte, dein Problem besser zu verstehen oder zu verarbeiten (z. B. eine Feder, die durch das Prinzip der Leichtigkeit die schwersten Stürme überstehen kann. Frage stellen: Was macht es dir so schwer?)

- Geh in die Natur und schau, ob du ein Wesen (Pflanze oder Tier) findest, dem du deine Geschichte erzählen kannst.
- Mach mit jemandem, der dir jetzt sehr nahe ist, einen Spaziergang von einer Stunde Dauer; jeder hat eine halbe Stunde Zeit zum Erzählen.

- Suche dir einen Platz, der zu deiner jetzigen Stimmung passt; setz dich dort hin und versuche nichts zu denken, sondern einfach nur den Moment wahrzunehmen.

Diese Liste ließe sich endlos fortsetzen und aus der Situation heraus können noch viele neue Ideen entstehen.

Für manche kann es sehr gut sein, in diesem Moment zu malen: Ich halte bei meinen Gruppen grundsätzlich Malblöcke und -kreiden bereit. Menschen, denen das Malen von der Schule her aversiv ist, können dies meist überwinden, wenn der Auftrag lautet, abstrakt zu malen. Oder auch gleich bestimmte Formen, wie z. B. Mandalas, vorgeben. Eine andere Möglichkeit, die aversive Lerngeschichte therapeutisch zu nutzen, wäre folgende Gestalt-Übung: „Identifiziere dich völlig mit deiner Hand und schau, was du (als deine Hand) ausdrücken möchtest."

Eine weitere Aufgabe, die aber schon nicht mehr als Pause im engeren Sinn zu sehen ist, wäre es, einen
- Brief schreiben zu lassen: ob der an die Eltern geht, an ein verstorbenes (oder ungeborenes) Kind, einen Bruder, einen Lehrer oder sonst wen, entscheidet der Betroffene. Wichtig ist erstmal das Schreiben (deshalb ist es auch egal, ob der Empfänger noch am Leben ist oder nicht), das für sich nochmal zu klären, was ist eigentlich, was beschäftigt mich da so, was macht mich da wütend, traurig, verzweifelt usw. Was ist beim Abschied vielleicht nicht gesagt worden und muss noch gesagt werden, um Abschied nehmen zu können.

An dieser Stelle möchte ich den Verlauf einer solchen Übung genauer beschreiben:
- Antonia, 32 Jahre, von Beruf MTA, verwitwet, ohne Kinder und seit 4 Jahren auch ohne Beziehung, kam in Therapie wegen starker Depressionen, die ein Jahr nach dem Tod ihres Mannes begonnen hatten. Beide waren begeisterte Bergsteiger und im Winter Skitourengeher gewesen. Ihr Mann hatte mit Freunden eine Frühjahrsskitour gemacht, bei der sie wegen einer Weiterbildung nicht mitmachen konnte. Die Gruppe kam dabei in

eine Lawine; drei kamen ums Leben, einer davon war ihr Mann. Dieser Schicksalsschlag ist jetzt vier Jahre her. Sie hatten erst ein halbes Jahr vorher geheiratet und wollten eigentlich noch ganz viel zusammen erleben (Trekking-Tour im Himalaya u. Ä.) und dann eine Familie gründen. Antonia hatte vor zwei Jahren eine Verhaltenstherapie mit 45 Stunden gemacht wegen der depressiven Zustände. Das hatte kurzfristig Erleichterung gebracht. Die Depressionen waren danach ca. ein halbes Jahr kaum noch vorhanden, begannen dann aber wieder schleichend und sind jetzt wieder so schlimm wie vor der Verhaltenstherapie. Antonia war bei mir in Einzeltherapie und nahm zusätzlich an einer meiner Wochenend-Gruppen teil. Sie war während der Bioenergetik-Übungen am Vormittag in sehr tiefe Trauer geraten, dann das zweite Mal bei der Atem-Meditation (Quantum-light-breath): „Ich bin immer noch wie betäubt, und ich kann es gar nicht fassen: Jetzt ist der Tod von Wiggerl (ihr Mann) schon vier Jahre her, und ich hab schon eine Therapie hinter mir, und im Moment ist es wieder als wär's gestern passiert. Ja, dieses Gefühl des Betäubtseins, das wird mir jetzt eigentlich erst so richtig klar, das war das Gefühl, was dauernd da war, von Anfang an, wie ich's erfahren hab. Alle haben mich bewundert, wie stark ich in dieser ersten Zeit danach war. Ich hab schon viel geweint, aber nie so tief wie jetzt hier. Auch in der anderen Therapie hab ich geweint, aber verglichen mit dem, wie's heute war, war das nur halb. Ich hätte mir vorher gar nicht vorstellen können, dass einen das so tief und so total erfassen kann. Heute hatte ich das Gefühl, als sei innerlich ein Damm gebrochen – vorallem heute morgen bei der Bioenergetik. Ich hab teilweise gar keine Luft mehr bekommen vor lauter Schluchzen, und da kam zum ersten Mal das Gefühl, als hätt ich die vier Jahre unter einer Glasglocke gelebt – nein, so stimmt das nicht, in mir war etwas unter einer Glasglocke. Es war als wär da was beiseite gestellt und zugedeckt worden. Nach außen hin war ich relativ normal. Unsere Berggruppe, das sind ganz liebe Leute, und seit dem Unfall sind wir alle ganz nahe beieinander. Wir treffen uns öfter, wir reden, gehen auch schon wieder die eine oder andere Tour. Und ich krieg viel Aufmunterung; da bin ich nie allein gelassen worden. Die Frauen von den anderen beiden Männern, die hat's erstmal viel mehr gebeutelt. Die waren älter und hatten Kinder, das war ganz schlimm; ich hab da oft ausgeholfen. Ich bin mir zunächst schon ein wenig komisch vorgekommen, so als hätt ich den Wiggerl nicht geliebt. Dabei weiß ich ganz sicher, dass das nicht stimmt. Wie dann die Depressionen kamen, hab ich das selber gar nicht so recht innerlich damit verbunden. Nur die anderen haben mir gesagt, dass sie sich immer gewundert haben, wie stark ich bin. Jetzt weiß ich, ein Teil von mir war wie unter Narkose und der andere hat leidlich gut funktioniert. Und wenn ich jetzt so nachdenk, bei der Beerdigung war immer das Gefühl, das dauert jetzt ein wenig, und dann geht's wieder so weiter wie's begonnen hat, mit Wiggerl. Ich wusste schon, dass er tot war, ich musste ihn ja auch nochmal identifizieren bei der Polizei und das war schon furchtbar. Bevor ich da hinmusste, war ich ganz verzweifelt und wusste nicht, wie ich das durchstehen sollte, und da war ich dann plötzlich einigermaßen stark. Da, glaube ich, hat ein Teil in mir ganz tief drin abgeschaltet. So jedenfalls fühlt sich das jetzt an. Und dieses Gefühl war nicht ganz neu. Wie mein Vater gestorben ist, da hatte ich mich auch schon ähnlich gefühlt. Das war fünf Jahre vor Wiggerls Tod. Da wusste ich, dass er sterben würde, und es war auch eine Erleichterung, denn er hat arg leiden müssen mit seinem Krebs. Am Grab hat meine Mutter furchtbar geweint, und ich hab sie gestützt und ihr Mut zugesprochen, und als die Beerdigung vorbei war, da war auch dieses komische Gefühl da: schon traurig, aber nur halb. Und ich hab ihn auch sehr mögen, er hat mich eigentlich zum Bergsteigen gebracht, und als er dann selber nicht mehr in die Berge gehen konnte, hat er mich Sonntagabend immer angerufen und gefragt, wie die Tour war."

Ich frage sie, was sie tun muss, um wieder ohne Betäubung zu leben. – Pause – dann wieder dieses tiefe Schluchzen – dann: „Begreifen, dass es nie wieder den Wiggerl für mich geben wird." Als sie sich wieder gefangen hat, frage ich sie weiter, was sie tun muss, um wirklich Abschied zu nehmen. – Wieder Pause – dann erzählt sie von ihrer Wohnung und wie sie lebt: Da ist immer noch das Doppelbett, und wenn sie ihr Bett frisch bezieht, dann bezieht sie auch Wiggerls Bett frisch. Und dann sind da noch seine ganzen Kleider, die Bergsteigersachen und auch die Karten von der geplanten Nepaltour. Es ist alles noch da. Sie hat kein Bild von ihm aufgestellt, aber sie kocht alle 14 Tage sein Lieblingsgericht (das mag sie auch sehr gern). – Sie stockt plötzlich: „Das ist ja – ich tu ja, als wär er noch da!?" Als ich nicke, sagt sie: „Aber du glaubst doch nicht, dass ich jetzt alles wegschmeißen soll?" Da gebe ich ihr die Aufgabe, einen Abschiedsbrief an Wiggerl zu schreiben, und sie soll sich Zeit lassen damit – das kann Tage, Wochen sogar Monate dauern, bis der Brief so ist, dass er wirklich ihre Gefühle ausdrückt und alle Worte gesagt sind. Da gehört auch rein, was jetzt ist und was man eigentlich gerne alles tun möchte. Dann soll sie mit diesem Brief vielleicht am Todestag zu seinem Grab gehen, am besten abends, wenn niemand mehr da ist, und ihn ihm vorlesen und danach anzünden und verbrennen lassen. – Sie vergräbt ihr Gesicht in den Händen und schluchzt.

Diese Gruppe ist jetzt zweieinhalb Jahre her: Wie ist es weitergegangen?

Die Gruppe war im März gewesen, der Lawinenunfall im April vier Jahre vorher. In der Zeit nach der Gruppe hatte sie relativ wenig Einzelstunden, und sie meinte, das sei schon o.k., sie hätte ja eine Hausaufgabe. Ich bot ihr an, dass wir den Brief nochmal miteinander durchgehen könnten. Sie meinte, das bräuchte sie nicht, sie sei klar genug. Dann kam sie an einem Montag Ende April in meine Praxis: „Gestern war ich auf Skitour im Engadin, und zwar ganz allein, und ich bin bis zu der Stelle gegangen, wo die Lawine ihn verschüttet hat, da, wo sie ihn ausgegraben haben. Ich weiß die Stelle genau. Es war diesmal auch wie damals keine große Lawinengefahr – und ich hab ihm den Brief vorgelesen und dann tief in den Schnee eingegraben. Ich hab gar nicht mehr so viel weinen müssen und war auch nicht betäubt. – Jetzt hab ich das Gefühl, ich kann wieder zu leben anfangen. Im Sommer haben wir von unserer Alpenvereinssektion eine Tombola für Waisenkinder in Nepal, und da werde ich Wiggerls Kleider und Bergsteigersachen stiften, und ich hab mir vorgenommen, das Geld selber nach Nepal zu bringen und dann unsere Trekkingtour, wie wir's geplant hatten, zu machen – sozusagen eine Wiggerl-Gedächtnis-Tour. Drei Freunde aus unserer Clique finden die Idee super und kommen mit." Im Sommer war die Therapie beendet, und im Herbst erhielt ich eine Karte aus Nepal.

Der Therapeut, bei dem sie vorher gewesen war, hatte viele wichtige Punkte angesprochen und auch gute Übungen mit ihr gemacht. Das Problem, was nicht gelöst wurde, war, dass Antonia keine Idee bekommen hatte, was wirklich an ungelösten Gefühlen in ihr steckte und wie sie sie befreien konnte. Und dann waren auch noch die letzten Schritte wichtig, die sie ja so ganz alleine, selbstständig und mit eigenen Ideen ging. „Wenn der Weg ganz klar vor dir liegt, ist der Wegbegleiter nicht mehr nötig."

Integration, das ist aber auch reden – mit einander reden, und so setze ich an dieser Stelle auch sehr oft Rückmelderunden ein:
- einfach nur erzählen lassen, ohne Kommentar,

- berichten lassen und als Therapeut dazu Rückmeldung geben, evtl., um das eine oder andere noch zu verdeutlichen, Übungen dazu machen lassen (z. B. jeder aus der Gruppe sagt seine Gefühle dazu),
- dann aber auch Rückmelderunden zu zweit oder in der Triade.
Und danach kann es gut sein, etwas miteinander zu tun, was jenseits der Worte ist. Hier kann z. B. Massage viel Lösung bringen.

Je nach Situation, je nach Vertrautheit und dem bearbeiteten Thema kann das sein:

Nr. 57: Massage

Ziel: Lockerung, sich fallen lassen und nochmal alles vorbeiziehen lassen, alles nochmals emotional erfassen
Indikation: nach Abschluss konkreter Arbeit, zum „Verdauen"
Dauer: 30 bis 60 min
Materialien: Matten zum Liegen, Decke, Öl oder Creme, ruhige Musik (Vorschlag: CD Appalachian mountain suite)
Raumgröße: jedes Paar sollte etwa 3 qm haben
Bitte bei der Durchführung achten auf: Ruhe, warme Raumtemperatur, Ungestörtheit
Unerwünschte Nebenwirkungen: -
Kontraindikationen: -
Übungsbeschreibung:
– Ganzkörpermassage (30 bis 60 min)
– Rückenmassage (ca. 20 bis 30 min)
– Kopf und Gesichtsmassage (ca 20 min)
– Fußmassage (ca. 20 bis 30 min)
Mit schöner, entspannender Musik unterlegt, macht es den Teilnehmer offen für die Verarbeitung in jenen subcorticalen Zentren, in denen die entscheidenden Veränderungen passieren.
Integration kann aber auch in Form von Traumreisen stattfinden. In der Tiefentspannung, speziell nach sehr intensiven Erlebnissen, haben wir in den meisten Fällen guten Zugang zu jenen Bereichen, in denen die Wandlungen stattfinden zu scheinen. In der Einzelarbeit kann ich sehr gezielt Traumreisen für das entsprechende Erlebnis konzipieren, in der Gruppe geht das so nicht. Ich kann aber auch allgemeine Traumreisen machen, die ganz viele Themen berühren und wo jeder seinen Platz finden kann. Wer hier noch weitere Anregungen möchte, dem empfehle ich das Buch „Innehalten und Verweilen" von Daniel Wilk (1999).

3.6 Abschluss/Abschied

Für viele Menschen ist Abschied etwas so Bewegendes und die Angst vor ihren Gefühlen so groß, dass sie nie richtig Abschied nehmen. Ich halte es daher für ganz wesentlich, dass am Ende der Gruppe genügend Raum und Zeit für einen passenden Abschied ist. Das kann je nach Verlauf der Gruppe mehr heiter und locker sein, ein mehr nach außen, sich dem Kommenden Zuwenden, es kann aber auch nochmal ganz emotional und innig werden, weil Dinge „anstehen", die erst jetzt reif sind. So zum Beispiel stand in einer dieser Schlussrunden ein Mann – Ralf – auf und ging auf eine Teilnehmerin zu, kniete sich vor sie hin und begann mit etwas zittriger Stimme: „Was ich jetzt tu, ist vielleicht verrückt, und ich weiß nicht, wohin es führt. Das Ganze ist auch ziemlich unwahrscheinlich. Ich muss es jetzt sagen – ich weiß, du erinnerst dich auch an mich – vor 20 Jahren. Du warst meine erste wirkliche Freundin, meine erste tiefe Liebe, und ich möchte mich bei dir entschuldigen für die Art, wie ich damals von dir gegangen bin. Ich hab dir sicher sehr weh getan. Wir haben uns seither nicht mehr gesehen, und wie ich dich zu Beginn der Gruppe gesehen habe, hat es mir richtig einen Stich gegeben. Damals war auch so viel Sprachlosigkeit und dann keine Zeit mehr, darüber zu reden. Diesmal, das wusste ich, wird mir das nicht passieren, und deshalb musste ich das jetzt sagen, egal, was du darüber denkst." Die so angesprochene Lena war ebenfalls sichtlich berührt und meinte, dass sie sich auch zu entschuldigen hätte, denn sie hätte ja auch nicht gesagt, was in ihr vorgeht, und sie sei jetzt froh, dass er den Mut gefunden hätte, es überhaupt und so anzusprechen. Es folgte eine lange, intensive Umarmung, und es war eine Stimmung im Raum, wo klar war, hier wird etwas Altes wieder heil, was Ralf dann auch ausdrückte: „Ich fühl mich jetzt ganz tief drinnen von einer Last befreit."
Das sind unerwartete „Geschenke" für jede Gruppe, aber auch für jeden Therapeuten. Wenn etwas in den Teilnehmern wirklich gearbeitet hat und reif geworden ist, dann kann die Faszination des Unplanbaren geschehen. Aber zurück zu den Dingen, die der Therapeut tun kann – tun sollte:
Da ist sicher wieder das Reden:

Nr. 58: Abschlussrunde

Ziel: jeden wieder zu sich bringen und aus der Gruppe herauslösen. Sich wieder ganz auf die eigenen Beine stellen und dem Leben außerhalb der Gruppe realistisch entgegensehen

Indikation: Beenden der Gruppe

Dauer: 2 bis 3 Std. je nach Gruppengröße

Materialien: -

Raumgröße: -

Bitte bei der Durchführung achten auf: auch auf versteckte Signale einzelner Teilnehmer achten und ansprechen

Unerwünschte Nebenwirkungen: -

Kontraindikationen: -

Übungsbeschreibung:

Diese Abschlussrunde befasst sich mit den Fragen:

– Wo steh ich jetzt?

– Was folgt daraus für mein Leben?

– Was sind meine nächsten Schritte? Oder auch paradox:

– Was muss ich tun, damit alle meine Probleme auf dem alten Stand bleiben?

Dazu kann es auch nochmal nötig sein, dass jeder Rückmeldung aus der Gruppe bekommt, in direkter oder indirekter Form:

Nr. 59: Gruppenrückmeldung

Ziel: alles aussprechen, austauschen, was in diesem Moment noch wichtig erscheint
Indikation: Lösung aus der Gruppe
Dauer: 30 bis 50 min
Materialien: evtl. Papier, Tesakrepp und Stifte
Raumgröße: -
Bitte bei der Durchführung achten auf: -
Unerwünschte Nebenwirkungen: -
Kontraindikationen: -
Übungsbeschreibung:
– Jeder sagt seine Gefühle demjenigen, der gearbeitet hat.
  Als Variante bietet sich hier der
– „Hot seat" an: Derjenige, der „dran" ist, setzt ich in die Mitte, hat Redeverbot und jeder sagt ihm seine Gefühle und Empfindungen. Eine Variante dazu:
– Die Gruppe unterhält sich über denjenigen, als wär er nicht anwesend.
Beides sind Varianten, die nochmal sehr starke Gefühle auslösen und intensiv werden können. Daher etwas Zeit zur therapeutischen Nacharbeit einplanen.
– Eine mildere Form: Jeder bekommt ein Plakat auf den Rücken geklebt und einen Filzstift in die Hand, und jeder kann nun dem anderen seine Eindrücke und Gefühle auf den Rücken malen oder schreiben.
Eine Wiederholung der Anfangsübung ist auch denkbar: „Male ein Bild, auf dem du deine momentane Stimmung darstellst." Damit stellt sich dann jeder zum Abschluss nochmal vor und erläutert, was jetzt anders ist und was er mit nach Hause nimmt an „Schätzen" und an noch schwer „verdaulichen Erkenntnissen".

Wenn dieser mehr therapeutische Teil gut gelaufen ist, besteht noch die Möglichkeit, allgemeine, mehr emotionale Angebote zu machen:

Nr. 60: Meine Karte für dich

Ziel: persönliches, direktes Abschiednehmen
Indikation: wenn Einzelne nicht richtig persönlich Abschied nehmen wollen
Dauer: 15 bis 30 min
Materialien: so viele Stifte wie Teilnehmer und viele (50 bis 60) Bildkarten mit unterschiedlichen Themen (Bäume, Wasser, Türen, Wege usw.)
Raumgröße: -
Bitte bei der Durchführung achten auf: -
Unerwünschte Nebenwirkungen: -
Kontraindikationen: -
Übungsaufbau:
Der Therapeut legt auf dem Boden ca. 50 unterschiedliche Bildpostkarten aus, und jeder darf sich eine aussuchen, die für ihn etwas Wichtiges aussagt. Dann kann jeder auf dieser Postkarte etwas schreiben und/oder auch malen. Diese fertige Postkarte soll er dann einem Teilnehmer aus der Gruppe schenken, der ihm während der Gruppe in irgendeiner Form wichtig oder wohltuend war. Beim Überreichen wäre es gut, demjenigen auch zu sagen, was dieser wichtige Teil war. Es geht dabei also nicht um generelle Sympathie und freundschaftliche Gefühle.
Dann lasse ich meist noch eine viertel bis eine halbe Stunde unstrukturierte Zeit, damit jeder noch spontan zu anderen Teilnehmern gehen und etwas klären kann.

Mein letztes Abschlussritual ist dann der

Nr. 61: Energiekreis

Ziel: emotionale Loslösung aus der Gruppe
Indikation: letzte Übung
Dauer: 15 bis 20 min
Materialien: -
Raumgröße: -
Bitte bei der Durchführung achten auf: –
Unerwünschte Nebenwirkungen: -
Kontraindikationen: -
Übungsaufbau:
Ich gebe ihn hier in etwa im Wortlaut wieder:
„Lasst uns einen engen Kreis bilden und jeder soll so sitzen, dass er's bequem 15 min aushält. Wir geben uns die Hände, und zwar ist die Linke nach oben offen, und du kannst dir vorstellen, dass sie die Empfangende ist – wie eine Schale –, während die Rechte die Gebende ist und sich nach unten öffnet. Wenn du magst, schließ die Augen, und stell dir nun eine imaginäre Gruppenenergie vor, die wir geschaffen haben in diesen Tagen und von der jeder ein Teil ist. Stell dir vor, wie du sie aufnimmst, wie sie in dir fließt und wie du sie wieder weiterfließen lässt. Lass diese Tage in der Gruppe nun nochmal an dir vorüberziehen: Was hast du gegeben – was hast du bekommen? – Stimmt deine Bilanz? – Oder bist du unzufrieden? – Und wenn ja, woran könnte das liegen? – Nimm dir nochmal die Zeit, dir das alles anzuschauen und spür dabei dein Eingebundensein in der Gruppe. – Stell dir nun vor, die Gruppe würde aus Tönen und Klängen bestehen: Wie würde sie klingen? – Und welchen Ton steuerst du dazu bei? – Mach diese Vorstellung immer realer und lass einen Ton in dir hochkommen, deutlicher werden und bringe schließlich diesen Ton ganz real nach außen, indem du ihn summst oder singst. – (hier dann einige Minuten Zeit geben, dass sich der Ton gut entwickeln kann und eine Zeit lang klingt. Es sollte im Laufe der Zeit ein voller, runder Klang werden) – Dann nimm den Ton langsam wieder in dich zurück und lass ihn nach außen leiser werden. – Stell dich jetzt innerlich immer mehr auf das Ende der Gruppe ein: Stell dir vor, wie du aus dieser Gruppenenergie heraustrittst und für dich alleine stehst. Wie fühlt sich das an? – Was würdest du bei dieser Vorstellung am liebsten machen? – Überleg auch, auf welche Menschen wirst du zugehen, wenn du die Gruppe verlässt? – deine Freunde, deinen Mann, deine

Frau, deine Kinder oder wer da sonst noch ist. Zum Abschied bring sie in Gedanken mit hierher und schließe sie in diese Gruppenenergie für einen Moment mit ein. – Mache dir klar, dass sie wahrscheinlich völlig andere Dinge erlebt haben und mit etwas völlig anderem beschäftigt sind, dass eure Erfahrungen möglicherweise weit auseinander klaffen. Indem du dich auf sie einstellst, kommt auch eine Menge Realität von der Welt draußen hier rein. – Lass das zu und verabschiede dich jetzt von dieser Gruppe und den Einzelnen, nimm aus der Gruppenenergie noch ein letztes Mal mit, was du brauchst, und das andere gibst du weiter. – Löse deine Hände jetzt und sitz ganz für dich alleine. Tritt auch innerlich heraus und steh für dich. Öffne die Augen und sei ganz in diesem Augenblick."

Hier kann ich nun als Therapeut mich bedanken und einen guten Nachhauseweg wünschen. Das soll jeder gemäß seiner Situation handhaben.

Ich möchte dieses Kapitel nicht beschließen, ohne nicht auf die vielfältigen Strategien von Teilnehmern hinzuweisen, diesen Abschied nicht stattfinden zu lassen: ob das bedeutet, in der Schlussrunde nochmal mit neuen, eventuell ganz „dicken" Problemen zu kommen, ob sie emotional den Abschied nicht „packen" und das Heulen nicht mehr stoppen können. Das Thema ist eigentlich immer das Gleiche, und das muss ich als Therapeut rechtzeitig (vor der Abschlussrunde, wenn ich in der Arbeit bemerke, dass Themen zurückgehalten werden) und deutlich klarlegen: Abschied heißt hier im Besonderen, wieder auf eigenen Füßen zu stehen und der eigenen Kraft zu vertrauen sowie die Verantwortung für das eigene Leben zu übernehmen. Wenn jemand trotzdem versucht, nicht zum Schluss zu kommen, arbeite ich nicht mehr an dem angebotenen Thema, sondern, wenn überhaupt, dann noch an den Themen: nicht Abschied nehmen – nicht Verantwortung übernehmen wollen: Bei fortlaufenden Gruppen ist das dann eine Verpflichtung, bei der nächsten Sitzung zu beginnen, bei einer einmaligen Wochenend-Gruppe verweise ich meist auf Einzelsitzungen oder den nächsten Gruppentermin.

Als ich selbst klar hatte, um was es den „Spätzündern" eigentlich geht, hat sich meine innere und offensichtlich auch äußere Haltung dazu geändert, und in meinen Gruppen hat sich das fortan auch nicht mehr ereignet; es scheint, dass das Bewusstsein darüber reicht.

Mit diesem „Abschiedsteil" für die Gruppe, möchte ich auch dieses Kapitel beenden und hoffe, dass ich Ihnen, liebe Leserin, lieber Leser, einen – auch emotionalen – Einblick in meine Arbeit geben konnte, der Sie anregt, im eigenen Tun kreativ zu werden und unter einem neuen Blickwinkel hinzuschauen, wie Veränderungen angestoßen werden können.

Kapitel 4

Musik als unterstützender Faktor in der Therapie

Ich möchte mich in diesem Kapitel nicht allzu weit in das Gebiet der Musiktherapie hineinbegeben. Wer hier weiter einsteigen möchte, dem empfehle ich das Buch von Herbert Bruhn (2000). Trotzdem möchte ich an dieser Stelle einige Gedanken aufgreifen und damit mein Verständnis vom Einsatz von Musik in meinem Therapiekonzept erläutern.

Es ist auf der ganzen Welt keine Kultur, kein Volksstamm bekannt, die bzw. der nicht in irgendeiner Form Musik entwickelt hat. Man kann Musik als universell bestehendes Kommunikationsmittel betrachten (Födermayer 1998), das allerdings meist nur im jeweiligen Kulturkreis richtig verstanden und interpretiert wird.

Musik als therapeutisches Medium hat wie die Musik selber eine lange Tradition, es ist nachweislich 3000 Jahre alt (Bruhn 2000). Über die therapeutische Wirksamkeit von Musik ist viel philosophiert und spekuliert worden. Die Erklärungen reichen von mythisch-magischen Denkansätzen bis hin zum angestrebten Wirkungsnachweis auf neurophysiologischer Ebene. Es wird in der heutigen Musiktherapie zwischen rezeptiver und aktiver Musiktherapie unterschieden. Da ich in meinen Gruppen außer gelegentlichen, meist spontan entstehenden „Trommelsessions" keine aktive Musik einbringe, möchte ich mich im Weiteren auf die Wirkung rezeptiven Musikkontakts beschränken.

Hier taucht die nächste Frage auf: Was ist Musik? – Nach H. Bruhn könnte man Musik als akustische Struktur bezeichnen, die aber erst im Phänomen des menschlichen Erlebens wirksam wird. So war z. B. der Dirigent Sergiu Celibidache der Meinung, dass Musik als solche nicht existiert, sondern erst im Prozess des Musizierens und Hörens entsteht (vgl. Bruhn 1994). Diese Definition bedeutet aber auch, dass die Unterscheidung zwischen Geräusch, Lärm und Musik subjektiv ist und nur im Erleben des einzelnen Menschen Gültigkeit hat. So gesehen ist jedes akustische Ereignis musikfähig, und es kommt nur auf die subjektive Einschätzung des Hörers an. Gerade die Entwicklung der neueren Entspannungsmusik hat hier viele

Geräusche mit einbezogen (Vogelzwitschern, „Walgesänge", Meeres-rauschen u.v.m.), die im klassischen Sinn nichts mit Musik zu tun haben. Diese Erweiterung in der Definition, die zum Trend geworden ist, führt zur nächsten Frage: Was bewirkt das Hören von Musik? Ist das bloße Hören von Musik therapeutisch zu nennen? Wie sind eventuelle Wirkungen zu erklären?

Ein wesentliches Ergebnis aller neueren Outcome-Studien möchte ich gleich vorwegnehmen:

Es gibt zwar allgemeine Trends (z. B. Barockmusik wirkt auf die Mehrzahl aller Zuhörer beruhigend), doch es zeigt sich in nahezu allen Studien deut-lich, dass die Wirkung von Musik stark von der wahrnehmenden Person abhängt. Nachgewiesen werden konnten über größere Probandengruppen aktivierende und erregende Effekte durch strukturelle Eigenschaften der Musik, wie hohe Lautstärke, schnelles Tempo und komplexe Rhythmen (Gembris 1985). Allerdings zeigte sich auch hier, dass die größten Effekte durch die psychische Einstellung der Hörer zur Musik zustande kamen. In einer anderen Studie (Iwanaga, Ikeda & Iwaki 1996) konnte aufgezeigt werden, dass die Vertrautheit der gehörten Musik einen starken Einfluss auf die Ergebnisse hatte: Das Ausmaß von Entspannung wurde nach mehrmaligem Hören zunehmend größer. Möhlenkamp (1995) fand die Effekte von rezeptiver Musiktherapie eher in kurzfristigen Stimmungsver-änderungen. Allerdings fand er auch, dass seine Art von Musikpräsenta-tion die Introspektion und Selbstwahrnehmung fördert. In einer älteren Studie konnte Ch. Schwabe (1987) die Wirksamkeit seiner „regulativen Musiktherapie", wie er seinen Ansatz nennt, bei verschiedenen Störungen (z. B. Depression) an Hand des Freiburger Persönlichkeits-Inventars (FPI) nachweisen.

Ein weiteres, relativ gut erforschtes Gebiet ist der Einsatz von Musik im medizinischen Bereich. So berichten z. B. Spintge & Droh (1987 und 1992) von einer Reduktion der Beruhigungsmittel von bis zu einem Drittel vor Operationen bei Einsatz von beruhigender Musik bei gleichem Beruhi-gungseffekt. In dieser Situation konnte auch gezeigt werden, dass z. B. die Stresshormone (Adrenalin und Cortisol) und andere damit korrelierende Maße, wie z. B. der Blutdruck deutlich niedriger liegen als bei einer Kon-trollgruppe. Auch bei der postoperativen Anwendung von Musik kann es zu positiven Reaktionen (z. B. bessere Gewebsheilung) beim Patienten kommen. Andere Autoren konnten dies nicht bestätigen (Gembris 1985).

Trotz dieser eher positiven Ergebnisse ist aber grundsätzlich das Fazit zu ziehen, dass die Wirkung im Einzelfall schwierig zu kalkulieren ist, da sie stark von der Musikpräferenz des Klienten beeinflusst ist. Die Musikpräferenz wiederum hängt von einer Vielzahl von Variablen ab, wie z. B. Alter, Geschlecht, Sozialstatus, Persönlichkeitsprofil (Behne 1993). Behne vertritt sogar die Auffassung, dass die Wirkung von Musiktherapie weitgehend auf Placebo-Effekte zurückzuführen sei (Behne 1994). Auch gibt es Hinweise auf starke Gewöhnungseffekte: Musik scheint sich „abzunutzen". Gefundene therapeutische Wirkungen (z. B. tiefe Entspannung) wurden nach häufiger Wiederholung schwächer. Dieses Ergebnis widerspricht den Ergebnissen von Iwanaga et.al. (1996).

Intensives Musikerleben kann auch mit starken körperlichen Empfindungen bzw. physiologischen Reaktionen verbunden sein. Der Umkehrschluss, nämlich von physiologischen Maßen über die Qualität und Intensität des Musikerlebens Aussagen zu machen, war bisher in keiner Untersuchung möglich. Die Ergebnisse in diesem Bereich sind alle sehr widersprüchlich.

Nach diesem kurzen Überblick zur rezeptiven Musiktherapie möchte ich nun meine Gestaltung der therapeutischen Situation mit Musik darstellen und ein paar CD-Empfehlungen geben, mit denen ich gute Erfahrungen gemacht habe.

Da ich keinen musiktherapeutischen Ansatz habe, ist Musik in meinem Setting außer bei bestimmten Übungen zweitrangig. Trotzdem lassen sich mit entsprechender Musik Stimmungen schaffen, die ohne dieses Medium in der Form nicht möglich wären. Beispielhaft möchte ich die bereits vorgestellte Quantum-light-breath-Meditation erwähnen.

Wie schon aus dem theoretischen Abriss klar wurde, habe ich mit meiner Musikauswahl immer große Chancen, den Geschmack einer Reihe von Teilnehmern nicht zu treffen. Besonders schwierig wird es, wenn ich Musikstücke auswähle, die mal „Hits" und damit auch „Ohrwürmer" waren. So intensiv und stimmungsvoll die Filmmusik von „Titanic" auch sein mag, die Gefahr, völlig andere Gefühle als die von mir Intendierten hervorzurufen, ist enorm groß. Von daher rate ich zu größter Vorsicht mit so bekannter Musik. Außerdem ist unklar, wie „abgenutzt" diese Musik schon ist, wie sehr der Einzelne sich damit schon „überhört" hat.

In der Einzeltherapie verwende ich Musik nur für Entspannungsübungen und frage den Klienten auch grundsätzlich, ob er das möchte.

Anders sieht die Situation in der Gruppentherapie aus:
Hier lege ich meist schon Musik auf, wenn die Gruppenteilnehmer beim
Eintreffen sind, aber die Gruppe noch nicht eigentlich begonnen hat. Je
nach Auswahl kann man hier schon eine bestimmte Atmosphäre schaffen.
Ich tendiere dabei eher zu etwas neutraler Musik, die aber auch nicht oberflächlich sein sollte. Wenn die Gruppe sich schon kennt und bestimmte
Themen klar sind, gebe ich ganz gezielt Musik und damit auch Stimmung
vor. Nach manchen Übungen sollen sich Übungspartner oder auch
Dreiergruppen über den Verlauf der Übung unterhalten. Hierzu spiele ich
auch häufig leise, unaufdringliche Musik. Dies erleichtert nach meiner
Erfahrung die Konzentration auf das Thema, und ängstliche Teilnehmer
haben nicht das Gefühl, dass andere Teilnehmer mithören können. So entsteht, wie es eine Teilnehmerin einmal ausdrückte, eine Art virtueller
Schutzraum. Ähnliches gilt auch für kreative Übungen, z. B. Malen, Gestalten mit Ton, oder Briefe schreiben. Auch hier scheint es mir wichtig,
dass die Musik im Hintergrund bleibt und doch aber ein Minimum an
Stimulation in die gewünschte Richtung gibt. Die Empfehlungen für diese
Bereiche habe ich unter den Stichworten: Einstimmung/Beginn/Hinter-
grund zusammengefasst.
In allen anderen Situationen setze ich Musik nur in bestimmten, fest um-
rissenen Übungen ein, so z. B. in längeren Atemsitzungen, wie etwa der
Quantum-light-breath. Da in verschiedenen Abschnitten einer Gruppe sehr
unterschiedliche Emotionen thematisiert werden, möchte ich die Stücke
nach folgenden Bereichen ordnen:

- Einstimmung / Beginn / Hintergrund
- Entspannung / Beruhigung / Natur
- Meditativ / Stille / Entrücktheit
- getragen / stimmungsvoll
- sinnlich / sexuell / genießend
- körperliche Bewegung / auflockernd / Stimmungswechsel
- erregend / aufwühlend / aggressiv
- stolz / selbstsicher

Dieser Vorschlag einer Unterteilung der Stücke ist natürlich sehr subjektiv
und erhebt keinerlei Anspruch auf Vollständigkeit. Sicherlich lässt sich
auch die Liste der Musikstücke beliebig verlängern, doch ich denke, das

fällt leichter, wenn einmal ein Anfang gemacht ist. Manche CDs erscheinen in mehreren Kategorien, was bedeutet, dass unterschiedliche Stücke dieser CD für mich verschiedene Gefühlsqualitäten besitzen.

CD-Verzeichnis

Kategorien:	Zugehörige Musik – CDs
Einstimmung /	• Martin Vatter, Piano: Ask the piano
Beginn /	• Deuter, Land of Enchantment
Hintergrund	• Bindu, Songs from the Beyond
Entspannung /	• Sophia, Hidden Waters, Sacred Ground
Beruhigung /	• Dan Gibson's , Rhythms of the Sea
Natur	• Bindu, Songs from the Beyond
	• Dan Gibson's, Appalachian Mountain Suite
	• Shantiprem, Klangfelder von Orten der Kraft, Element Luft
	• Bandari, Reflections – Zeit zum Träumen
	• Geliebte Klassik, Zum Träumen und Verlieben, Nr. 11 Pachelbel Kanon
Meditativ /	• Chakra Breathing, Meditation from the World of Osho, aktive Meditation
Stille /	• Kundalini, Meditations of Osho
Entrücktheit	• Dan Gibsons's, Pachelbel – Forever by the Sea
	• Nadabrahma, Mediations of Osho, aktive Meditation
	• Dynamic, Meditations of Osho
	• Oliver Shanti & Friends, Taichi
	• Oliver Shanti & Friends, Tai Chi Too, Himalaya Magic and Spirit
	• Back to Earth, Rivers of Life
	• Shamanic Dream, Spiritual Environment
	• On Wings of Song Robert Gass, Om Namaha Shivaya, Hara Hara
	• El-Hadra, The Mystik Dance
	• Wolfgang Zimmermann, Hour of Contemplation,

Kategorien:	**Zugehörige Musik – CDs**
	• Terry Oldfield, Out of the Depths, de Profundis
	• Anne-Sophie Mutter, Carmen-Fantasie, Nr. 5 Jules Massenet – Meditation
	• Steve Roach, Structures from Silence, Nr. 3 Structures from Silence
	• Enya, Shepherd Moons, Nr. 3 How can I keep from Singing?
	• Geliebte Klassik, Zum Träumen und Verlieben, Nr. 9 Albinoni – Adagio
	• CD 2 – Nr. 10 Gluck – Reigen seliger Geister
	• Medicine Wheel, On Wings of Song & Robert Gass with Native American Musicians
Getragen /	• Enya,Watermark
Stimmungsvoll	• Andreas Vollenweider, Behind the gardens – behind the wall – under the tree. CBS-Records
	• Mari Boine Persen, Gula Gula
	• Peter Gabriel – Passion, Music for the last Temptation of Christ
	• Bocelli, con te partiro. Polydor GmbH, Hamburg
Sinnlich /	• Titanic, Music from the Motion Picture
Sexuell /	• Shantiprem, Music for Lovers
Genießend	• Shantiprem, Im Garten der Liebe
	• Michael Hoppe & Tim Weather: Romances
	• Enigma MCMXC a.D
Körperliche	• Jiddische Lieder/Chassidische Tänze, Schpil ess noch amol!
Bewegung /	• Giora Feidman, Klassic Klezmer
Auflockernd /	• Guem Et Zaka, Best of Percussion
Stimmungswechsel	• Gabrielle Roth and the Mirrors, Initiation
	• Propellerheads Featuring Miss Shirley Bassey, History Repeating
	• Come and Dance with Mustapha Tetty Addy

Kategorien:	**Zugehörige Musik – CDs**
	• Jive Bunny and the Mastermixers, Rock'n Roll Dance Partymachine
	• Loreena McKennit, The Mask and Mirror
	• Günter Noris, Tropical Night
	• Enya, Watermark
Erregend /	• Titanic, Music from the Motion Picture
Aufwühlend /	• Medicine Wheel, On Wings of Song & Robert Gass
Aggressiv	with Native American Musicians
Stolz /	• Vangelis 1492, Conquest of Paradise
Selbstsicher	• Geliebte Klassik, Zum Träumen und Verlieben, CD 2 Nr. 2 Mozart, Rondo alla Turca

Kapitel 5

Tabellarischer Überblick aller aufgeführten Übungen und Therapieberichte

Mit diesem Überblick möchte ich den mit meinem Buch arbeitenden Kolleginnen und Kollegen einen schnellen sicheren Zugriff auf die Übungen und Interventionen ermöglichen. Sowohl bei der Vorbereitung von Seminaren und Gruppen wie auch bei spontanen Veränderungen im Gruppenverlauf ist ein schneller Zugriff wertvoll.

Wie in Kapitel 3 angedeutet sind zwar alle 60 Übungen für Gruppen geeignet, aber nur die Hälfte für die Situation in der Einzeltherapie. Die 30 Übungen, die reine Gruppenübungen sind, habe ich mit einem **G** gekennzeichnet. Die Übungen die ohne Veränderung in die Einzeltherapie übernommen werden können sind mit **E1** markiert, diejenigen, die der Adaptation an die Einzelsitzung bedürfen, sind unter **E2** aufgeführt. Es handelt sich hierbei um sieben Übungen. Die Art und Weise, wie die Übungen so variiert werden können, dass sie in der Einzelsitzung passend und wirkungsvoll sind, bleibt jedem Therapeuten selbst überlassen. Hinweise und Anregung dazu finden sich bei der Beschreibung der einzelnen Übungen. Die Tabelle listet die Übungen in chronologischer Reihenfolge auf und enthält die oben angesprochene Einteilung. In der Spalte „Bemerkungen, Thema" ist der Bereich, dem diese Übung zuzuordnen ist, aufgeführt.

5.1 Tabellarischer Überblick der Übungen und Interventionen

Nr.	Name	Seite	Dauer	Bemerkungen, Thema	E/G
1	Hypothetisieren in der Triade	48	ca. 1 Std.	Kennenlernen	G
2	Symbolische Vorstellung	50	30-40 min.	Kennenlernen	E1
3	Symbolische Vorstellung II	51	1-2 Std. bei ca. 12 Teilnehmern	Kennenlernen	E1
4	Ich möchte, dass du weißt …	52	30-40 min.	Kennenlernen	E2

Überblick aller Übungen und Therapieberichte

Nr.	Name	Seite	Dauer	Bemerkungen, Thema	E/G
29	Sag mal, wie ist das eigentlich bei euch?	109	1-2 Std.	Sexualität	G
30	Beckenschaukel und sexuelles Atmen	110	20-40 min.	Körperübung Sexualität	E1
31	Das „Beckenklopfen"	112	10-20 min.	Körperübung Sexualität	E1
32	Traumreise zum inneren Mann, zur inneren Frau	113	40-60 min.	Sexualität, Beziehung	E1
33	Selbstgespräche vorm Spiegel	120	20-60 min.	Körper/Sexualität	E1
34	Gestaltdialog	121	20-40 min.	Innere Klärung	E1
35	Striptease	122	ca. 20 min.	Sexualität	G
36	Die Löwenhaltung	126	mit Wiederholung 15-20 min.	Körperübung / Aggression	E1
37	Der liegende Herkules	127	mit Wiederholung 15-20 min.	Körperübung / Aggression	E1
38	Nein – Ja	128	10-30 min.	Gruppenübung, Aggression	G
39	Geh - ich bleibe	129	10-30 min.	Gruppenübung, Aggression	G
40	Der Ausgeschlossene	130	10-30 min.	Gruppenübung, Aggression	G
41	Hahnenkampf	135	10-20 min.	Gruppenübung, Aggression	G
42	Stierkampf	136	10-20 min.	Gruppenübung, Aggression	G
43	Bataka-Kampf	137	15-25 min.	Gruppenübung, Aggression	G
44	Der Bauchsprung	139	5-15 min.	Gruppenübung, Aggression	G
45	Kampf des wilden Mannes	140	15-30 min.	Gruppenübung, Aggression	G
46	„Fair fight for win"	141		Aggression	G
47	Atembeobachtung im Sitzen oder im Liegen	146	20-60 min.	Meditation	E1

5.2 Überblick über alle dargestellten Therapieberichte

Name	Seite	Auslöser / Thema
Heinz	69	Trauma-Bewusstmachung durch Körperübung. Kathartisches Wiedererleben der kindlichen Erfahrung: Tod der Schwester und folgende starke Schuldgefühle
Eva	72	Blickkontakt als Problem. Körpernahe Erinnerungen: Tetanie und körperliches Ausagieren der Gefühle führen zu zunehmender Klärung des inneren Konflikts
Karin	90	Gefühlsausbruch nach bioenergetischer Rückbeuge. Erinnerung frühkindlicher Traumata (2. Lj.). Umgang mit körpergebundener Erinnerung
Norbert	101	Auslösung von intensiven Gefühlen durch Begegnung und Blickkontakt. Aktualisiert Partnerproblematik
Karl	116	Thema Sexualität. Traumreise lässt neues Verständnis für Partnerin entstehen
Frank	117	Thema Sexualität. Traumreise lässt ihn sein eigenes Verhalten (Promiskuität) klarer sehen
Sylvia	117	Thema Sexualität. Entstehen von Verständnis für die Erlebniswelt ihres Mannes durch die Traumreise
Herta	117	Thema Sexualität. Nach der Traumreise versteht sie ihr Abgeschnittensein vom anderen Geschlecht besser
Otto	117	Thema Sexualität. Versteht nach der Traumreise die Probleme seiner Freundin mit ihm besser
Johanna	118	Thema Sexualität. Veränderte Sichtweise gegenüber ihrer Scham und ihrer sexuellen Blockade
Lena	118	Thema Sexualität. Rückgewinnung von Selbstbewusstsein im sexuellen Bereich
Axel	122	Thema Sexualität. Erfahrung mit den Themen Exhibitionismus und Voyeurismus. Beginn von veränderter Selbstwahrnehmung
Günther	131	Thema Aggression. Realer Kampf und die Veränderung von Projektionen
Monika	161	Thema Spiritualität. Weitere Verarbeitung des Todes ihres Kindes durch Atemmeditation
Hermann	162	Thema Spiritualität. Veränderung der Sicht seiner Krebsdiagnose durch gelenkte Atemarbeit

Kapitel 6

Literaturverzeichnis

- Ainsworth M., *Infant-mother attachment and social development: Socialization as a product of signals.* In: Richard P. (ed.) *The integration of the child into a social world.* University Press 1974 Cambridge
- Andreas R., Bartl M., Bartl-Dönhoff G. & Hopf W., *Angst in der Schule.* Urban & Schwarzenberg, München 1976
- Antelman S., Chiodo L. A., *Stress: It's effect on interactions among biogenic amines and role in the induction and treatment of disease.* In: Iversen L., Iversen S. D., Snyder S. (eds.): *Handbook of Psychopharmacology.* Vol. 18, Plenum, 1984 New York
- Aziz Q., Thompson D., *Brain-gut axis in health and disease,* Gastroenterology 1998, 114
- Behne K.-E., *Musikpräferenzen und Musikgeschmack.* In: Bruhn, Oerter R. & Rösing H.: Musikpsychologie, Rowohlt, 1993 Reinbek
- Behne K.-E., *Kann Musik heilen? Heilshoffnungen als Teil des musikalischen Bewußtseins.* ConBrio, 1994 Regensburg
- Beutler L. E., Clarkin J. F. & Bongar B., *Guidelines for the Systematic Treatment of the Depressed Patient.* Oxford University, 1999 Oxford
- Birbaumer N., Schmidt R. F., *Biologische Psychologie.* Springer Verlag, 1991 Berlin Heidelberg
- Birbaumer N., *Psychophysiologie der Angst.* Urban & Schwarzenberg, 1977 München
- Blanck P. D., Rosenthal R. & Vannicelli M., *Talking to and about patients.* The Pennsylvania State University Press, 1986 London
- Boyesen G., Leudesdorff C., Santner C., *Von der Lust am Heilen.* Kösel Verlag, 1995 München
- Boyesen G. & Boyesen M.-L., *Biodynamik des Lebens.* Synthesis Verlag, 1987 Essen
- Brooks Ch., *Erleben durch die Sinne.* Junfermann-Verlag, 1985 Paderborn
- Bruhn H., *Wahrnehmung von Musik. Eine Allgemeine Musiklehre aus der Sicht von Psychologie und Musikgeschichte.* Christian-Albrechts-Universität, 1994 Kiel

- Bruhn H., *Musiktherapie*. Hogrefe, 2000 Göttingen
- Campbell J., *The Masks*. Viking Press, 1968 New York
- Campbell J., *The Way of the Animal Powers*. Harper & Row, 1984 New York
- Christinger D., *Auf den Schwingen weiblicher Sexualität*. Pendo, 2000 Zürich
- Damasio A. R., *Descartes Error*. Bard, 1998
- Davanloo H., *Der Schlüssel zum Unbewußten*. Pfeiffer, 1995 München
- Davitz J. R., *The language of emotion*. Academic Press, 1969 New York
- Dirlich-Wilhelm H. & Maurer T., *Die professionelle Therapeutenrolle und ihre Vermittlung*. In: Sulz S. K. D., *Das Therapiebuch*. CIP-Medien, 1998 München
- Dürckheim Graf K., *Durchbruch zum Wesen*. H. Huber, 1994, Bern
- Ekmann P., *Die Emotionen des Menschen*. Jungfermann, 1988 Osnabrück
- Erk S., Walter H., *Denken mit Gefühl*. Nervenheilkunde 1/2000, Schattauer Verlags GmbH, Stuttgart
- Födermayr F., *Universalien der Musik*. In: Bruhn H & Rösing H., Musikwissenschaften. Rowohlt, 1998 Reinbek
- Freud S. & Breuer J., *Studien über Hysterie*. Fischer, 1970 Frankfurt/M.
- Gembris H., *Musikhören und Entspannung*. Wagner, 1985 Hamburg
- Gerber W. D., Miltner W., Birbaumer N., Haag G., *Konkordanztherapie*. Röttger, 1989 München
- Görlitz G., *Körper und Gefühl in der Psychotherapie – Aufbauübungen*. Pfeiffer, 1998 München
- Grawe K., *Psychologische Therapie*. Hogrefe-Verlag, 1998 Göttingen
- Grawe K., *Komplementäre Beziehungsgestaltung als Mittel zur Herstellung einer guten Beziehungsgestaltung*. In: J. Margraf und J.C. Brengelmann (Hrsg.): *Die Therapeut-Patient-Beziehung in der Verhaltenstherapie*. Röttger, 1992 München
- Grawe K., Donati R. & Bernauer F., *Psychotherapie im Wandel – Von der Konfession zur Profession*. Hogrefe, 1994 Göttingen
- Gray G., *Neuropsychology of Anxiety*. Oxford Univ. Press, 1982 Oxford
- Greenberg L. S. & Safran J. D., *Integrating affect and cognition: A perspective on the process of therapeutic change*. In: *Cognitive therapy and research* 1984; 8
- Greenberg L. S. & Safran J. D., *Emotion in psychotherapy: Affect, cognition and the process of change*. Guilford press, 1987 New York

- Greenberg L. S., *Von der Kognition zur Emotion in der Psychotherapie*. In: *Von der Kognition zur Emotion*, Sulz S. K. D. & Lenz G., CIP-Medien, 2000 München
- Greenberg L. S. & Pavio S. C., *Working with the emotions in psychotherapy*. Guilford Press, 1997 New York
- Grof S. und C., *Spirituelle Krisen, Chancen der Selbstfindung*. Kösel-Verlag, 1990 München
- Halifax J., *Die andere Wirklichkeit der Schamanen*. O. W. Barth, Scherz, 1984 München/ Bern
- Hania Luczak, *Signale aus dem Reich der Mitte*. Gruner + Jahr AG & Co, Geo – Magazin, Nov. 2000 Hamburg
- Harner M., *Der Weg des Schamanen*. Ansata, 1982 Interlaken
- Hart, O. van der, *Abschiednehmen – Abschiedsrituale in der Psychotherapie*. Pfeiffer, 1982, München
- Hayes A. M. & Strauss J. L., *Dynamic System Theory as a paradigm for the study of change in psychotherapy: an application to cognitive therapy for depression*. Journal of consulting and clinical psychology, 1998, 66 (6)
- Heigl-Evers, Heigl & Ott, *Lehrbuch der Psychotherapie*. Gustav Fischer Verlag, 1993 Stuttgart
- Heinzel R., Breyer F., Klein Th., *Ambulante Einzel- und Gruppenpsychotherapie in einer bundesweiten katamnestischen Evaluationsstudie*. In: Gruppenpsychotherapie und Gruppendynamik Nr. 34, 1998
- Hohn-Kemler L., *Im Silberstrom des Seins*. Herder Verlag, 1996 Freiburg im Breisgau
- Hülshoff T., *Emotionen*. Reinhardt, 1999 München
- Iwanaga M., Ikeda M. & Iwaki T., *The effects of repetetive exposure to music on sujectiv and physiological responses*. In: Journal of music therapy, 33/3 1996
- Janov A., *Der Urschrei*. Fischer, 1975 Frankfurt/M.
- Jung C. G., *Gesammelte Werke 7*. Walter-Verlag, 1974 Olten
- Jung C. G., *Gesammelte Werke 9/I*. Walter-Verlag, 1976 Olten
- Kanfer F. H., Reinecker H., Schmelzer D., *Selbstmanagement-Therapie. Ein Lehrbuch für die klinische Praxis*. Springer Verlag, 1990 Berlin
- Kanfer F. H., Reinecker H., Schmelzer D., *Selbstmanagement-Therapie*. Springer Verlag, 1991 Berlin
- Kast V., *Paare-Beziehungsphantasien oder Wie Götter sich in Menschen spiegeln*. Kreuz Verlag, 1984 Zürich

- Koch-Weser S., Lüpke, Geseko, *Vision Quest-Visionssuche: allein in der Wildnis auf dem Weg zu sich selbst.* Hugendubel Verlag, 2000 München
- König K., *Praxis der psychoanalytischen Therapie.* Vandenweck & Ruprecht, 1991 Göttingen
- Laubreuter H., *Psychotherapie und Religion.* Tyrolia Verlag, 1998 Innsbruck
- Lazarus A. A., *Multimodale Verhaltenstherapie in Gruppen.* In: Grawe: *Verhaltenstherapie in Gruppen.* Urban & Schwarzenberg, 1980 München.
- LeDoux, J. E., *The emotional brain: The mysterious underpinnings of emotional life.* Simon & Schuster, 1996 New York,
- Levine P. A., Frederick A., *Trauma-Heilung – Das Erwachen des Tigers.* Synthesis, 1998 Essen
- Linehan M., *Cognitive-behavioral treatment of borderline personality disorder.* Guilford press, 1993 New York
- Linehan M., *Dialektisch-Behaviorale Therapie der Borderline-Persönlichkeitsstörung.* CIP-Medien, 1996 München
- Lowen A., *Bioenergetik.* Rowohlt, 1975 Hamburg
- Lucot J. B., *5-HT receptor agonists as anti-emetics.* In: Reynolds D. J., Andrews P. L. R., Davis C. J.: *Serotonin and the scientific basis of anti-emetic therap.* Oxford clinical communication, 1995 Oxford
- Maercker A., *Therapie der posttraumatischen Belastungsstörungen.* Springer, 1997 Berlin, Heidelberg
- Margo Anand Naslednikov, *Tantra oder die Kunst der sexuellen Ekstase.* Goldmann, 1990 München
- Margo Anand Naslednikov, *Magie des Tantra.* Goldmann, 1995 München
- Margo Anand Naslednikov, *Ekstase für jeden Tag.* Heyne, 1998 München
- Margraf J., Schneider S., *Panik – Angstanfälle und ihre Behandlung.* Springer, 1989 Berlin
- Miethge W., *Auswirkungen spezieller medizinischer Interventionen auf die Entwicklung der Mutter-Kind-Beziehung in der frühen Ontogenese.* Bock + Herchen, 1979 Bad Honnef
- Möhlenkamp G., *Physiologische und psychologische Reaktionen auf unterschiedliche musiktherapeutische Intervention im Vergleich zu einer Entspannungsübung.* Lang, 1995 Frankfurt a. Main
- Nitsch J. R., *Stress - Theorien, Untersuchungen, Maßnahmen.* H. Huber Verlag, 1981 Bern

- Olds J., Milner P., *Positive reinforcement produced by electrical stimulation of septal area and other regions of rat brain*. J. Comp. Physiol. Psychol. 1954, 47, 419-427
- Orlinsky D. E., Grawe K. & Parks B., *Process and Outcome in Psychotherapy*. In: A. E. Bergin & S. L. Garfield (eds): *Handbook of Psychotherapy and Behavior Change*. Wiley, 1994 New York
- Otto J. H., Euler H. A., Mandl H., Reich W., *Emotionspsychologie – ein Handbuch*. Beltz-Verlag, 2000, Weinheim.
- Reddemann L., Sachsse U., *Behandlungsstrategie bei Patienten mit Traumatisierungen – Neueste Ergebnisse*. Vortrag Lindau, 2000 Lindauer Therapiewochen
- Reynolds D. J., Andrews P. L. R., Davis C. J., *Serotonin and the scientific basis of anti-emetic therapy*. Oxford clinical communications, 1995 Oxford
- Reich W., *Charakteranalyse*. DeMunter, 1933 Amsterdam
- Revenstorf D., *Nutzung des Affekts in der Psychotherapie*. In: *Von der Kognition zur Emotion*, Sulz S. K. D. & Lenz G., CIP-Medien, 2000 München
- Rosenthal R. & Benowitz L. I., *Sensitivity to nonverbal communication in normal, psychiatric, and brain-damaged samples*. In: P. D. Blanck, R. Buck & R. Rosenthal (eds.): The Pennsylvania State University Press, 1986 London
- Rudolf G., *Psychotherapeutische Medizin*. F. Enke Verlag, 1996 Stuttgart
- Sachse R., *Praxis der Zielorienten Gesprächspsychotherapie*. Hogrefe, 1996 Göttingen
- Samoilov A. & Goldfried M., *Role of emotion in cognitive behavior therapy: Waiting for the decade of affect*. Behaviour Research and Therapy 2000
- Schachter S., Singer, J., *Cognitive, social and physiological determinates of emotional state*. Psychol. Rev. 69 1962
- Schmelzer D., *Kontextklärung – oder Fragen zu Beginn der Therapie: Woher, weshalb, mit wem, wie, wozu?* In: S. K. D. Sulz: *Das Therapie-Buch*. CIP-Medien, 1998 München
- Schultz I. H., *Das autogene Training. Konzentrative Selbstentspannung*. Thieme, 1970 Stuttgart
- Schwabe C., *Regulative Musiktherapie*. Fischer, 1987 Stuttgart
- Schwertfeger B.; *Der Griff nach der Psyche*. Campus, 1998

- Selye H., *Streß beherrscht unser Leben*. Econ, 1957 Düsseldorf
- Silberman E. K. & Weingartner H., *Hemispheric lateralization of functions related to emotion*. Brain and Cognition, 1986, 5
- Spintge R. & Droh R., *Musik in der Medizin*. Springer, 1987 Berlin
- Spintge R. & Droh R., *Musik-Medizin. Physiologische Grundlagen und praktische Anwendungen*. Fischer, 1992 Stuttgart
- Springer S. P., Deutsch G., *Linkes Gehirn, rechtes Gehirn*. Spektrum, 1998 Heidelberg.
- Stevens J. O., *Die Kunst der Wahrnehmung*. Gütersloher/Kaiser-Verlag, 2000
- Sulz S. K. D., *Das Therapie-Buch – Kognitiv-Behaviorale Psychotherapie in Psychiatrie, Psychotherapeutscher Medizin und Klinischer Psychologie*. CIP-Medien, 1998 München
- Sulz S. K. D., *Strategische Kurzzeittherapie*. CIP-Medien, 1994 München
- Sulz S. K. D. & Lenz G., *Von der Kognition zur Emotion - Psychotherapie mit Gefühlen*. CIP-Medien, 2000 München
- Szabo E., Schröter P,. Ten Hövel G., *Verführung zur Exstase*. H. Nietsch, 2000 Freiburg
- Teasdale J. D. & Barnard P. J., *Affect, cognition and change: Remodeling depressive thought*. 1993 Hillsdale
- *"The Gut Brain"*, New York Times 23-1-1996
- *"The Second Brain"*, Harper Perennial, 1999 New York
- Tschuschke V., *Gruppenpsychotherapie – Entwicklungslinien, Diversifikation, Praxis und Möglichkeiten*. In: Psychotherapie im Dialog. G. Thieme-Verlag, 3.2001 Stuttgart
- Tucker D.M., *Neural control of emotional communication*. In: P. D. Blanck, Buck R. & R. H.: The Pennsylvania State University Press, 1986 London
- Ullrich R., de Muynck R. ATP 1, 122/1: *Einübung von Selbstvertrauen – Bedingungen und Formen sozialer Schwierigkeiten*. Pfeiffer Verlag, 1998 München
- Ullrich R., de Muynck R. ATP, 122/3: *Anleitung für den Therapeuten – Einübungen von Selbstvertrauen und sozialer Kompetenz*. Pfeiffer Verlag, 1998 München
- Ullrich R., de Muynck R. ATP 3, 123, *Einübung von Selbstvertrauen und kommunikative Problemlösung – Anwendung in Freundeskreis, Arbeit und Familie*. Pfeiffer Verlag, 1998 München

- Vester F., *Phänomen Streß*. Deutsche Verlagsanstalt, 1976 Stuttgart
- Walter H., *Neurowissenschaft der Emotionen und Psychiatrie*. Nervenheilkunde 18; 1999, Schattauer Verlags GmbH, Stuttgart
- Wilk D., *Innehalten und Verweilen*. Eigenverlag, 1999 Rieden
- Wood J. D., *Physiology of the enteric nervous system*. In: Johnson LR., Alpers D. H., Christensen J. et al.: *Physiology of the gastrointestinal tract*. Raven Press, 1995 New York
- Wood J. D., Alpers D. H., Andrews P. L. R., *Fundamentals of neurogastroenterology*. In: Gut 1999, 45 (Suppl. II)
- Zehentbauer J., *Körpereigene Drogen – Die ungenutzten Fähigkeiten unseres Gehirns*. Artemis & Winkler Verlag, 1997 Düsseldorf

Kapitel 7

Stichwortverzeichnis

Herausgeber: S. K. D. Sulz, L. Schrenker, C. Schricker

Die Psychotherapie entdeckt den Körper

Oder: Keine Psychotherapie ohne Körperarbeit

Durch die stürmische Entwicklung neurowissenschaftlicher Erkenntnisse über die Zusammenhänge zwischen Körper und Gedächtnis sowie Kognition und Emotion wird es immer drängender, den Körper in den psychotherapeutischen Prozess einzubeziehen.

Es gibt mittlerweile zuverlässiges Wissen darüber, wie sehr unsere früheren Erfahrungen als Körpergedächtnis gespeichert sind, wie sehr ihre Erinnerung Körperreaktionen auslöst und wie sehr die körperlichen Teilreaktionen unserer gegenwärtigen Gefühle die Verbindung zu früheren Gefühlen herstellen. Wir sind an einem äußerst spannenden und faszinierenden Punkt der Weiterentwicklung der Psychotherapie angekommen, die immer mehr eine biopsychologisch begründete und gegrundete Therapie wird. Dies trifft sowohl für die tiefenpsychologisch-analytischen als auch für die kognitiv-behavioralen Psychotherapien zu. In diesem Buch finden wir einige der aktuellsten und wichtigsten Annäherungen an psychotherapeutische Körperarbeit, so dass sie vor allem Psychotherapeuten, die selbst keine Körpertherapeuten sind, einen Zugang zum Faszinosum „Körper und Psyche" ermöglichen.

Bibl. Nr. 16410 • € 64,00

Praxis-Manual: Strategien der Veränderung von Erleben und Verhalten

- lässt verstehen, dass Ihre Symptome eine kreative Schöpfung der Psyche sind
- wie Sie ein Mensch wurden, der sich und die anderen durch Symptombildung schützt
- gibt Einblick in das komplexe Zusammenspiel Ihrer Gefühle, Bedürfnisse, Gedanken und Werte
- zeigt, dass Sie durch Ihre zentrale Angst bestimmt werden
- versetzt Sie in die Lage, den Geheim-Code Ihrer Überlebensstrategie zu entziffern
- weist den Weg aus dem Teufelskreis unbefriedigender Beziehungsgestaltung
- öffnet das Auge, um die Chance der Selbst-Entwicklung wahrzunehmen.

Bibl. Nr. 10016 • 380 Seiten • € 29,00

Von der Kognition zur Emotion

Psychotherapie mit Gefühlen

S. K. D. Sulz & G. Lenz (Hrsg.)

Die Entdeckung der zentralen Bedeutung der Gefühle für Verlauf und Ergebnis des therapeutischen Prozesses ist ein unschätzbarer Gewinn für Psychotherapeuten.

Das Buch spiegelt den Stand unseres Wissens und Könnens in der therapeutischen Arbeit mit Gefühlen.

Bibl. Nr. 14025 • € 64,00

Als Sisyphus seinen Stein losließ. Oder: Verlieben ist verrückt!

Ein psychologisches Lesebuch über menschliche Überlebensformeln und individuelle Entwicklungschancen

Serge K. D. Sulz

Der Reichtum an klinischer Erfahrung, die Klarheit in der gedanklichen Durchdringung und die emotionale Sensibilität im Erspüren der menschlichen Psyche lassen den Leser eintauchen in das, was Menschsein mit Leib und Seele heißt, lassen ein tiefes Verständnis entstehen, sich selbst in diesem Spiegel zu finden, die Bindungen zu den wichtigen Anderen zu begreifen und die Entstehung und weitere Entwicklung als Kosmos zu erblicken, der unser Leben umspannt.

Eine spannende Lektüre für alle, die interessiert sind am Verständnis der menschlichen Psyche und unvermeidlich auch am Verstehen des eigenen Selbst und seiner Beziehungen.

Bibl. Nr. 10022 • € 29,00

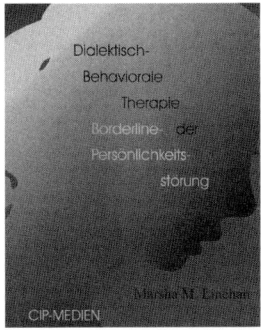

Marsha Linehan

Dialektisch-Behaviorale Therapie der Borderline-Persönlichkeitsstörung

In deutscher Sprache!

Das wichtigste Therapiebuch für Borderline-Störungen, das umfassendste Verständnis der Psyche dieser Menschen, die exzellenteste Beziehungsarbeit, die wirksamsten Therapiestrategien, das Ergebnis 20-jähriger Entwicklung des dialektischen Therapieansatzes, mit wissenschaftlichen Nachweisen der therapeutischen Wirksamkeit.

Bibl. Nr. 10998 • € 74,00

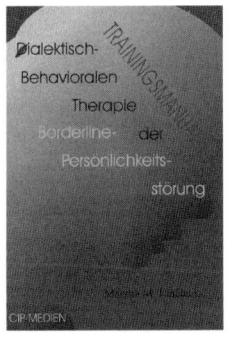

Marsha Linehan

Trainingsmanual zur Dialektisch-Behavioralen Therapie der Borderline-Persönlichkeitsstörung

Neben der Interaktions- und Beziehungsarbeit im Einzelgespräch ist das Training psychosozialer Fertigkeiten Hauptbestandteil der DBT.

Statt eines trockenen Kochbuches finden wir hier eine lebendige Darstellung der schwierigsten Situationen mit Borderline-PatientInnen.

Bibl. Nr. 10999 • € 44,00

Ingrid Sender

Ratgeber Borderline-Syndrom

Betroffene und Angehörige finden hier eine Beschreibung aller Symptome und Beschwerden, die zum Krankheitsbild gehören.

Dem therapeutischen Ansatz liegt die Dialektisch-Behaviorale Therapie von Linehan zugrunde, der es gelang, Einfühlungsvermögen und Zielstrebigkeit in der Therapie zu vereinen.

Bibl. Nr. 13177 • € 14,00

Ihre Bestellung

Ja, ich bestelle nachfolgende Titel gegen Rechnung

☐ *Von der Kognition zur Emotion* — Bibl. Nr. 14025

☐ *Als Sisyphus seinen Stein losließ...* — Bibl. Nr. 10022

☐ *Die Psychotherapie entdeckt den Körper* — Bibl. Nr. 16410

☐ *Praxismanual SKT* — Bibl. Nr. 10016

☐ *Ratgeber Borderline* — Bibl. Nr. 13177

☐ *Linehan: DBT der Borderline-Persönlichkeitsstörung* — Bibl. Nr. 10998

☐ *Linehan: Trainingsmanual zur DBT* — Bibl. Nr. 10999

Telefax-Nummer: 089-132 133

Name

Vorname

Straße/Nr.

PLZ/Ort

Telefon

Telefax

E-Mail

Datum/Unterschrift X

Nymphenburger Str. 185 • 80634 München
e-mail: cipmedien@aol.com

CIP-Medien *Internet: www.CIP-MEDIEN.com*